社会調査の源流

ル・プレー、エンゲル、ヴェーバー

村上文司 著

法律文化社

目次

初出一覧

序　章　書き下ろし

第一章　「フレデリック・ル・プレーの生涯」釧路公立大学紀要『社会科学研究』第二〇号（二〇〇八）三―二三頁に加筆。

第二章　「家族モノグラフの生成」釧路公立大学紀要『人文自然科学研究』第二二号（二〇一〇）一―一四頁に加筆。

第三章　「家族モノグラフ法のフォルミュラシオン」釧路公立大学紀要『人文自然科学研究』第二六号（二〇一四）五―二四頁に新たな資料を追加して加筆。

第四章　書き下ろし

第五章　「エルンスト・エンゲルの生涯」釧路公立大学紀要『人文自然科学研究』第二三号（二〇一一）一―二三頁に加筆。

第六章　「エルンスト・エンゲル官庁統計の革新と家計調査の展開」阿部實編『現代的貧困・社会的排除と公的扶助政策の国際比較に関する総合的研究』（平成15～17年度科学研究費補助金B研究成果報告書）（二〇〇六）一七七―一八七頁に加筆。

第七章　「家計調査をめぐる国際交流の起源――19世紀大陸ヨーロッパの社会調査」釧路公立大学紀要『社会科学研究』第二五号（二〇一三）五―二五頁をもとにして、大幅に加筆。

第八章　書き下ろし

第九章　「マックス・ヴェーバーの学問的生涯と社会調査」『現代社会学研究』（北海道社会学会）第二五巻（二〇一二）七三―八〇頁に加筆。

第一〇章　「第3章　農業労働調査とヴェーバー」拙著『近代ドイツ社会調査史研究』ミネルヴァ書房（二〇〇五）四七―七四頁および「第4章　第3節（1）P.ゲーレの直接観察と自伝編集」同上拙著、八三―八六頁をもとにして、大幅に加筆。

第一一章　「第5章　第2節投票研究」拙著『近代ドイツ社会調査史研究』ミネルヴァ書房（二〇〇五）九七頁および「第6章　A.レーフェンシュタインのアンケート」同上拙著、一二三―一四一頁に、新たな資料を追加して大幅に加筆。

第一二章　「第7章　M.ヴェーバーの精神物理学研究」拙著『近代ドイツ社会調査史研究』ミネルヴァ書房（二〇〇五）一四二―一六四頁、「M. Weber の織物労働調査――労働社会学への出立」釧路公立大学紀要『社会科学研究』第四号（一九九二）四九―六八頁、「マックス・ヴェーバーの織物労働調査」石川淳志・橋本和孝・浜谷正晴編著『社会調査――歴史と視点』ミネルヴァ書房（一九九五）二四―四五頁をもとに、構成を組み換えて大幅に加筆。

第一三章　「第8章　社会政策学会の工業労働調査」拙著『近代ドイツ社会調査史研究』ミネルヴァ書房（二〇〇五）一六五―一九七頁に「第10章　社会学会の設立と新聞調査」同上拙著、二一九―二四六頁の一部を組み入れて加筆。
第一四章　「第9章　社会政策学会の討議」拙著『近代ドイツ社会調査史研究』ミネルヴァ書房（二〇〇五）一九八―二一八頁に、「第10章　社会学会の設立と新聞調査」同上拙著、二一九―二四六頁の一部を組み入れて加筆。
第一五章　書き下ろし
第一六章　書き下ろし
結　語　書き下ろし

凡例

一　引用参照文献については、ル・プレー、エンゲル、ヴェーバーの文献とその他の調査関連文献および著者名アルファベット順に配列したそれぞれの研究書（欧語文献と邦語文献）を三部にわけて巻末に列挙する。なお、参照回数の多い雑誌や全集については、第二部および第三部の文献リストの冒頭に略号を表記する。

二　文献の参照指示は文中に挿入し、欧語文献の場合は（著者，出版年）または（著者，出版年：頁）の形式で、邦語文献の場合は（著者、出版年）または（著者、出版年：頁）の形式で、邦訳文献の場合は、（原著者、訳出年）または（原著者、訳出年：頁）の形式で、原著と訳書の両方を参照指示する場合は（著者，出版年：頁，訳：頁）の形式で表記する。なお、出版年および頁については、欧語文献の場合はアラビア数字で、邦語文献または邦訳文献の場合は漢数字で、また原著者はカタカナで、それぞれ表記する。

三　同じ文献から続けて参照指示する場合は、仏語・英語文献は（ibid.：頁）あるいは（ibid.：頁，訳：頁）、独語文献は（ebd.：頁）あるいは（ebd.：頁，訳：頁）、邦語文献は（同書：頁）、邦訳文献は（同訳：頁）と略号表記する。

四　引用文中、翻訳のあるものについては、おおむねこれを参照したが、訳語、訳文の一部を変更したところもある。

五　引用文中、［　―引用者］は引用者による挿入を、「……」は引用者による省略を示す。

六　人名のカタカナ表記は、おおむね慣例にしたがったが、初出時に欧語表記を（　）で挿入する。また、生没年がわかる人物については、欧語表記のあとに西暦でこれを追記する。

七　本書でとりあげる主な出来事や文献については、活動時期が一九世紀中葉から末期に位置するル・プレーとエンゲルの、またその時期が世紀転換期に位置するヴェーバーのそれについて、二つの年表を作成し、巻末に付す。

序章　社会調査を基盤とする現実科学の起源

一九世紀中葉から二〇世紀初頭の大陸ヨーロッパは、社会調査の「坩堝」である。一八四八年の「二月革命」前後の激動するフランスで、フレデリック・ル・プレー（Le Play, Pierre Guillaum Frederic, 1806-1882）は、家族を単位とするモノグラフ法の開発とその普及につとめる「社会経済学協会」の設立に奔走した。また、同年「三月革命」後のドイツで、エルンスト・エンゲル（Engel, Christian Lorenz Ernst, 1821-1896）は、国勢調査の革新や統計官庁の整備、実務統計家の養成や家計調査の研究に着手した。そして、質的調査や統計的調査が活発におこなわれた一九世紀後半から二〇世紀初頭のドイツで、マックス・ヴェーバー（Weber, Max, 1864-1920）は、社会調査を基盤とする現実科学の創造にむけた熱心な活動をくりひろげた。現実科学は、同時代の社会的現実が提起する新しい問題に社会調査をもってたちむかう社会科学である。本書の目的は、社会調査を基盤とする現実科学の起源が、一九世紀中葉から二〇世紀初頭の大陸ヨーロッパにおいて、フランスのル・プレーやドイツのエンゲル、そしてヴェーバーが熱心にくりひろげた社会調査活動にあることを明らかにすることである。

本書においては、第一部で、一九世紀中葉の激動するフランスでル・プレーが「社会改良」を目的としてくりひろげた社会調査活動を質的調査の生成にかかわる出来事として位置づけ、かれが体系づけた「直接観察」の方法やこれに基づいて執筆したかれの「家族モノグラフ」がどのようなものであったのか、また社会調査を基盤とする「社会科学」の創造を企図して設立した「社会経済学協会」や同協会に結集したかれの学派が世紀転換期の質的調査の隆盛におよぼした影響について明らかにする。また、第二部では、一九世中葉のドイツのザクセンおよびプロイセンの二つの王国で統計局長を歴任したエンゲルの社会調査活動を統計調査の革新とかかわる出来事として位置づけ、かれが企てた中央集権的な統計官庁の整備、ベルギーの人口調査の移植や統計研究の新領域の拡大がどのようなものであったのか、また、のちに世界各国へと伝播することになるかれの家計研究、そして、かれが統計家の養成を企図して開設した「統計ゼミナール」と、これが世紀転換期のドイツの大学に開設されることになる「社会科学ゼミナール」におよぼした影響について明らかにする。そして、第三部では、質的調査や統計的調査が隆盛する世紀転換期のドイツにおいて、ヴェーバーが大学や所属学会あるいは社会科学雑誌を舞台としてくりひろげた社会調査活動を社会調査の学術化とかかわる出来事として位置づけ、新試行の調査に着手する同時代の人々との交流、個人的に企てた現地探訪や織物労働調査、所属学会に提案した時宜にかなった大規模な社会調査とその実現にむけた活動、そして晩年の著作に残したそれまでの調査活動を想起させる叙述など、社会調査の学問的な彫琢を企図したかれの活動がどのようなものであったのかを明らかにする。

社会調査を基盤とする現実科学が生成していく道筋には、これにつらなるさまざまな出来事が埋め込まれている。本書のタイトル『社会調査の源流』は、社会調査を基盤とする現実科学の起源を、一九世紀中葉から二〇世紀初頭の大陸ヨーロッパにおいて、ル・プレーがくりひろげた社会改良を目的とする質的調査にかかわる活動、官庁統計の改善を企図してエンゲルがくりひろげた統計調査にかかわる活動、そして、社会調査の学術化を企図してヴェーバーがくりひろげた多様な社会調査活動にさかのぼって明らかにするという本書の課題を含意したものである。本書においては、一九世紀中葉から二〇世紀初頭の大陸ヨーロッパで活躍したル・プレー、エンゲル、そしてヴェーバーの社会調査活動を、社会調査を受容した社会科学の創造に先鞭をつける画期的な出来事として再発見することを課題とする。

なお、本章の刊行に際しては、独立行政法人日本学術振興会平成二六年度科学研究費助成事業（科学研究費補助金）（研究成果公開促進費）の交付を受けた。記して感謝の意を表するしだいである。

第一部　質的社会調査の生成──フレデリック・ル・プレー

第一章　ル・プレーの社会調査活動

「[ル・プレーは―引用者] 社会が病んでいることを認め、それを理解しようと試みる。すなわちかれは危険を予知し、注意を払うべき堕落の徴候をよむ。かれは善良な市民としてわれわれにそのような危険について語ったばかりでなく、調査や科学的知識に基づいてそれらを正しおしとどめる道筋を提案した実践的な人物だった」(Sainte-Beuve, 1867, 引用は、Ribbe, 1884：85)。

一　時代背景

流血の惨事

ル・プレーをして社会調査家へとかりたてた歴史的な要因は、「帝政」と「共和制」の間を揺れ動く、大革命後のフランスの「不安定」な政治情勢である。このことは、ル・プレーが晩年の著作『ヨーロッパの労働者』第二版（一八七七―七九）に記した、次のような一節に明らかである。「フランスは、一七八九年以降に十の政府をもった。おのおのは暴力によって導かれ、そしてそれに引き続き打倒された。この国家の不安定と苦難には前例がない。たくさんの政治家や著述家は、いたずらに救済策を捜し求めた。わたし自身は政治や文学にたいして素人であるが、流血の惨事を始めるのではなく終わりにしたいと思い、政治の秘密を発見するために動きまわった」(Le Play, 1877-1879, I：vii)。このように、ル・プレーを社会調査へとかりたてた大きな要因は、フランス社会に混乱をもたらす、暴力によって導かれる「流血の惨事」であり、そのような事態を生む「政治の秘密」をさぐるために、かれは社会調査へとのりだしたのである。

暴力による政権交代

一七八九年の大革命に続く一九世紀前半のフランスの政治体制は、ナポレオン一世（Napoléon I [Napoléon Bonaparte], 1769-1821）が皇帝に即位した「第一帝政」（一八〇四―一四）、最後のブルボン王朝といわれる「復古王制」（一八一四―三〇）、カトリックの王朝を否定した「七月王制」（一八三〇―四八）を経て、その影響がヨーロッパ全土へと波及した二月革命をもって「第二共和制」（一八四八―五二）が成立する。一九世紀後半になると産業革命が完成し、ナポレオン三世（Napoléon III [Louis Napoléon Bonaparte], 1808-1873）が統治した「第二帝政」期（一八五二―七〇）に経済的繁栄をみるが、その後短命な自治体政府であった「パリ・コミューン」（一八七一―二）、そしてマクマオン（Patrice de Mac-Mahon, 1808-93）の「道徳秩序」期（一八七三―四）を経て「第三共和制」（一八七五―一九四〇）の成立へといたる（谷川・渡辺編、二〇〇六：四四、九六、一二〇、一四六）。一九世紀末に成立する比較的安定した政治体制を樹立した「第三共和制」は「ベル・エポック」と呼ばれる世紀転換期直後の繁栄をもたらすことになる。しかし、ル・プレーが社会調査活動をくりひろげる一九世紀中葉のフランスは暴力による政権交代を頻繁にくりかえした「波乱万丈の世紀」だったのである（福井、二〇〇一：二三九―二七〇）。

「第一帝政」が成立した直後の一八〇六年に生まれ、「第三共和制」が成立して七年後の一八八二年に没したル・プレーの生涯は、まさしく一九世紀フランスの近代国家の形成過程に随伴する「暴力」による政変があいついだ不安定な政治情勢と軌を一にする。「流血の惨事」を頻繁にくりかえす祖国フランスの前例のない「苦難」は、そのような事態を生み出した「政治の秘密」にたいするル・プレーの関心を強くかきたてた。そして「七月王制」から「第二共和制」にかけて「成人期」を過ごし、「第二帝政」期に「熟年期」をむかえたかれは、国家が直面する「苦難」を克服する確かな「救済策」を捜し求めて奔走したのである。

本章では、ル・プレーが歩んだ人生の軌跡を、幼少年期をふくむ青年期、成人期、熟年期の三つの時期に区分し、そこにみいだされる社会調査に関連する活動にどのようなものがあるかを明らかにする。

二　高級技術者をめざした青年期

生い立ち

ナポレオン一世が「国王」に即位した翌年の一八〇六年、ル・プレーはフランス北部ノルマンディ地方のオンフルール港に隣接するリビェール・サン・ソーブル村に生まれた。当地はセーヌ川河口の小さな漁村で、王党派の伝統が顕著な経済の後進地域であった。かれの父親は下級官吏で母親は敬虔なカトリックの信徒であったが、父はル・プレーが五歳のときに亡くなった。かれを養うことができなくなった母親は一八一一年に少年をパリに住む裕福な土地所有者であったおじにあずけた。このおじは保守的なカトリック集団の中心人物のひとりであり、革命下のフランスへと戻ってきた「亡命貴族」(émigré) であった。おじの家では王党派の政治的な会合が開かれたが、のちにル・プレーはそのとき耳にした論議が成人してからのかれの社会問題についての意見に影響をおよぼしたと記している (ibid.: 24)。

一八一八年におじが亡くなり、一三歳になったル・プレーは、生まれ故郷のオンフルールへと戻った。セーヌ川をはさんで対岸に位置するルアーブルのリセ (lycée) で中等教育を受けたル・プレーは、その後ある家族の知人の世話で「土地調査員」(Silver, 1982: 16) の仕事をみつけた。そして一八二三年一八歳になったル・プレーは、一時、古い家族の友人だったひとりの「技術者」と一緒に過ごした。このひとはフランス革命直前に設立された「世界最初の本格的な高等科学技術者の養成機関」(古川、一九八九：九九) であった「エコール・ポリテクニーク」(Ecole Polytechnique = 総合技術学校) を卒業した優秀な技術者で、かれは新しい「工学者」(ingénieur) が果たすべき公的な責務や義務について熱心に説いた。これに感動したル・プレーは、かれの薦めもあってエンジニアになるためにパリで勉強しようと決意し、故郷のノルマンディを離れた。

学生生活

パリに戻ったル・プレーは、大学入学試験の難関を突破するためにセントルイス・リセで勉強を開始し、一年後の一八二五年に「エコール・ポリテクニーク」への入学を許可された。同校の修業年限は、フランス革命翌年の一七九九年の学制改革で、設立当初の三年から二年に短縮されており、かれはそこを優秀な成績で卒業した。続いてル・プレーは「鉱山大学校」(École des Mines) に進学したが、この学校の歴史は古く、創立年度はアンシャン‐レジューム期の一七七五年である。その当時この学校をふくむ「応用学校」(École d'application) と呼ばれていた技術専門学校への進学は、「大学」(grandes école) やそれに準ずる教育機関を卒業しておくことが義務づけられていた (同書：一〇一)。ル・プレーは、軍人や文民エリートなどの優秀な「高級技術者」(テクノクラート) を多数輩出した二つの学校で熱心に学んだ。フランスの高等教育機関の頂点に位置する二つの学校は最新の科学技術のプログラムを備えており、両校は当時のヨーロッパで最高級の科学的知識と訓練をル・プレーに提供した。

諸国巡歴

また当時の鉱山大学校は、卒業を控えた学生たちに研究を完成させるための諸国巡歴を奨励した。「冶金学」を専攻したル・プレーは、一八二九年五月から一一月にかけて、サン・シモン派の友人イアン・レノー (Reynaud, Jean, 1806-1863) と一緒に、ハノーバー、ブルンスウィック、プロイセン、ザクセンなどのドイツの「一部」を「徒歩」で訪ね歩く六八〇〇キロメートルをこえる大きな旅をした。のちにル・プレーは、この長期の研究旅行の様子を五つに分類して次のように記している。八〇日の「滞在研究」(一〇km／日)、四〇日の周辺地域の比較的迅速な旅行 (三〇km／日)、四〇日の地質調査 (五〇km／日)、二〇日の「概括的」な調査 (六〇km／日)、そして二〇日の「小旅行」(Le Play, 1877-18779, I：37-38)。この長期の旅行で両者は多数の鉱山や工場を訪問したが、ル・プレーは、そこで、鉱山組織や冶金技術に関する研究に加えて多数の労働者家族を訪問し、かれらと熱心に語り合った。

当時の高等教育機関で学んだ学生たちの間では、サン・シモン (Saint-Simon, 1760-1825) の社会についての認識や社会再組織に関する提案が論議の中心をなしていた。この研究旅行の最中にル・プレーとレノーは道すがらの観察でサン・シモンの社会的観念をテストすることを決意したが、かれはサン・シモンの教義をレノーと共有することもまた拒絶することもできず、両者は他方の意見の正しさを互いに確信することはなかった。しかしながら、この研究旅行は、演繹的な推論による不確かな知識よりも「直接観察」に依拠した社会的思索が同時代の社会的現実に関する正確な記述が確かな指針になるという考えをル・プレーにもたらした（Goldfrank, 1972：131）。

三　社会科学にめざめた成人期

闘病生活

長期の現地旅行から戻ったル・プレーは、母校の鉱山大学校の助手になった。しかしながら、ル・プレーは、鉱山技術者として職業経歴を開始した直後の一八三〇年に、化学実験室の爆発による火傷（重症のカリュームやけど）で「六ヶ月間寝たきりになり」、「生と死の間をさまよう」深刻な闘病生活を余儀なくされた。そのちにル・プレーは全部で「一八ヶ月間」におよぶこの長期の闘病生活を「肉体的かつ精神的拷問」と呼び、そのときの「心の状態」を次のように記している。長期の闘病期間中にかれを見舞った数人の同僚たちは、同年七月に勃発した王政復古で激動するパリを舞台に広がる「革命的な情熱や社会主義者のユートピア」、そして「サン・シモンの観念」について熱心に語った。キャサリン・シルバーによれば、ル・プレーは「昼の会話」で同僚たちが主張する「むこうみずな希望」に「流行の危険性」を感じつつも、当時のかれにはその「誤りを議論して論証する力がなかった」（Silver, 1982：138）のである。

アルベルトの助言

また他方で「病におかされていた長い夜を満たした」のは、友人レノーとおこなった研究旅行の「記憶」である。ル・プレーは、この研究旅行で教授がかれに課したプログラムにしたがってハルツ山の森林と鉱床の開発に関する研究に集中した。極度の「不眠症」に悩まされたル・プレーの「長い夜」を満たしたのは、とくにそこで出会った「社会的権威をもつ一人の友人」すなわち「ハルツ鉱山の総責任者のアルベルト（Alberts, M.）」とかれの「助言」にしたがって試みた観察結果の「記憶」であった。アルベルトは、鉱山を管理する監督官の責務が「住民の幸福」を生み出すことにあることを熱心に説き、そのような「事実」を確認するために労働者の家族を「私的に訪問するようにと助言した」。

ル・プレーは、のちに、この点について次のように記している。「アルベルト氏はパリの学生教育を完璧にするのに十分に親切だった。かれはわたしに、鉱物、粉砕工場、鋳造場、森林の技術的な作業は、かれが管理するその山の工業組織の小さな一部に過ぎないと教えてくれた。わたしの関心にその気になったかれは、そのような監督作業がいかに政府がかれにかした諸機能の二次的側面にすぎないか、またかれの主要な責務が住民の幸福を生み出すことにあるかをわたしに説いた。このような事実に関する明白かつ簡明な評価をわたしにもたせるために、かれはわたしに、その山野や草原、とくにリューネブルク［ドイツのハンブルク南東方の都市、岩塩の産地―引用者］の家々を私的に訪問するようにと助言した」（Le Play, 1877–1879, III : 147–148）。

ル・プレーは、このようなアルベルトの「助言」にしたがって、諸国巡歴の最中に労働者の家族を私的に訪問する「直接観察」を熱心に試みた。シルバーが指摘するように、「ハルツ山やリューネブルクで観察した社会の調和にかかわる出来事に関する魅力的な記憶」は、病床にあったル・プレーの「長い夜」を満たしたが、当時のかれはそれによって「自身の深刻な苦痛と国家の病をわきにそらそうと思った」。そして、年が変わるまで病気が長引くなか、ル・プレーは「昼の会話と夜の記憶の対照性」に翻弄されながら「もしわたしがかつての健康を取り戻せるなら、過酷な苦難をフランスにもたらしている誤った観念を明らかにする」こと、そして「祖国の社会調和の回復」に専念しようと考えたのである（Silver, 1982 : 139）。かくしてル・プレーは、一八三〇年の革命のさなか、祖国に「不安定と苦難」をもたらした「政治の秘密」を探求し、その克服に貢献することをひそかに決意したのである。

病気が癒えた一八三一年の九月、ル・プレーは「新しい人生」を子供たちを連れて試みた「ブルターニュ旅行」から開始した。田園地方を歩き回りながら、かれは「昨日のフランスの幸福がハノーバーの多くの人々の様式と類似する道徳的な習慣に基づいていたことを理解しはじめた」(ibid.：139)。そして健康が完全に回復した一八三二年に鉱山大学が刊行する『鉱山年報』(Annales des Mines) の創刊に貢献し、一八三三年の四月には、やがて「毎年の新しい研究旅行へと引き継がれていく」ことになる「長期のスペイン旅行」に出かけた。そして一八三四年にル・プレーはフランス政府が「商務省」(Ministre du Commerce) に創設した鉱物資源のための統計事務所の「所長」に就任し、鉱山工業の組織や生産高、諸条件に関する年次報告書を起草して「鉱業統計」の公開にも熱心に着手した。ル・プレーはフランス政府に奉仕する「政府の科学」の協力者になり、かれは、鉱山技術者として自身が編集する『鉱山年報』に鉱物資源や鉱山経営に関する報告や、鉱業および冶金技術などの純粋に技術的な問題に関する数多くの論文を執筆した (Le Play, 1834, 1836, 1853)。

またル・プレーは一八三七年にロシアの伯爵アナトール・デミドフ (Demidov, Anatol) が所有していた約四五〇〇〇人の労働者で操業するドネツ渓谷のウラル王立金銀鉱山会社を公式に調査して再組織する委員に迎えられた (Silver, 1982：19)。すなわち、かれは、フランス政府公認の「経営コンサルタント」になったのである (Goldfrank, 1972：131)。そしてル・プレーは一八四〇年に鉱山大学校の教授になり、一八四八年には全鉱山学校の名誉監督官に就任した。成人期前半のル・プレーの以上のような職業経歴に明らかなように、この時期のかれは、鉱山業に関する専門雑誌や統計の編集、鉱山経営者のパートナー、あるいは冶金学の研究や講義を通じてときのフランス政府に奉仕する優秀な「エンジニア」だったのである。

鉱山技術者

他方で「商務省」は、同時期にル・プレーが毎年六ヶ月間有給で鉱山の現地調査に着手することを許可した。かれは冬季の六ヶ月間を「パリの鉱山学校で冶金学を教え」、残りの夏季の六ヶ月間を長期の現地調査にふりわけた。そしてル・プレーは、スペイン旅行の翌年の一八三四年から一八四四年にかけて、「大英帝国」を七回、「ロシア」を三回、そしてスコットランド、アイルランド、ベルギー、ドイツ、スイスなど、「大陸のその他の国々のほとんど」を広範囲に訪問した（Silver, 1982 : 18）。この現地調査でル・プレーは「エンジニア」としての「義務」を果たすために鉱物の冶金技術や鉱山組織に関する観察をくりかえす一方で、機会があればいつも「労働者階級家族の社会組織、労働者と雇用主の関係、そしてヨーロッパ全土の人々の観念や感情を観察し続けた」（ibid. : 139）のである。とくに後者の「直接観察」で、ル・プレーが、「社会の権威者」（autorités sociales）たちから受けた「助言」やかれ自身が収集した「繁栄する国民の事例」は、「フランスで優勢な観念が基づいている偏見」を払拭する「真理」をかれに提供した。そして「私的領域」とくに労働者の「家族生活」を対象とする研究は、官庁統計が対象とする「公的領域」の研究とは明らかに異なった「直接観察」によるアプローチを必要とするという考えをかれにもたらしたのである。

政治参加

一八四八年の二月と六月、フランスでは流血の惨事を伴う「恐ろしい」革命が勃発した。革命後の臨時政府は、同年三月二四日に、労働者と雇用主、そして専門家が一堂に会して「社会問題」の解決、とくに失業対策をめぐって討議するための通称「リュクサンブール委員会」を開催した（谷川・渡辺編、二〇〇六 : 一二二―一二三）。この会議では、社会主義者のルイ・ブラン（Loui Blanc, Jean Joseph, 1811-82）が議長をつとめたが、そこでは二つの対立する傾向があらわれた。シルバーによれば、この会議では、一方で「自由放任」を主張する経済学者ヴォロウスキ（Wolowski）の急進的な自由主義的見解と、他方で「国家の強制介入」すなわち国家が失業対策として「国立作業場」をつくるという議長ルイ・ブランの社会主義的な見解が真っ向から対立し、とくにルイ・ブランは、ル・プレーの「講演報告」にかれがみいだした「労働者と雇用主相互の関係にたいする国家の介入を支持するようにみえる事実にだけ注意をむけた」のである（Silver, 1982 : 140）。

しかしながら、同委員会で対立する両者の見解はル・プレーが「観察した事実」と矛盾する。なぜなら、ルイ・ブランの主張とは反対に、ル・プレーが観察した「リューネベルクの平和な農民たちの間では雇用主と労働者の間に政府が介入する必要がまったくなく、また政府はそのコミュニティーを構成する社会組織をあらゆる仕方でいじることを一掃することさえできるということを証明した」（ibid.：140）からである。またかれが観察した「ハルツ」のモノグラフは、ヴォロウスキの主張とは反対に、かの地の「平和」の背後に鉱山の「労働者も雇用主も同様に、そこに住むすべてに互酬的な権利と義務による習慣的な絆がある」（ibid.：140）ことを立証した。ル・プレーは、逆に「リューネベルクの平和な小農民」や「ハルツ」鉱山の「平和」に関するかれの観察がヴォロウスキとルイ・ブランの「事実」認識に重大な誤りがあることを「証明」するとみなしたのである。

また暫定政府の大臣フランソワ・アラゴ（Arago, Dominique françois, 1786-1853）は、公式委員会の席で顕在化した二つの対立する傾向に「不快感」を示した。アラゴは、ヨーロッパの各国でル・プレーが試みた家族研究に重大な関心をはらい、地方政府やパリ科学アカデミーの若干の同僚たちと一緒になって、かれの「研究すべてを一冊の書物に整理して帝国印刷局から刊行するように」とかれをせきたてた（Le Play, 1877-1879, III：151-152）。一八四八年の革命は、その直後に誕生した暫定政府への積極的な関与をル・プレーにうながしたばかりでなく、同時にまたかれが「家族モノグラフ」の出版にむけて新たな「考察」を開始する重要な契機になったのである。

家族モノグラフ

一八五五年に出版されたル・プレーの主著『ヨーロッパの労働者』（初版）は、その後のかれの人生に大きな転機をもたらした。同著が出版された翌年の一八五六年、ル・プレーは同著で科学アカデミーの「モンティオン統計賞」を受賞した。そして、ル・プレーは、同著の刊行を契機にして、それまでの数年間、熱心に励んできた冶金学の論文執筆をあきらめ、「政府の助言者」あるいは「社会科学の専門家」になったのである。

四　学派形成に奔走した熟年期

「政府の助言者」

一八五五年の『ヨーロッパの労働者』の刊行と前後して、ル・プレーの職業経歴は一変する。一八五四年にル・プレーは、翌年の一八五五年に開催された「パリ万国博覧会」の運営に着手するために、鉱山大学校教授の職を辞した。パリ万博は『貧困の根絶』（一八四四）の著者あるいは「産業皇帝」の異名をとるナポレオン三世の決定によるものである（鹿島、二〇〇四：三二四）。この万博のコンセプトを練り上げたのは、ル・プレーとサン・シモン主義者の盟友ミシェル・シュヴァリエ（Chevalier, Michel, 1806-1879）であった。両者は主催者側の意図として「事物教育による産業社会の理解」を掲げ、会場には「稼働中の巨大な産業機械」を展示した。会場には、多数の外国人観光客に加えて、入場料が五分の一になる日曜日には多くの民衆が詰めかけたが、博覧会を訪れたひとの数を正確に数えるために導入された回転ドアは、ル・プレーの発案によるものであった（Silver, 1982：22）。このパリ万博の成功によって、ル・プレーは一八五六年に「国務院」（Conseil d'Etat）の評定官に任命され、一八六七年までその地位についた。かくして、かれは「第二帝政」前半のいわゆる「権威帝政」期に「政府の助言者」になった。

続く一八五七年から一八六〇年にかけて、ル・プレーは国務院評定官として「セーヌ県のパン製造調査」にかかわった。フランスのパン製造業は、その当時の公権力によって厳しく規制されていたが、セーヌ県におけるその規制の是非を評定するという課題がル・プレーに託された。ル・プレーは、この問題に「直接観察による比較」の方法を適用するために、ロンドンとブリュッセルに赴いて両地の制度を比較した。かれが報告書に記した結論は、パンの製造や取引の完全な自由化であった（Le Play, 1857, 1859）。その後、セーヌ県のパンの製造や取引に関する制度はかれの答申にそって改正されたといわれる（廣田、一九九二：六二）。またこの他に、ル・プレーは「政府の助言者」として貧者の住宅事情、国営の富くじ、父系、技術教育、農村地方の状態、不在土地所有者の役割、地方分権、地方政府というような題目に関する数多くの統治上の諸研究に着手した（Ribbe, 1884 : 97）。

一八六二年、ル・プレーはロンドンで開催される「万国博覧会」の運営委員に就任し「偉大な組織者」としてその能力を遺憾なく発揮した。ル・プレーは、一八五五年の万博を契機として知り合った人々、すなわちシュヴァリエやその他のサン・シモン主義者、そしてナポレオン三世を崇拝する労働者などで構成する「パレ・ロワイヤル・グループ」の一員であり、同グループは一八六二年に開催される「ロンドン万国博覧会」への労働者の代表派遣を提案した（鹿島、二〇〇四：三七〇—三七四、木下、二〇〇〇：一六—二二）。一八六二年の五月と六月に派遣代表二〇〇人が選出され、かれらは同年七月に政府とサン・シモン主義の企業家が負担した旅費と滞在費を利用してロンドンに赴いた。ル・プレーは、職業別組合が独自の展示物を提示して、イギリスとフランスの労働者が交流することを推奨し、代表団の組織化にも奔走した。ナポレオン三世は、同年、労働者の代表派遣を組織してそれを成功へと導いた輝かしい功績にたいする報酬として、ル・プレーを「元老院」（Senateur d'Empire. 上院）議員に任命した。ル・プレーは、「第二帝政」後半のいわゆる「自由帝政」期に政治への関与をさらに深くする公的地位を獲得した。また一八六七年に再びパリで万国博覧会が開催されたが、この万博ではル・プレーの主導で「社会経済学」部門が設置され、企業家による労働者福祉事業の紹介がなされた。ル・プレーが組織した「社会経済学」派は、これを契機にして広く世に知られるようになったのである（中野、二〇〇六：二四六）。

民間学術団体の設立

『ヨーロッパの労働者』（初版）を刊行した翌年の一八五六年にル・プレーは、「直接観察」の方法を使用する観察者を訓練し、家族モノグラフの収集と出版を促進するために『社会経済学実践研究国際協会』（Société Internationale des Etudees Pratiques d'Economie Sociale. 通称『社会経済学協会』Société d'Economie Sociale）を設立した。同協会は、新しい社会科学の振興と社会調査家の養成をめざすフランスで最初の民間学術団体であった。同協会は最初、同じ意見をもつ事業家、経営者、またエンジニアの小さな集団であった。しかし、その後ナポレオン三世や万博を通じて親交のあったナポレオン公（Napoléon, Joseph, shalle, pol, Bonaparte）は年間一〇〇〇フランの金銭的な援助をル・プレーと約束し、その規模は徐々に拡大した（廣田、一九九二：六一）。

社会経済学協会の歴代会長は、医師のヴィレルメ（Villermé, Louis René,1789-1863）や統計学者で数学者のシャル・デュパン（Dupin, Charls, 1784-1873）、化学者のジャン・バティスト・デュマ（Dumas, Jearn Baptiste, 1784-1873）などの著名人がつとめ、元サン・シモン主義者の指導者でコレージュ・ド・フランスの教授でもあったミシェル・シュヴァリエ、農学者のギャスパラン（Gasparin, Adrien, 1783-1862）、博物学者のサン・ティレール（Saint-Hilaire, Geffroy, 1805-61）、慈善経済協会の会長で社会カトリシズムの指導者だったムラン（Mulun, Armand, 1807-77）などが同協会の理事に就任した（廣田、一九九二：六〇―六一）。また会員にはアドルフ・フォッション（Adolphe Focillon, 1823-1910）、ジュール・ミシェル（Michel, Jules, ?-1901）、ヴィコ・ブラント（Brants, Vicor）、エミール・シェイソン（Cheisson, Emile, 1836-1910）などの科学者や社会改良家がふくまれていた（Silver, 1982：23）。

同協会は、「モノグラフ法」を使用する観察者の一団を訓練し、「賞金制度」を設けて「家族モノグラフ」の収集につとめた。集められたモノグラフは、ル・プレーのアパートで毎週開催された会合で論議されたのである（ibid.：115）。そして同協会は収集したモノグラフを公表するために、一八五七年に不定期の研究誌『両世界の労働者、他の諸階級とむすびつく絆をもつ労働者の労働、家族生活、道徳状態に関する研究』（*Les Ouvriers des deux mondes : Etude sur le travil, la vie familiale, et la condition morale des ouvriers de divers pays et des liens qui les lient aux autres classe*）を刊行した。またル・プレーは一八六二年に『家族モノグラフの観察方法入門』を刊行して、かれが創始した観察法の普及に力をそそいだ。

社会改良

ル・プレーが同協会を組織したいまひとつの目的は、「社会改良」を指導する実務家を確保して、かれらを核にした国民の合意形成を促進することだった。同協会には、社会改良に共鳴する約三〇〇名の企業家、技師、商人、銀行家、農業家、政治家、官僚が結集し、ボナパルティストや再加盟派（rallié）、社会カトリシズム、正統王朝派（légitimiste）、オルレアニスト（orléaniste）などの政治的諸勢力の代表者も多数参加した（Kalaora et Savoye, 1989 : 106-107）。社会調和の回復に重大な関心をはらったル・プレーは、とくに『ヨーロッパの労働者』（初版）の結論をこれらフランスの「エリート」に熟知せしめること、そしてかれらが労働者階級にたいする「責任」を自覚して諸階級の間にある溝を架橋する役割を果たすことを期待した。しかしながら、ル・プレーが同著で採用した「事実をもって語らしめる」という叙述スタイルは、かれの著作を読み解くことを難しくした。ナポレオン公は、フランスのエリートがもっと近づきやすい本を書くようにと提案し、これに同意したル・プレーは『フランスの社会改良』（一八六四）、『労働の組織化』（一八七〇）、『家族の組織化』（一八七一）の三冊の著作を執筆した。これらの著作でかれは『ヨーロッパの労働者』（初版）の結論を要約し、過度な「自由」と「平等」、「暴動の権利」を主張する「誤った革命の教義」を公然と非難しながら、宗教や伝統、地方の自立や家父長的権威への復帰をくりかえし説いた。

とくに『フランスの社会改良』は、ル・プレーの存命中から一九〇一年にかけて第八版まで版を重ね、その当時もっともよく読まれた著作である。シルバーによれば、同時代のモンターレンベール（Montalenbert）は、同著を「その世紀のもっとも独創的で勇敢、有効かつ力強い著作である」と評したが、同著でル・プレーは「将来への配慮」や「節度」を欠く労働者階級や工業を率直に批判しながら、同時にかれらにたいする「政治的エリート」の「自分勝手な無関心」を告発し、「社会改良」がなされないならフランス社会は崩壊するとくりかえし警告した（Silver, 1982 : 24）。

また政府の助言者として、ル・プレーは、一七八九年に議会を通過した均分相続を命じる法律を、革命の「誤った教義」すなわち社会の不安定と国家衰退の原因とみなし、アングロ・サクソン諸国で習慣化している「遺言による財産処分」への復帰を要求した。かれは、その法制化にむけた「議会」工作に奔走し、法案は一八六五年に立法院に上程されたが約二〇〇票差で否決された。そのときすでにル・プレーは一八六二年に「元老院」議員に任命されていたが、かれはさらにその立場を利用して法案にたいする長老議員たちの支持をとりつけようと奔走した（廣田、一九九二：六八）。しかしながら、一八六九年、このようなかれの議会工作は最終的に挫折する。『労働の組織化』（一八七〇）と『家族の組織化』（一八七一）の二著は、「第二帝政」末期に二度の敗北を経験したル・プレーが「世論」を喚起するために執筆した啓蒙書であった。

学派の再組織化

一八七一年、フランスは「普仏戦争」（一八七〇―七一年）や「パリ・コンミューン」（一八七一年三月―五月）の惨劇を経由して「第三共和制」へと移行する。「第二帝政」の末期にル・プレーは帝政の崩壊を予見していたが、パリ・コンミューンは、フランスの社会が破局するという「最悪の恐れ」をかれに「確信せしめただけだった」（Erwitt 1986：23）。そして「立法府」と「国家の権威」に失望し、法律制定による社会改良の促進に疑問をもったかれは、政治的エリートにかえて「社会の権威者」に依拠した社会改良を遂行するための新しい戦略を模索した。国家の公的な生活から身を引いたル・プレーは、「直接観察」に基づく「社会科学」の普及と「社会の権威者」に依拠した「社会改良」をおし進める新たな運動の組織化を開始した。

ル・プレーが晩年に展開した組織化運動の中核となったのは、「第二帝政」期にかれの門下生となったアドルフ・フォッション、チャールズ・デ・リブ（Ribbe, Charles de, 1827-1899）、エミール・シェイソン、クロード・ジャネ（Jannet, Claudio, 1844-1894）などの「古参の青年たち」と、アンリ・デ・トゥルヴィル（Tourville, Henri de, 1842-1903）、エドモン・ドゥモラン（Demolins, Edmond, 1852-1907）、ピエール・デュ・マルゥサン（Maroussem, Pierres Du, 1862-1937）などの「新人たち」であった（廣田　一九九二、七〇―七一）。これらル・プレーの追従者たちは、最初に師の著作や「社会書簡」と呼ばれたかれと弟子との往復書簡を収録する「社会叢書」(Bibliothèque sociale)を刊行し、トゥルヴィルは一八七三年に社会科学の教育を目的とする学習会を私的に組織した。続く一八七四年に、ル・プレーは「社会経済学協会」の地方支部の組織化を開始し、同協会の会員数は一八七六年に九〇〇名を越えた。また同年かれは、この協会の活動を補強するために『社会平和連盟』(Union de la Paix)を創設し、「地域」(pays)を基盤として組織された二二の「地域圏連盟」(Unions régionales)が誕生した。同連盟の会員数は創立時の二〇九名から一八七六年には九一六名に増加し、ル・プレー没後の一八八五年一月には三二五四名に達した(廣田、一九九二：七二)。かくしてル・プレーとその追従者たちは、在野の学者や実務家が「草の根運動」(Silver, 1982：24)を展開する強大な組織網をフランス全土に確立したのである。

ル・プレーは、一八七五年の著作『イギリスの社会構成』において「社会モノグラフィー」を構想した(Le Play, 1875：336)。また一八七六年、フォッションとシェイソンは、トゥルヴィルが私的に開始した先の学習会を改組する「平和講演会」を発足させ、翌年の一八七七年、トゥルヴィルは同年にドゥモランが開始した「専門講義」(cours thechnique)を傘下に組み入れた「旅行学校」(École de Voyage)を設立し、受講生を現地調査に派遣するための奨学金制度を開設した(廣田、一九九二：七二)。そしてル・プレーは一八七七年から七九年にかけて六巻からなる『ヨーロッパの労働者』(第二版)を出版した。この新版(増補改定版)には、『両世界の労働者』に掲載された二一の家族モノグラフがさらに追加され、大幅に改定・拡張された序文と結論が付与されていた。最後にル・プレーの追従者たちは、一八八一年一月に「学派」の学術活動と社会参加を迅速に伝えるために、月二回発行の機関紙『社会改良』(La Réforme sociale)を創刊した。ル・プレーは一八八一年に最後の著作となる『人類の本質的な構成』を上梓したが、翌年の一八八二年四月一五日に祖国フランスの不安定な政治情勢に翻弄された七六年の生涯を閉じた。同時代人の批評家サン＝バーヴ(Sainte-Beuve, Chares Augustin, 1804-1869)は、ル・プレーを、社会調査に基づいて、政治的・社会的に動揺をくりかえす一九世紀フランスの不安定な社会の「危険を予知し」、「注意すべき堕落の徴候」を正す「道筋を提案する実践的な人物」と評したのである。

五　鉱山技術者から社会科学者へ

テクノクラート

ル・プレーの生涯を三つの時期に区分してかれが歩んだ人生の軌跡を明らかにした。起伏にとんだル・プレーの生涯は、かれが、時の政府に奉仕する最優秀のテクノクラートだったこと、また社会調査を基盤とする社会科学の創造に着手した社会調査家だったことを示している。一方で、ル・プレーは、当時のフランスのエコール・ポリテクニークと鉱山大学校で最高位の高等教育を受けた優秀な技術者であり、「七月王制」から「第二帝政」前期にかけて、統計事務所長や鉱山大学教授、鉱山経営のコンサルタントをつとめ、ときのフランス政府に奉仕するエリートであった。そして「熟年期」に入って歴任した国務院評定官、万博実行委員、元老院議員などの要職は、ル・プレーが、ナポレオン三世の統治した「第二帝政」期に優秀な技術者としてその頂点を極めたテクノクラートだったことを示している。

直接観察に基づく社会科学の提唱者

しかし、他方で、青年期の遍歴時代に「流血の惨事」を目撃して「社会調和の回復」にめざめたル・プレーは、ヨーロッパの各国に分布する三六の労働者家族のモノグラフを収録する『ヨーロッパの労働者』（初版）の刊行を契機として、「モノグラフィックの方法」の標準化やこれに基づく社会科学の振興と社会改良の促進を目的とする「社会経済学協会」の設立に着手した。「第二帝政」期に「熟年期」をむかえたル・プレーは、『ヨーロッパの労働者』（初版）を刊行して、政府の助言者・社会科学の専門家になり、民間学術団体を設立して、かれが標準化した「直接観察」に依拠する社会科学の普及と社会改良の推進に専念した。そして「晩年」、「第二帝政」の破局はル・プレーの「公的」な生活に終わりをもたらしたが、「第三共和制」の成立直後から一八八二年に亡くなる直前まで、かれは「学派」の活動を支える団体の再組織化や後継者の育成につとめた。一九世紀中葉の激動するフランスで、ル・プレーがくりひろげた社会調査に関連する以上のような活動に明らかなように、かれは、優秀な技術者から直接観察に基づく社会科学の創造を提唱する社会改良家へと転身した独創的な人物だったのである。

第二章　「直接観察」に基づく社会科学の生成

「科学的事項においては、事実の直接観察だけが厳格な結論とその承認をもたらすことができる。この原理は今日物理的な諸科学においては認められているが、社会科学においてはいまだ承認されていない。社会科学の専門家は、反目を永続させる、そして体系的な行為にたいするひとつの基礎として役立ちえない、一般にあらかじめ考えられた観念によって鼓舞されている。そのような偏見をもった人は、諸事実とそれから帰納的に推論しうる結論には価値がないと考えがちである。それゆえに社会科学は、占星術や錬金術の考えに基づいていたころの物理的諸科学に匹敵する状態にとどまっている。すなわち、社会科学はそれが観察の上にうち立てられるまでは確立しえないであろう」(Le Play, 1862：13)。

一　社会科学への出立

アラゴの提案

「ヨーロッパの労働者階級の労働、家族生活と道徳状態およびかれらと他の諸階級との関係」という副題をもつ『ヨーロッパの労働者』の出版は、ル・プレーの生涯に大きな転機をもたらした。すでに明らかにしたように、同著の刊行をル・プレーにうながした人々は、中央および地方の政府や科学アカデミーの同僚たちである。とくに、ル・プレーは、「リュクサンブール委員会」において顕在化した自由主義者ボロウスキと社会主義者ルイ・ブランの対立に「不快感」を示した暫定政府の大臣フランソワ・アラゴの出版要請にしたがって、「先年かれがまみえた多くの家族を再訪問し、素材を再構成する仕事」(Goldfrank, 1972：132) を開始し、一八五五年に、直接観察に基づくかれの研究を一冊の書物に整理して帝国印刷所から刊行したのである。

社会科学への転身

そして、ル・プレーは、同著の刊行を契機にして、冶金学の論文執筆をあきらめ、鉱山大学で講義するかたわら鉱業統計や鉱業雑誌の編纂に着手する鉱山技師から、「社会改良」と両立する「直接観察」に基礎をおく「社会科学」の提唱者へと転身した。しかし、当時のフランスで最高位の高等教育を受けた優秀な技術者だったル・プレーは、どのようにして「社会改良」と両立する「社会科学」の提唱者になったのか、また自身が使用する「直接観察」にたいする確信を、かれはどのようにして獲得したのだろうか。本章では、ル・プレーをして「社会改良」と両立する「直接観察」に基づく独創的な「社会科学」の提唱者へと転身せしめた理由について、同時代の社会科学、政府の科学や道徳統計学にたいするかれの批判、現地調査に着手する社会調査の出現、そして鉱山技術者としての自身の経験について記したかれの「叙述」を手がかりに考察する。

二　同時代の社会科学

独創的な社会科学

ル・プレーにとって、社会のなりたちを「理解」する「社会科学」(science social) と「社会改良」(social reforme) すなわち「社会変革への行動的な関与」は両立する。ル・プレーにとって、「直接観察」に基づく「社会科学」は、実際的な問題の解決に方向づけられた「社会改良」を導くことができる実践的な「応用科学」である。このようなル・プレーの「社会科学」の構想は「独創的」なものであるが、そのような「科学」の創造へとかれをかりたてたものは、一八三〇年の革命(王政復興)の「流血の惨事」である。前章で明らかにしたように、王政復興で流された血を目撃したル・プレーは、この事件を同時代のフランス社会が「病んでいる」あかしとしてうけとめ、そのような「不安定と苦難」を生む「政府の秘密」を解き明かし、「暴力」による政権交代に終止符をうつために「社会調和の回復」にいたる道筋を探求する新しい社会科学の創造を決意したのである。そしてル・プレーは、「直接観察」をそのような社会科学の基礎として位置づけ、先験的な抽象理論をふりかざす観察に基づかない同時代の「社会科学」を批判した。

サン・シモン批判　「先験的な」抽象理論に基づいて社会再組織のプランを提示した同時代のフランスのサン・シモンやオーギュスト・コント（Comte, August. 1798–1857）、「革命」学派の社会思想家アレクシス・デ・トクヴィル（Tocqeville, Alexis De., 1805–1859）は、ル・プレーと同様に、一九世紀前半の激動するフランス社会の「目撃者」であり、同時に「当事者」であった。ル・プレーは、伝統社会から近代社会への急激な変化に直撃されたフランス社会が「危機」に瀕し、「病んでいる」という認識をかれらと共有した。ル・プレーは、「社会を構成する最大かつ最も貧しい人口の道徳的かつ肉体的改良」にたいする「信念」をサン・シモンと共有したが、かれの「進歩」の「観念」や社会再組織のプランについては、これを受け入れなかった（Silver, 1982 : 38–39）。サン・シモンは、人が変化の障害物を追い出すときに「進歩」はおこると考えた。これとは逆にル・プレーは、過去の制度や伝統の生成物であるときにだけ「変化」はおこると主張した。ル・プレーにとって、「変化」は「過去」と「現在」そして「未来」の「連続性」を保証することなしに成就せず、現存する事物はゆっくりとしかも「漸進的」に存在するようになるがゆえに価値があるのである。また晩年サン・シモンは「秩序と進歩」に関する抽象的な「観念」に基づいて、産業体制の客観的な組織的・構造的な変革と新たな道徳のあり方（「新キリスト教」）を説く社会「再組織」（réorganisation）のための独自のプランを提示した（サン・シモン、二〇〇一）。しかし、ル・プレーはこれをかれの「先験的な観念」の産物とみなし、そのような観念の「直接観察」による検証を要求したのである。

コント批判　またコントは、サン・シモンが編纂する『産業者の教理問答』の「第三分冊」として「社会再組織に必要な科学的作業のプラン」（コント、一九七〇）を執筆した。かれの師サン・シモンは、これを「われわれの体系の感情的および宗教的部分を少しも説明」しない「不完全」なものと記した（サン・シモン、二〇〇一：一八九）が、ル・プレーは、これをコントの純粋に哲学的な思索の産物として拒否した。そしてル・プレーは、同様の理由から、コントの主張する人間発達の「三段階の法則」や「社会」をある種の有機体とみなすかれの「生物学的モデル」を認めなかった。

トクヴィル批判

先験的な観念や抽象的な思索にたいするル・プレーの「不信感」は、同時代の「革命」学派を代表する社会思想家トクヴィルにもむけられた。トクヴィルは、フランス革命の精神、すなわち「自由」と「平等」を擁護し、社会が「平等」にむかう「不可避的な傾向」を明らかにしたかれの主著『アメリカの民主主義』（トクヴィル、一九八七）は、当時広く読まれていた。しかしながら、ル・プレーは、同著に今世紀に書かれた最も危険な書物というレッテルをはった（Le Play, 1864）。ル・プレーによれば、「社会」にたいする敵意や不安定に責任があるのは「フランス革命の三つの虚偽、すなわち体系的な自由、摂理による平等、暴動の権利」を経験的に検証することなく受け入れた「革命」学派の社会思想家たちであった。ル・プレーは、過度な平等が伝統的な絆を弱め社会解体をつくりだすことをもっとも恐れ、「デ・トクヴィルはかれが知った真実を語り、そしてかれが気づいた誤りを攻撃する勇気を欠いた」（ibid.：413）と批判した。

ル・プレーは、同時代の社会科学の専門家、すなわちサン・シモンやコント、トクヴィルが用いた「先験的」な観念や「抽象的」な理論そして「哲学的」な思索を、「反目を永続させる」「偏見」とみくだして、これを拒否した。ル・プレーは、経験的に検証可能でかつ体系的な行為を導くことができる「諸事実とそれから帰納的に推論しうる結論」をもたらすことができる「直接観察」に基づく経験的な「社会科学」の創造を主張したのである。「直接観察」は、二五年の歳月を費やしてヨーロッパ各国を歴訪したル・プレーが各地でくりかえし使用した現地調査の方法である。しかしながら、ル・プレーは、「直接観察」にたいするこのような「確信」をどのようにして獲得したのであろうか。この点については、同時代の「社会科学の専門家」にたいする以上のような批判に加えて、さらに追求すべき別の文脈、すなわち同時代の政府の科学や道徳統計にたいしてかれがくりひろげた批判がある。

三　政府の科学批判

政府の科学

商務省が所管する統計事務所の所長を務め、鉱業統計の公開に熱心に着手したル・プレーは、最初「政府の科学」の信奉者であった。「政府の科学」に関するル・プレーの認識は、イギリスのウィリアム・ペティー（Petty, William, 1623-1687）の「政治算術」とドイツのハーマン・コンリング（Conring, Haerman, 1606-1682）の「記述統計学」の二つの伝統から強い影響を受けていた。ル・プレーは、統計に関する一八四〇年の論文で、国家が人口や自然の資源に関する情報を体系的に収集して政策形成者に知らせるなら国家はうまく管理することができ、同時にまた素材は「偏見」や「先験的な観念」を追放し、敵対する諸政党間に合意をもたらすと主張した（Le Play, 1840 : 10）。また同論文でル・プレーは、政府が収集すべき情報の種類に関して提案し、伝統的な人口統計学的経済的情報に加えて、全住民の年齢、性、教育水準、職業、居住地、さらに礼拝や宗教的教育への参加、一般教育と専門教育の状態、結婚・未亡人・単身生活に関する一般的慣習、合法的な出生と違法的な出生、捨て子などの情報をそれにふくめるように主張した（ibid. : 10-14）。そして同論文でかれは、概念化の役割、社会的・経済的・地理学的諸要因間の関係を「モノグラフィック」に描写することの重要性、そして社会的行動を消費と生産の様式という用語で明示する、一八五五年の『ヨーロッパの労働者』の初版において、かれが展開することになる企てについて力説した。

公的調査の失敗

しかしフランス政府が一八四八年に実施した「公的調査」の失敗は、「政府の科学」にたいする「不信感」をル・プレーにもたらした。アンシャン・レジュームの官吏の質問を端緒とする、国家の発議でおこなわれる全国調査は、フランスの「政府の科学」の伝統である。国民に関する情報を官吏や軍隊の力を利用して集めた最初の行政官はヴォーバン（Vauban, Sébastien Le Prestre de, 1633-1707）であり、かれの調査の目的は、正義、財政、そして統治にあった。行政調査は、ナポレオン統治下のフランスで新たな意義を獲得し、この時期の中央政府はフランス各地の「知事」たちに調査の権限を付与した。知事たちは、地方住民を対象とする広範囲な調査を規則的に実施するよう要求されたのである。そして一八四八年の革命直後の国民議会は、労働階級の状態に関する国家による社会調査を組織する「委員会」の設置に同意し、労働を組織して競争の影響を制限する「労働大臣」の設置を受諾した（Weiss-Rigaudias, Hilda, 1936：184-246）。同委員会はまた、労働時間、労働者の数、賃金、女性の数、一六歳以下の子供の数、読み書きができる労働者の割合、工業の状態や労働者の生活水準、経営者と労働者の関係などに関する全部で二二の質問からなる調査票を作成し、労働者の状態を掌握する公的調査を計画した。しかし、同調査は社会不安の恐れから数回にわたって延期され、とくにパリやその他の騒然とした地域ではとりやめられた。

統計学者批判

フランス政府がおこなった一八四八年の「行政調査」の失敗は、ル・プレーの「公的調査」にたいする「不信感」を醸成したことは確かである。のちにル・プレーは、『ヨーロッパの労働者』の「初版」において、「公的調査」とそれに基づく同時代の統計学者にたいして次のように言及した。「統計学者は直接的な観察をしない。そしてかれらは科学的になされていない観察に基づかざるを得ない。かれらの比較は、社会活動のもっとも本質的な側面をあつかうことができない。なぜなら、そのような領域は、政府の活動がもっとも広範囲におよぶ国民においてさえ、私的領域にあるからである。個人もしくは関係する会社の善意に訴えてそのようなギャップを埋める試みは、公的権威をもつ職員が公的職務の日常的な行使では集めることのできない情報を直接収集することを要求する企てと同様に、通常効果がなかった。このような研究は、雇用されている職員が、善意あるいは能力を欠くためか、あるいはそのような研究によって生じる困難をのりこえるのに必要な権威をもっていないのかの理由でそのような研究はまれにしか信頼しうる結果をもたらさなかった」（Le Play, 1855：11）。

このようにル・プレーは、政府の統計のみに依存する「統計学者」の研究を「国民」の「社会活動のもっとも本質的な側面」すなわちその「私的領域」をあつかうことができないという理由で批判する。なぜなら、「公的権威をもつ職員」あるいは「雇用されている職員」が「公的職務の日常的な行使では集めることのできない［国民の私的領域に属する—引用者］情報を直接収集する」企ては、これに協力する個人や会社の善意が欠如しているためか、あるいは職員の調査能力や調査で直面する「困難をのりこえるのに必要な権威」を欠如しているためか、どちらかの理由でまれにしか「信頼しうる結果」をもたらさなかったからである。ル・プレーは、雇用された職員が国民の社会活動の私的領域に接近する「公的調査」の企てや、信頼しえない不十分な素材にのみ基づく統計学者の研究に強い「不信感」を抱いたのである。

イギリス統計協会

ル・プレーは、一八三〇年代のイギリス統計協会の活動を信頼できる社会改良立法を生み出したという理由で評価した。イギリス統計協会は、センサスのための準備と素材収集を援助し、王立協会や社会的な問いを研究する特別委員会に情報を提供した。また同協会は、独立した社会調査を後援し、病院、監獄、地方の工場、そして警察記録を調査して新しい都市大衆についての素材を収集した（Elesh, 1972：31–72）。一八三〇年代のイギリス統計協会の活動は、私的決断と支援で繁栄したこと、社会改良にたいするエリートの伝統的道徳的関与を前提にしたこと、そして調査に参加した人々のほとんどが政治団体の中で活動し、調査を政治的な活動と結合することに成功したという三つの理由でル・プレーに感銘を与えた。シルバーが指摘するように、労働者から直接素材を収集することに成功したイギリス統計協会の活動を高く評価したル・プレーがフランスの公的調査の失敗を目撃して、労働者の私的生活領域への接近を可能にする、かれがくりかえし用いてきた「直接観察」にたいする確信をさらに強くしたことは十分推測しうるところである（Silver, 1982：45–46）。

四　道徳統計学批判

道徳統計学

「直接観察」に基づかない統計学者の研究にたいするル・プレーの「不信感」は、その当時、新しい統計のアプローチとして台頭した「道徳統計学」にもむけられた。『人間について』(ケトレー、一九三九)の著者として有名なベルギーの統計学者アドルフ・ケトレー(Quetelet, Adolphe, 1796-1874)は、「道徳統計学」を提唱し、既存の利用できる素材を使用して、諸集団あるいは諸国民の身体的・道徳的な特徴を統計学的に研究し、平均や割合の時系列的な分布を分析した。そしてケトレーは、犯罪率や婚姻率に関する統計を「比較」して、かれが提示した「平均人」の概念を基礎づける社会行動の「規則性」あるいは「法則」を確認しようと試みた。特定集団の犯罪率や婚姻率が示す時系列的な「規則性」に関するケトレーの「発見」は、「人間の意志から独立した社会的な力があるのかどうかについての過熱した論争を生んだ」(Silver, 1982 : 46)。

ケトレー批判

ル・プレーは、次の三つの理由からケトレーの「道徳統計学」に反対した。第一にかれは、公共機関が絶えず増大していく情報の貯水池から集めた健康や読み書き能力、アルコール中毒などを題目とする素材を信頼できないと考えた。第二にかれは、割合や平均は「先験的な観念」と同様に社会科学者の役に立たないと考えた。なぜなら、統計は、その数字を生み出した諸国の歴史的また制度的な相違を明らかにしないからである。「たとえば、われわれは同じ大きさの二つの国の犯罪者をそれらの国の裁判記録を比べることによって測定し、そしてそれらの素材を使用して個々の国民の相対的な道徳性を研究すると仮定しよう。われわれの結論はまったく信用できなくなるであろう。ただ数字の比較にのみ基づくこの種の評価は不可避的に誤りに導く。このような誤りの範囲は、直接観察によって明白となる。観察は、二つの国の制度と習慣の関係に関する相違、抑止方法の効果に関する相違、裁判官の堕落、海外からの犯罪要素の流入等々を明らかにするからである」(Le Play, 1855 : 11)。

そして第三にル・プレーは、ケトレーの主張する「統計法則」に反対した。なぜなら、それは「自由意志」を基礎とする個人の行為こそが最も重要な歴史の担い手であるとするル・プレーの考えに抵触するからである。ル・プレーにとって、経験的な「社会科学」は「調査」から「理論」そして「行為」へという一連の過程をくみこんだ「社会改良」と両立する。経験的な社会科学の目標を社会改良プランの探求においたル・プレーにとって、ケトレーの「統計法則」は社会発展に関するコントの「法則」と同様に人間は歴史の力の前に無力であるとする認識にほかならなかった。ル・プレーにとって、統計数字の比較にのみ基づく「誤り」を克服し、個々の数字を生み出した諸国の歴史的また制度的な相違を明らかにすることができるのは「直接観察」だけであり、それは社会改良プランの探求に直結する「国民の道徳性の研究」に役立つただひとつの確かな方法だったのである。

五　「直接観察」にたいする確信

同時代の調査

「直接観察」にたいするル・プレーの確信をさらに強固なものにした出来事は、現地調査を重視する同時代の新たな社会調査の出現である。「直接観察」や「インタビュー法」は、その当時、ふたりのル・プレーの同時代人によって、社会調査の道具として使用された。まず医師のルイ・ヴィレルメは、科学アカデミーから三つの手工業街の労働者階級の状態を研究するよう委託され、その研究結果を『綿織物、毛織物、絹織物工場で雇用されている労働者の肉体的また道徳的状態の肖像』(Villermé. 1840) というタイトルで一八四〇年に二巻本で出版した。この研究でヴィレルメは、各省庁で利用可能な公式統計を使用したばかりでなく、同時にかれは職場や飲み屋、家庭でくつろぐ絹織物機の労働者と生活をともにしながらかれらにインタビューした (ibid. 2 : 6ff)。また医師で医学アカデミーの会員でもあったパラン・デュヒャテル (Parent-Duchâtelet) は、パリの売春に関する有益な「問い」に着手した。警察記録、現地観察、売春婦のインタビューに基づくかれの研究は『パリの売春について』

(Parent-Duchâtelet, 1857) というタイトルの二巻本で一八五七年に出版された。デュヒャテルは、売春婦にたいして、宗教的社会的出自、結婚や家族にたいする態度、彼女らを売春へと導いた状態、彼女らがそこから抜け出すことを助けるかもしれない条件についてたずねた。ル・プレーは、とくにヴィレルメの研究を社会問題の理解と解決に力をそそぐイギリス王立協会の伝統に通じる調査として賞賛した。

冶金学者としての経験

最後に、ル・プレー自身の冶金学者としての経験が「直接観察」にたいする「確信」をかれに付与した。ウェールズの銅工場で働く労働者が使用する冶金処理技術に関する論文 (Le Play, 1848) で、ル・プレーは、その研究でかれが用いた「直接観察」にたいする確信を、次のように記している。同論文でル・プレーは、労働者が使用する技術について所有者や経営者がまったく知らなかったことに気づいた。ル・プレーによれば、ウェールズの労働者は高純度の銅を手に入れる技術的な処理について熟知していたが、かれらはそこにふくまれている化学的作用を理解しなかった。そこでル・プレーは、処理の試行錯誤を通じて世代から世代へと伝えられてきた労働者の技術を理解するために、かれらがおこなっていることを「直接観察」し、かれらと熱心に語り合った。なぜなら「労働者の実際的な知識は、科学にたいして新しい可能性を切り拓く。そしてかれらの仕事に関する注意深く詳細かつ哲学的な、さらに純粋に化学的な観点からの観察にとりかえうるものは、何もない」(ibid.：17) からである。ル・プレーは、「労働者の心に入り込むこと」の大切さ、そしてかれらの「回想」に基づく人間行為の研究が、冶金処理技術の理解に役立つことを学んだ。冶金学におけるル・プレーのこのような「経験」は、調査者と対象者の相互信頼を媒介にする諸事実の「直接観察」が「社会の病にたいする治療法」を探求する「社会科学」においても有益であるとする「確信」をかれに付与した。ル・プレーはのちに、「直接観察」に基づく「社会科学」にたいする「確信」と、技術者として自身が着手した「冶金の科学」のあいだに関連があったことを次のように告白している。「わたしが技術者として実習に着手していた間、わたしがそこで社会の病にたいする治療を発見するだろうとはまったく気づいていなかった。しかしあらかじめ考えていたアイデアに実りがないことに気づいて以降、わたしはあること、すなわち社会科学においては、冶金の科学におけるとまったく同様にわたしのアイデアが事実の直接観察に基づくまでは信じることができないであろうと確信した」(Le Play, 1881 : 3-4)。

かくして、冶金の科学における「直接観察」の経験は、この方法にたいするゆるぎない「確信」をル・プレーに付与した。かれは『ヨーロッパの労働者』の「初版」において、「直接観察」の方法を用いて収集した諸事実に基づいて三六の労働者の「家族モノグラフ」を入念に仕上げ、その「解読」を通じて「発見」した「社会の病にたいする治療」について記したのである。

六　モノグラフ法の生成

直接観察にたいする確信

以上、成人期に冶金学を専攻する優秀な鉱山技師としてすごしたル・プレーが、どのようにして経験的な社会科学に開眼し、直接観察にたいする確信を深めていったのかを明らかにした。一八三〇年の革命（王政復興）の「流血の惨事」は、ル・プレーの「社会」にたいする関心を刺激し、同時代のサン・シモンや実証主義者のコント、革命学派を代表する社会思想家トクヴィルが用いた「先験的な観念」や抽象的な思索にたいする「不信感」は、かれを「直接観察」に基づく経験的な社会科学の創造へとかりたてた。また一八四八年の政府の行政調査の失敗を目撃したル・プレーは、国民の「社会活動のもっとも本質的な側面」すなわちその「私的領域」に接近できないフランス政府の「公的調査」の欠陥に気づいた。同時にル・プレーは、公共機関が集めた「統計」のみに基づくケトレーの「道徳統計学」の統計数字が歴史的また制度的な相違を明らかにしないという理由で批判し、またかれは「自由意志」に基づく個人の行為を尊重する立場からケトレーの主張する「統計法則」を拒否した。かくして、ル・プレーは、労働者の「私的生活領域」に接近することができ、同時に統計数字の背後にある歴史的また制度的な相違を明らかにすることができる「直接観察」の意義を「確信」した。そして最後に現地調査を導入する同時代の社会調査の出現や鉱山技師としてル・プレー自身がおこなった冶金の技術に関する経験的な研究は、「直接観察」にたいするかれの「確信」をさらに強固なものにしたのである。

「直接観察」の標準化

かくして、「直接観察」に基づく経験的な社会科学の創造にゆるぎない「確信」をもつにいたったル・プレーは、一八五五年に『ヨーロッパの労働者』の初版を刊行し、一八六二年に『観察法入門』を執筆した。これらの著作で、ル・プレーは、「直接観察」に基づいて素材を収集するための技術、すなわちどんな素材をどのようにして集めるか、あるいはその正確さをいかにして保証するかについて語ったばかりでなく、「家族モノグラフ」の叙述スタイルを統一し、これを解読するための分類図式や、かれが用いた比較の方法について熱心に語った。次章では、ル・プレーが使用した直接観察の方法を、かれがどのように標準化したのか、またそれを駆使して執筆した「家族モノグラフ」はどのようなものであったのかを明らかにする。

第三章　「直接観察」のガイドと家族モノグラフ

「モノグラフ法は、ガイドラインを生み出す。それは諸事実の迷宮を通過する観察者を方向づける。それはかれらに正確さに関する標準的な尺度を提供し、それらが観察よって十分に証明されるなら、一般法則としてただちに受け入れられるであろう結論にむけてかれらを方向づける」(Le Play, 1862：3)。

「西欧の労働者階級の現在の状態に関する全体的な理解の獲得を欲するなら、着手すべき最良の方法は、農業技術や工業技術、労働者組織やさまざまな諸階級の自然な諸関係が過去の時代のフランスに存在したものと同じものが残っている諸国の状態を研究することである」(Le Play, 1855：12)。

「わたしが、ある人種が二つの本質的な人間的欲求すなわち日々のパンと遵守すべき道徳的規則をどのようにして獲得し、維持し、喪失して最後に回復するかを学んだのは、唯一複数タイプの社会の比較によってである」(Le Play, 1877–1879, I：vii)。

一　「直接観察」の体系化

丹精込めた手順

一八七九年の『ヨーロッパの労働者』第二版において、ル・プレーは、同著の初版出版の経緯について、次のように述べた。「わたしは、モノグラフの出版当初からわたしについてきた数名の友人たちの助けを借りて、一八四八年に、ヨーロッパに関する新しい考察を開始した。わたしは、一八二九年以降に集めた諸事実を何度も照合して完全なものに仕上げた。ついにわたしは一八四八年にハルツの鉱夫にたいする独創的な輪郭を即席で根気強く完全なものに仕上げたが、わたしはこの目標を達成するための素材収集で使用したのとまったく同様の丹精こめた手順を使用し、そのモノグラフの草稿を二〇回書き換えた。そしてわたしは三年間の仕事の後に、新しい諸事実がそれ以前の版の枠組みの自然な場所に収まることを確信した」(Le Play, 1877-1879, III : 152)。以上のような一節は、家族モノグラフの出版を決意したル・プレーが、最初に仕上げたモノグラフがハルツの鉱夫家族のものだったこと、モノグラフの出版に三年の歳月を費やしたことを示している。またル・プレーは、一八六二年に、「諸事実の迷宮を通過する観察者」を方向づけ、かれらを「観察によって十分に証明」しうる「結論」へと導いていく『観察法入門』を執筆し、同著に記した素材収集の手順と同様の「丹精こめた手順」にしたがって、モノグラフの叙述スタイルを統一した。そして、ル・プレーは、個々のモノグラフの「比較」を可能にする労働者や社会組織の「分類図式」を考案し、それらの道具を用いて家族モノグラフの解読に着手したのである。

モノグラフの方法と成果　本章では、最初に、『観察法入門』に基づいて、ル・プレーは、「直接観察」で使用した素材収集の方法をどのように標準化したのかを明らかにする。次いで、ル・プレーが最初に仕上げた上ハルツ鉱山労働者の家族モノグラフを紹介し、家計をふくめて、かれが統一した叙述スタイルで描写したモノグラフはどのようなものだったのかを明らかにする。そして、最後に、ル・プレーが考案した労働者や社会組織の分類を紹介し、これらの道具を用いて試みた家族モノグラフの解読から、かれが引き出した一般的な結論はどのようなものだったのかを明らかにする。

二　素材収集の方法

三六の家族モノグラフ　表3-1は、ル・プレーが『ヨーロッパの労働者』の初版に収録した三六の家族モノグラフを一覧表にしたものである。この表に明らかなように、ル・プレーのモノグラフの対象となった労働者家族は、ヨーロッパ東部のウラル(一事例)やロシアに居住する労働者(四事例)、北部スカンジナビア諸国の労働者(二事例)、中央ヨーロッパの労働者(七事例)、フランスに隣接する諸国の労働者(七事例)、イギリス

表3－1 『ヨーロッパの労働者』（1855）に収録された家族モノグラフ一覧

遊牧民	
モノグラフ1	パシュキル人，ウラルの半遊牧民
ロシアの労働者	
モノグラフ2	オレムブルクの賦役農民
モノグラフ3	オカ川流域の小農民かつ漂泊舟夫
モノグラフ4	ウラル製鉄所の鍛冶工かつ炭焼工
モノグラフ5	ウラルの砂金鉱の大工かつ商人
スカンディナヴィアの労働者	
モノグラフ6	デモーネア（スウェーデン）の製鉄所の鍛冶工
モノグラフ7	ブスケルード（ノールウェー）のコバルト工場の精錬工
中央ヨーロッパの労働者	
モノグラフ8	サマルカヴァン（トルコ）製鉄所の鍛冶工
モノグラフ9	ティスの賦役農民
モノグラフ10	シェムニッツの貨幣工場のスロバキア人精錬工
モノグラフ11	ウィーン市の指物師組合の職人
モノグラフ12	ケルンテンアルプスにおける炭焼人
モノグラフ13	カルニオールの水銀抗会社の鉱夫かつ精錬工
モノグラフ14	上ハルツ（ハノーバー）の鉛・銀鉱山会社の鉱夫
フランス接壌国における労働者	
モノグラフ15	フンズリュックの木炭製鉄所の精錬工
モノグラフ16	ゾリンゲンの半農村集団作業場の武器製造工
モノグラフ17	ライン沿岸の半農村集団作業場の織物工
モノグラフ18	ジュネーブ市の集団作業場の時計製造修理工(1)
モノグラフ19	ジュネーブ市の集団作業場の時計製造修理工(2)
モノグラフ20	旧カステリア（スペイン）の小作人
モノグラフ21	ガリシア（スペイン）の移民鉱夫かつ耕作農民
イギリスの労働者	
モノグラフ22	ロンドン市の集団作業場の刃物鍛冶工
モノグラフ23	シェフィールド市の集団作業場の刃物鍛冶工
モノグラフ24	シェフィールド市の指物細工師
モノグラフ25	ダービーシャー州の泥炭銑鉄精錬所の精錬工
フランスの労働者	
モノグラフ26	アルマニャックのぶどう農場の日雇労働者
モノグラフ27	モヴァンの農場の日雇労働者
モノグラフ28	メーヌ（サルト県）の農場の日雇労働者
モノグラフ29	下ブルターニュの農場の日雇労働者
モノグラフ30	ソワソンの収穫労働者かつ耕作地所有者
モノグラフ31	ニヴェルネの木炭製鉄所の精錬工
モノグラフ32	オーベルニュの金属鉱山の鉱夫
モノグラフ33	マムール市の集団作業場の織物工
モノグラフ34	メーヌの蹄鉄工かつ耕作地所有者
モノグラフ35	パリ郊外の洗濯屋主人
モノグラフ36	パリの屑拾い

出所 Le Play, 1855：48 に記されたモノグラフの概要に基づいて筆者が作成。

の労働者（四事例）、フランスの労働者（一一事例）と欧州全域に分布する。また、かれらの職業も、遊牧民、農夫、鉱山や鉱物精錬所で働く労働者、織物工、時計職人、指物師、洗濯主、屑拾いなどさまざまである。

調査対象者の選択

ル・プレーは、ヨーロッパの全域に分散して居住する職業も多様なこれらの労働者家族をどのようにしてみいだしたのだろうか。ル・プレーによれば、調査の対象となった労働者家族の「選択」に協力したのは、調査の旅行先で出会った「社会の権威者たち」である。かれらは、家庭や職場の周辺ですべての人々の「愛と尊敬」をかちとり、コミュニティーのなかに「良好な状態」をつくりだす人々である（Le Play, 1877–1879, I：446）。またル・プレーは、研究旅行で訪れたそれぞれの地域で社会的な承認と尊敬を獲得しているこれらコミュニティーの指導者たちを「社会科学の真の教師」（ibid., I：388）と呼び、正確かつ信頼できる知識の源泉としてかれらの経験や専門性を重視した。ル・プレーが一八五五年の『ヨーロッパの労働者』において研究した「家族」をかれに紹介したのは、今日ならば「情報提供者」と呼ぶだろうこれら「社会の権威者たち」だったのである。

観察すべき情報リスト

次いで、ル・プレーは、『観察法入門』において、直接観察に基づいて、調査者が現地で正しく記載すべき情報のリストを提示する。表３－２は、家族モノグラフの叙述において役立つ、観察者が収集すべき情報は何かについて、ル・プレーが提示した主要な項目を列挙したものである。この表に明らかなように、現地調査で観察者が記録すべき情報として、ル・プレーは、第一に、モノグラフの対象となる家族が居住する地域（「場所」）の土壌や工業、人口の状態、家族構成や成員の属性、家族の宗教や習慣、衛生状態、労働組織や家族の地位などの事柄をあげた。第二に家族の生計維持にかかわる主な事柄として家族の財産、賃金や援助金、労働や家内工業などを、また第三に飲食物や肉、貸間や家具、衣服、休養などの家族の消費生活あるいは生活様式にかかわる事柄をあげた。そして第四にかれは家族が現在の状態にいたる主要な段階に関する「家族史」の記録と家族の「物質的かつ道徳的に良好な状態」を保証する習慣や制度に関する正確な記録づくりを観察者に求めたのであ

表3－2 家族モノグラフ第1部のデータ収集のためのガイドライン

A. 場所，労働組織，そして家族の記録
1．土壌，工業，人口の状態
2．家族の市民的地位（年齢，氏名，性，血縁関係）
3．宗教と習慣
4．衛生，そして医療サービス
5．7種類の労働者の中のその家族のランク

B. 生計維持手段
6．財産
7．特別援助金（付加給付金，賃金は別にして）
8．労働と家内工業

C. 家族の生活様式
9．飲食物と肉
10．貸間，家具，そして衣服（全調度品の目録）
11．休養

D. 家族史
12．現在に至る主要な段階
13．家族の物質的かつ道徳的に良好な状態を保証する習慣と制度

出所 Le Play, 1862：22-23に記された叙述にもとづいて筆者が作成。

る。

情報リストの細目

ル・プレーは、これらの主な項目の下にさらに「細目」を設け、調査で記録すべき情報について詳しく解説した。たとえば、「宗教と習慣」について、かれは「家族諸成員の宗教との関係や信仰、同様に一般住民のそれ、すなわち私的な祈り、礼拝、神聖の印象、結婚、誕生、そして死の儀式、祈りの場、そして宗教的な休日」に関する詳細な記録づくりを観察者に求めた。またル・プレーは、家族の「徳」に重大な関心をはらい、これと関連する事柄として「家族内で生じるすべての行動や感情、結婚した夫婦の間の愛情、影響力が婦人に与えられている家族内の事柄、年長の両親に与えられている世話と尊敬、亡くなった両親を回想する仕方、子供たちに提供されている愛情と世話、そして使用人、奴隷、また動物に与えられている世話」（Le Play, 1862：20）に関する詳細な記録づくりを具体的に指示した。さらにル・プレーは、「その人の住居や衣服の清潔さにたいする性癖、質素や中庸にたいする傾向、倹約の性癖、その目標が善に使用するための預金をすること、そして家族のために財産の一部を提供することであるような一組

の習慣、人が亡くなったときにあるいは老齢に達したときに獲得した財産を伝える手段、ひとつの場所にとどまるあるいは永久的にもしくは一時的に移民する傾向」（ibid.：21）に関する記録を「道徳的な習慣」にかかわる事柄のリストとして掲げた。

家族関係・家庭生活の質　ル・プレーは、「先験的な観念」にたいするかれの立場や「諸事実それ自体に語らせるべきである」というかれの信念と矛盾するという理由から、素材を収集する前にかれの考えを述べることにたいしてはとくに慎重であり、かかる観点から、かれはいわゆる「作業仮説」をつくらなかった。しかしながら、ル・プレーが提示した以上のような調査項目のリストは、かれが家族関係や家庭生活の「質」にたいしてとくに重要な意義を付与したことを示している。ル・プレーは、社会の安定という観点から家族諸成員の「物質的かつ道徳的に良好な状態」と呼ぶものを確定するために、家族が生活を維持していくのに欠かすことのできない「日々のパン」と「遵守すべき道徳的規則」をどのようにして獲得するかに重大な関心をはらった。家族関係や家庭生活の「質」に関する情報こそは、観察記録に基づいて家族の幸福を高める「社会行動」を具体的に理解するのに役立つもっとも重要な情報だと、ル・プレーは考えていたのである

インタビューの方法　『観察法入門』において、ル・プレーは、また、上述の調査項目のリストに即して観察者が労働者に直接「質問」する際に留意すべき点について、次のように述べた。「質問は、その方法によって指示された順序で実施すべきである。とはいえ、あまりに厳密にこの順序にしたがう必要もない。労働者は自然に特定の主題を選ぶであろう。すなわち、かれは喜んで若い頃の記憶を関連づけてかれの家族史を語るだろう。かれをさえぎらないことが重要である。そうすれば有効な情報が失われることがないだろう。あまりに多くの質問はかれを疲れさせるだろう——それらがかれを退屈させたり、あるいはかれに疑いを起こさせるようなら——そしてそれはかれが質問されている状態にあることを絶え間なく思い起こさせることになる。質問するよりももっとうま

く聴くことである。とくに方言もしくは母国語が異なっているときは――しばしばそのような場合があるが――ふたりの関与者にとって質問と回答の理解を難しくする」(ibid.: 6)。

半構造化面接　ル・プレーは、ある程度長時間にわたっておこなわれる「会話」を意味する、今日ならば「インタビュー」と呼ぶであろう「聴き取り」調査の要点をうまく表現している。最初にル・プレーは観察者にたいして、上述の調査項目のリストにしたがって順に「質問」することを指示する。しかしながら、同時にかれは、質問「順序」のあまりに「厳密」な遵守や矢継ぎ早の数多くの「質問」が自然な「会話」の流れを損ねる場合があることを指摘した。そして、労働者との対話において観察者がはたすべき役割として、かれらの自発的な主題の選択を「さえぎらないこと」、そして「質問するよりももっとうまく聴くこと」がとくに重要であると指示した。ル・プレーは、回答者との対話の自然な流れに照らして観察者が質問項目を自在に並べ替え、回答者の自発的な情報提供に柔軟に対応しながら対話の場面を組み立てていくことが、「失われる」情報がもっとも少なくなる「有効」な「聴き取り」だと教示したのである。

またル・プレーは、労働者に直接質問する場合に観察者がさらに注意すべき点として次のように述べた。「観察者は、家族の諸成員が日ごろ使わない、そしてかれらの説明の精度をだめにするかもしれない不慣れな知的努力をひかえ、できる限り日常的な手段を使うべきである」(Le Play 1862, 6)。ル・プレーは、質問の場面において、観察者が「不慣れな知的努力」を回答者に要求することを厳しく戒め、観察者は回答者の「説明の精度」を高めることに最善をつくし、そのためにかれは「日常的な手段」(言葉づかい)を用いるべきであると指示したのである。

相互行為　ル・プレーにとって、「モノグラフ法」で使用する労働者への直接質問は観察者と回答者の相互行為にほかならない。観察者やかれらの質問にたいする回答者の「信頼」は、両者の相互行為を可能にし、「対話」をスムーズに展開するための重要な基準である。ル・プレーが回答者の「信頼」を獲得するのに「社会の権威者たち」が協力したことは先に指摘したが、かれは、さらに『ヨーロッパの労働者』の「第二版」で、直接質問の場面において観察者が回答者の信頼を得るためになすべき事柄として次の二点をつけ加えた。ル・プレーによれば、回答者の信頼を獲得するために観察者が質問の場面でなすべき第一は、質問の「目標が公共の役に立つこと、そして観察を鼓舞しているものが自己犠牲の精神であることをかれらに知ってもらうこと」(Le Play, 1877-1879, I : 223) である。そして第二にかれは、質問への協力で回答者が費やした「時間の浪費」に報いることの大切さを次のように指摘した。「その研究に費やした時間の浪費にたいしては金銭的な褒章でつぐないなさい。主人の見識、婦人の気品、子供たちの行儀をほめ……全員に小さな贈り物を、節度をもって配りなさい」(ibid. : 223)。そして、ル・プレーは、直接質問を遂行する観察者の辛抱強さに加えて、かれらの礼儀正しさや注意深い配慮こそは「モノグラフ法」を成功へと導く重要なポイントであると指摘した。

『観察法入門』は、どんな情報をどのようにして集めるかを観察者に教える標準的なガイドであるが、現地調査で記録すべき詳細な情報リストや素材を収集する際の留意点についてル・プレーが記した以上のような解説は、インタビューの方法、すなわち半構造化面接を駆使する素材収集の方法が、当時すでにかなりの程度完成の域にたっしていたことを示している。

三　上ハルツ鉱夫の家族モノグラフ

叙述の統一

以上のように、「直接観察」にもとづく素材収集の方法を標準化したル・プレーは、次いで、社会の権威者たちから入手した当該地域に関する正確かつ信頼できる知識やかれらの仲介で出会った労働者から入手した家族生活や家族史に関する記録に基づく「家族モグラフ」の叙述スタイルを統一した。『ヨーロッパの労働者』に収録された家族モノグラフは、いずれも、家族の自然的かつ社会的な特徴、家族の長がなす仕事の種類、個々の家族成員の家庭経済への貢献を記述した「予備的分析」、家族の収入と支出を年単位で集計した家計、そして、家族が居住する地域の制度や習慣、法律や歴史について記した「社会組織のさまざまな要素」からなる三つの部分で構成されている。以下では、『ヨーロッパの労働者』第二版に収録された改訂版に基づいて、ル・プレーが最初に仕上げた「上ハルツ鉱夫のモノグラフ」のなかから、かれが「予備的考察」と呼ぶ第一節から第一三節（Le Play, 1877–1879, III : 99–113）、および「社会組織のさまざまな要素」のひとつとしてかれがハルツ鉱山会社について記した第一七節（ibid. : 12–129）を逐語的に紹介し、統一した叙述スタイルで執筆されたモノグラフがどのようなものだったのかを明らかにする。

上ハルツ鉱業会社の鉱夫のモノグラフ

上ハルツ山の銀・鉛鉱石株式会社（ハノーバー）の鉱夫
長期の自発的労働同意システムのもとにある出来高‐労働者かつ労働者‐所有者。
クラウスタール市のアルバート婦人の親切な助力とM・デーゲンハルトの協力によってA・デ・セイン‐レーガーとF・ル・プレーの諸氏が一八二九年と一八四五年に集めた記録による。

家族諸成員の状態を規定する予備的観察。環境、労働組織、家族構造に関する定義。

第一節　土壌、人口、労働組織の特性

このモノグラフが主要な関心をもっている上ハルツ山の労働者は、海抜七〇〇メートルに位置している銀・鉛鉱山近くのクラウスタール市に住む。この山の集団は、ハノーバーとブルンスウィック平野、アンハルト、ブランデンブルクとマンスフィールド、そしてシュトルベルク諸公爵領に共通した境界近くに位置している。土地は、主要には遷移性の粘土岩盤、鉱石埋蔵物に恵まれた鉱脈からなり、九世紀に開拓された。緯度（五八度四八分）と海抜の相当の高さのゆえに、気候はとくに過酷で、穀物、果物、ジャガイモやほとんどの野菜の栽培にはまったく不適である。その上また家庭菜園ではキャベツや若干のサラダ菜あるいはハーブもほとんど作れない。しかしながら、逆に、ハルツ山は樹脂の多い木材の生産には申し分なく適して

いる……。

これらの鉱物は複数の株主がもつ私的な会社によって所有されているが、同じ鉱脈は、しばしば埋蔵物の自然な方向に垂直的に分けることによって二、三の会社に分割されている。これらの個別企業のすべては、政府が指名した鉱山監督官のもとで調整されている。森林や鉱物工場は国有財産である。地価の掘削を支えるのに必要な材木は、鉱山会社の自由な取替えのために提供される。鉱物は領域の異なる各工場によって買い取られる。その価格は、最新の値打ちにしたがって、また金属の有益性を構成する鉱石のグレードによって決定される。

ほとんどの人口は、直接的であれあるいは間接的であれ、鉱業とかかわっている。伝統の保持において、行政官庁は真に必要な人口を規定したその限度を超えて商人や職人の数が増加することを認めていない。直接的また間接的な基準によって行政官庁は、外部者が労働者の弱点につけこむのを妨げ、そして高利貸しを未然に防止する。人口は、主要には生活のすべてを鉱業と結びついた仕事、すなわち鉱物の粉砕、鉱物工場ですごす労働者たちによって構成されている。残りの人口は三つの主要な集団に区分される。まず木材工、炭焼き人、そして森林監視員でかれらの住居は、森の周囲に分散している。（次に）自営の運搬人（辻馬車の所有者）でかれらは谷や山の緩やかな斜面に農地を所有しており、そこでかれらは二時から六時にかけてとくに牧草を刈り取る。そして最後に家事手伝い人がその辻馬車の所有者によって雇われている。ガリシアにおけると同様に、しばしば、森林作業や炭作りはこれら後者の人々によって遂行されている。鉱業や工場に直接雇われた労働者はそこで長期を原則とする会社システムのもとで働いており、ハルツ地方は、今日、もっとも顕著な事例のひとつと考えることができる。

上ハルツにおける人口は工業組織がかしているまた自然的資源が保障している限度を超えて増加する傾向にある。しかしながら、現在までのところ、全般的な行政管理はそれにたいする保護（patronage）の任務に失敗していない。それゆえ、それは最近ふたつの新しい仕事の供給源をつくりだした。自然的な自生に比べてさらに効果的に森林を再生する植樹において、子供たちとくに若い少女たちを雇用する。また森を通過するとても多くの道路建設や採鉱工業にとって有益なその他のさまざまな仕事に大人たちを雇い入れている。要約するなら、この興味深い地域は、あらゆる純粋さにおいて古い社会体制のほとんどに共通する保護の慣習を維持し、そして同時に、商業的な競争の障碍を避けるために管理してきた。この成功は、採掘抗、水路、そして森林の開発に基づく工業集団によって達成されており、そこでは競争が原料のままの物質で構成された自然界によって厳格に制限されているということに気づかなければならない。したがって、生産手段が無制限な手工業（manufacturing industry）のさまざまな領域に同様の組織を応用することが可能であると望むことはできない。にもかかわらず、ハルツ山の鉱業－今日パリから単に三六時間のところに位置している－が、少なくとも比較の基礎として、また古いヨーロッパの伝統の一事例として役立つことができる。そしてそれらは今日西ヨーロッパが直面する悩ましい社会的問いをとりあつかわねばならない国家官吏にたいして貴重な情報を提供することができる。

第二節　家族の市民的状態

家族は、主人、妻、そして三人の子供から成る。

		年齢
一カール・M	家長、クラウスタール生まれ、一五歳で結婚	四〇
二アンナ・R	妻、アンデルスベルク生まれ	三五
三フランツ・M	長男	一四
四グレッチェン・M	長女	一一
五ウィルヘルム・M	次男	八

第三節　宗教と道徳的習慣

家族は、ルター主義信奉者。家族諸成員は規則正しく日曜および休日の教会礼拝に列席する。このよい習慣は、宗教的な感情だけによるものではない。それらはまた、労働者のあいだに激しい労働と節制を奨励する全体的なならわしから生じる。にもかかわらず、上ハルツ鉱業会社の労働者が二五歳前に結婚することを禁じる規則によって若い人々に行使されている不幸な影響に気づかなければならない。多くのドイツ諸国におけると同様に、このような規則は人口の成長を制限するために設計されている。実際のところ、しかしながら、しばしば、それらは民衆においては道徳的な秩序の感覚を弱めるようなひとつの結果のみをもたらす。

第四節　衛生および健康サービス

気候は厳しいが、それは健康を増進する。ときどき不十分な食糧や、湿気や突然の冷えを労働者にもたらす労働の特性は、病気に帰着する。このような環境はさらに早すぎる死あるいは不治の疾患をもたらすかもしれない。医療サービスは、家庭においてであれ病院においてであれ、うまく組織されている。このサービスは、労働者の賃金からの天引きやさまざまな寄付によって支えられている緊急基金によって支払われる。

第五節　家族の地位

労働者は、出来高‐労働者かつ労働‐所有者のカテゴリーに属している。なぜならかれは遂行した労働の量によって支払われているからである。とはいえ、（鉱物を含む岩石を掘り出す）この種の仕事に頻繁におこるように、量による支払い額は、実際、日によってその支払額が若干相違する。なすべき仕事は、掘り出すべき岩石の種類に依存して広範囲に変化する。そして経営がその価格を決定するので、労働者の賃金は一週八・六八フランから九・五二フランへと若干であるが変化する。もし給料が低い限度以下に下がるなら、その労働者にたいして差は補われる。それが上位限度以上になるときには、その価格率が下げられる。簡単に言えば、労働者は生産量によってというよりもかれが働いた時間数によって支払われているのである。労働者は、第六節で叙述する条件の下で財産を所有する。

第六節　家族所有の現存する財産（所帯道具と衣服を除く）

現存する財産：労働者は名目上ふたつの財産を所有する‐二三〇〇フランの価値がある家屋と四〇フランの価値がある菜園。

この財産は、所有者と助成金の間の中間的な所有権を構成するまさに異例の条件のもとでその労働者に帰属する。クラウスタールとゼラーフィールドの労働者はかれらの住居と隣接する庭を所有する、そしてかれらは特別の条件のもとにそれらを獲得する。労働者が亡くなって家が売りに出されると、別の労働者がそれを獲得する権利をもつ。値段は、またその財産を欲するかもしれない投資家、商人、地方の官吏といった人々にたいして優先権が与えられた労働者の値づけと同額である。労働者は、たとえその買入価格のまったくわずかの部分を支払うことができなくとも、特権を与えられている。必要なお金は、鉱業の管理当局が貸し出し契約としてその建物を抵当にとり、四パーセントの利息でかれに貸し出される。したがって、実際のところ、はっきり言って労働者はその管理当局のテナントである。その建物の獲得は、言ってみれば、一種の賃貸契約に帰着する。抵当に支払う利息は一種の賃貸料である。にもかかわらず、この協定がもつ重要な道徳的効果は否定し得ない。なおまた、人間の品位の要求にたいしてもっとも適合的であり、それはロシアの助成金制度（モノグラフ2）がもつ優位性のすべてである。それはかれの将来への配慮にかかわる所有の欠落にたいして、また高利貸しの強欲にたいして労働者を防御する。そして最後に、少なくとも名目的には、労働者を社会のハイアラキーにおいて向上せしめ、かれの道徳的かつ知的能力の限界内で所有者の感覚をかれに経験せしめる。

上に示した資産は相当の借金によってバランスが保たれているので、家族の所有物というこのカテゴリーに数えるべきものは何もない。

家畜……………………………………………………………………〇・〇〇フラン

穀物、果物、あるいは澱粉質の野菜の栽培を許さない気候は、また家禽の飼育にも不適である。通常、労働者たちは決して牧草地の所有者にはならないし、したがってまた乳牛を飼うこともできない。一般的に言って、親方－労働者と商人たちだけが乳牛を飼う。

専門的な仕事およびその他の労働のための特別な用具……………一二・〇〇フラン

一菜園作業のための、さまざまな道具……………………………五・〇〇フラン

二岩石掘削とまき運搬のため：斧と手押し車…………………………七・〇〇フラン

老齢もしくは虚弱労働者あるいはまたかれらの未亡人や孤児にたいして年金を与える二、三の相互扶助基金の配分にたいする権利…………………………………………………………………………四二・〇〇フラン

労働者の適正な埋葬にたいする相互扶助基金の配分にたいする権利………………………………………………………………………………八・四〇フラン

医療や手術の援助および病気にたいする助成金を与えるさまざまな相互扶助基金の配分にたいする権利……………………………………………〇・〇〇フラン

資産総額………………………………………………………………六二・四〇フラン

第七節　助成金

ハルツ採鉱会社で変わることなく存続してきた保護の原理は、提供されてきた多くの助成金にみることができる。上で示されたように、住居や隣接する庭は、ある点においては、永久的な助成金を構成する。労働者は、領有する森林において無料で薪を集める権利、また個人的に集める時間がない場合にはどんな薪であれ市場価値以下の価格で買う権利をもっている。労働者の賃金は多かれ少なかれ固定的であるから、管理当局はいかなるものであれ消費の増加を引き起こすであろう不測の事態を避けようと試みる。それゆえ、小麦はいつも市場価値以下の固定した価格で労働者に売られる。病気もしくは衰えた労働者、未亡人、そして孤児にたいしてあらゆる種類の助成を与える補償基金は、労働者の賃金からの天引き額よりも管理当局の助成

金によってより多く支えられている。最後に、少年学校の費用は、完全に管理当局によって負担されている。

第八節　家族諸成員が遂行する労働およびその他の仕事

労働の特性：労働者の主要な仕事は、金属含有物あるいは不毛の岩石を採掘すること、他のことばでいえば、鉱業の基礎的労働である。週ごとに労働者は、実働八時間からなる六交代で働く。しかし個々のシフトは、もし採掘抗に降りていく時間と日光のもとに戻ってくる時間をふくめるなら、実際のところ一一時間の長さである。

労働者は、しばしば、通常の継続期間を超えて特定のシフトを延長することによって、時間を追加して働く。

労働者の第二の労働は、家族のために薪を集めること、菜園の耕作、住居の維持をふくむ。

妻の仕事：妻の主要な仕事は、家族の世話である。第二の仕事のうち、もっとも重要なのは食料品かごを運ぶことである。週に二度、ハノーバー平野に位置するゴスラーあるいはオステロードの町へ行き、小麦、ジャガイモその他を買う。そして彼女は、四〇〇メートルの登り一〇キロメータ以上の距離をクラウスタールにむけて戻ってくる。このやり方で運ばれた食品の一部は、家庭消費のためである。一部は、所定の手数料でその町の裕福な居住者に配達される。残りは、その輸送費用に相当する利益を上乗せして市場で売られる。

彼女のそのほかの仕事は、庭の手入れ、クラウスタールやゼラーフィールドのはずれにある牧草地の所有者に干草を運ぶこと、そして最後に、家族のために木綿や亜麻布の衣類を作ることをふくむ。

長男の仕事：一四歳の長男は鉱石が機械的に準備された職場（ここでは、精錬するために自然のままの鉱石が選別され用意される）でかれに与えられるあらゆる仕事をする。かれは個々の労働日にたいして固定給を受け取る……。家族は、住居の一部を他の（無関係な）家族に賃貸しする。

家族の生活様式

第九節　食物および肉

基本的な食物は、ライ麦パン、豚、ソーセージ、バター、ジャガイモ、そしてキャベツである。パンは、それぞれの家で用意され、人口の富裕層のためにパンを作る同じパン屋によって若干の手数料を支払って焼いてもらう。肉は、一般にゆでられる。ジャガイモは塩水で調理される。キャベツは一般にそのままで食べる。家族はキャベツのザウアークラウトをつくり同量をその味付けで使用する。

第一〇節　住居、家財道具および衣類

住居は、上で叙述した諸条件のもとで労働者が所有しており、一階の板の間と二階の板の間とからなる。その所有者とかれの家族は、一階の暖房のある部屋と二つの小さな部屋に居住し、同じく二階板の間の小さな一部屋は屋根裏の貯蔵部屋として使用する。かれは残りの二階板の間の二部屋を別の労働者家族に賃貸する。しかし、これらの間借り人たちは野菜菜園を使用しない。

家財道具は次のものを含む：

家具：新品や手入れの行き届いたもの……………………………二六〇・〇〇フラン

一ベッド：両親、男の子と女の子のためのベッドクロスを備えた三つのベッド……………一八〇・〇〇フラン

二その他の家具：テーブル二、椅子六脚、鏡台一、衣服箱一……………八〇・〇〇フラン

暖房用に使用する鋳鉄製のストーブはその家に備え付けられておりその価値にふくまれている。

家庭用品：絶対的に必要なものに限る……………………………三三・七〇フラン

一飲食物の調理と提供：台所用品、飲み物用グラス、スプーン、ナイフ、フォークの合計……二五・〇〇フラン

二さまざまな用途：一鉱抗ランプ（鉱夫の生涯に必要）……三・七〇フラン

二妻のさまざまな運搬のためのかご……五・〇〇フランの合計……………八・七〇フラン

衣類……………………………………………………………二〇〇・〇〇フラン

残念なことにその他のヨーロッパにおいては衰退しつつある古来の習慣のひとつにしたがって、ハルツの鉱夫や少年たちはその労働人口の全体にたいして注目すべき良質な品位を与えている伝統的な服装を身に着けている。この服装は、労働者の仕事そしてその気候にまったくうまく適している。それは、大きく折り曲げられた襟をもつゆったりした上着（キッテル）、キッテルと全く同じ黒の布でできたズボン、胴の根元と太ももをおおいかつ腰とキッテルの根元が留め金つきのベルトでしっかりと締められている黒なめし皮のエプロン（アルシュレーダー）、羽毛のついた帽子、ブーツ、頭にハンマーをかたどった装飾がほどこされたステッキ、その他から成る（以下の消費の表の、その他の衣類を見よ）。この地方の服装を捨てようという傾向は、すでにハルツにおいても主張されている。鉱夫たちは、公式行事のあるいはかれの上司に会わなければならないときにのみその服装を着用する。今日、かれは地方の服装というよりも、フロックコートやつばつき帽子を着用して - ほとんど

区別し得ない服装で－教会へ行く。
労働者の衣服：……………………………………………　一〇四・〇〇フラン
一伝統的な服装キッテル一、それと一組の黒地のズボン、羽つき帽子一、アルシュレーダー一と留め金つきベルト……………………………………………　一八・〇〇フラン
二日曜着：フロックコート一、ベスト一、それと一組の布製ズボン、一組のブーツ、つばつき帽子：……………………………………………　四一・〇〇フラン
三仕事着：黒の亜麻布性仕事着二、布製上着一、三組の亜麻布性ズボン、ネクタイ二、つばつき帽子、アシュレーダー：……………………………　四五・〇〇フラン
妻の衣類、日曜および仕事着：……………………………　五〇・〇〇フラン
子供たちの衣類、日曜および仕事着：……………………　四六・〇〇フラン
家財道具および衣類総額……………………………………　四九三・七〇フラン

第一一節　休養

喫煙は、ハルツ労働者の主要な楽しみの源泉である。習慣的に喫煙する富裕な人々にたいしてしばしば述べられている批判は、つましい生活の中で、何物にも取り替えがたいささやかな楽しみの不動の源泉として、年消費一〇フランで用がたりるそのような労働者にたいしてはなすべきでない。このような労働者は、たまに居酒屋へ行く。かれらはブランデーを若干飲むが、いつもは、家で主食に変えてわずかに割り当てられたものを消費する。夕刻の家族のつどいや厳格なルター派の説教は、鉱夫たちにとって唯一困難かつ休みなく続く労働からの気分転換になる。

家族史

第一二節　家族生活の主要な側面

子供たちは一四歳まで学校に通う。この年齢で少年たちは、自然の鉱石が分類され、破砕されて洗浄される職場で仕事をはじめる。かれらは、青年期にまったくふさわしいこのような義務を遂行する。そしてかれらは、肉体的な力がかれに鉱山や鋳造工場で働き始めることを許すまで、いくつかの学習を続ける。

少女たちは学校を離れると、母親の大半の仕事を、その能力に応じて、とくに家事や食料品の運搬を手助けする。

いくつかのドイツ諸国で採用されている原則に従って、ハルツ鉱山の管理者は、人口の増加を制限するために、可能な限り結婚年齢を遅らせせようと試みる。ここでは、一般的に、労働者たちは二五歳まで結婚しないようである。この政策の唯一の結果は、不倫の関係をつくりだしかつ公的な道徳性を弱体化する。さらに、その時期のほとんどのそのような不倫関係の間に生まれた子供たちは両親が必要とする年齢に達すると同時に結婚することによって合法化される。

家族は、それがひとたび形作られると、このモノグラフにおいて叙述された肉体的そして道徳的条件のもとで生活する。かれらはつらい仕事をし、過酷かつどんよりした気候のもとでつましい生存を送るが、それにもかかわらず家族は、生まれ故郷での生活と幸福に満足する。最近、ハルツの鉱夫たちは、鉄道ではたらく北部ドイツの労働者たちをひきつけ、古い保護関係を非常に深く妨害してきた高賃金の誘惑やそのほかのあらゆる種類の勧誘に抵抗した。多分、労働者階級人口の自然な傾向を示し、たとえ魅力的な革新に直面したとしても、労働者たちは厳しいがしかし愛情のこもった保護と健全な助成に基礎をおく安全な生存を好むということを示したよりよい例は他にない。

第一三節　家族の肉体的および道徳的福祉を保証する習慣と制度

家族の個々の成員は、かれの生活の隅々まで、他の鉱山会社によってしばしば模倣され、またハルツ鉱山会社から始まったように思われる体系的な社会的諸制度によって守られている。政府が支える学校は、少年たちに基礎教育と同時に道徳的および宗教的訓練を与える。伝統は、鉱山開発が儲からないときでさえ、大人たちに仕事を提供するように政府を義務づける。相互扶助基金は、現金支払いと同時に、病気にたいする医療、手術、薬の援助を提供する。それらは、老齢、虚弱、寡婦、孤児にたいする一時的な補助あるいは永続的な援助を提供する。最後に、それらは労働者の死に際して人並みの埋葬を提供する。ハルツ鉱山の労働者階級人口の生活において重要な役割を演じている補償基金は、さまざまな手段、すなわち一部は労働者の賃金からの天引きによって、また大部分は一般の管理当局による助成金によって支えられている。

要約するなら、ハルツ鉱業会社の成員の一人として労働者はかれとかれの家族を不測の不幸から守るこの地域の鉱物および森林資源にたいするある種の合法的な抵当権を所有している。この点において、かれの条件はロシアやスウェーデン鉱山労働者のそれとまったく類似している。

これらふたつの地域の森林や鉱物とハルツのそれとの比較は、社会組織の真の原理を照らし出すのにふさわしい理想的な研究主題である。この比較は、その名前が誰であれ、ある同時代人たちの文献が新しい社会体制を「無条件の自由と公平」に基礎付けようと欲する先験的な観念のもつ危険を示す。実際に、このようなシステムは不可避的に社会的な敵対と不安定をもたらすが、これら三つの地域においては、ロシアにおいては親方と労働者の互酬的な依存にもかかわらず、スウェーデンにおいては財産所有の封建的なシステムにもかかわらず、そしてハルツにおいてはその事態が労働関係のシステムに確かに侵入するにもかかわらず、安定性と社会的な調和が保持されているのである。

このモノグラフにおいて叙述された社会的組織は、労働者の物質的な満足を絶対的な最小限に縮小する。しかし、同時にそれは家族あるいは社会に生じるかもしれない不測の不幸からかれらを守る。労働者家族の満足は、有効な教訓を提供する。というのも、それは日々のパンに困らないことが、福祉の第一の条件であることを証明しているからである。この幸福状態にある事態は、ハルツ山に特有のことであるわけではない。それはハノーバーのすべてにおいてまたザクセンの隅々においてさえ明白にみいだされる……。

社会組織のさまざまな要素

社会組織の重要な要因、注目すべき細目、一般的な観察、結論

第一七節　上ハルツ山の鉱業会社

上ハルツ山の工業が基礎にしているほとんどの鉱物鉱脈は、会社の株主たちに授与されており、その成員たちは一般にその地域の外で生活している。数世紀の間、その事業の経営は、その国の規則の統制化で配置されたひとりの管理者に限定されてきた。仕事が変化する中、技術者たちは、現在の利益よりも将来の利息に関して考えねばならず、また直接的な利益をつくりだすよりも拡大する時期に実際に利益を拡張することに狙いを定めた……。

国家は森林を所有し、それは地下の掘削を支える材木を工場に、そして労働者の家庭にたいしては薪を提供した……。製造された金属の販売や鉱業や工場の操業また人口の扶養に必要な物資の購入は、国家を通じて商業管理局によっておこなわれた。

さまざまな活動領域で達成された利益は、直接、株主もしくは国家に戻っていない。実質的な蓄えは、自然災害、戦争、そして政治的革命によって生じた危機の時代の平穏な目詰め財を保証するために抑制された……。

鉱山鉱業がもっと繁栄した世紀と比べるなら、上ハルツの鉱業は、金属の点で貧弱である。気候は厳しく、森林に覆われた

その土壌は穀物の耕作あるいはミルクやキャベツを除くほかの食料品の生産に不適である。それゆえ人口は、すべて必要な食物を近くの平地に求めねばならない。人々は我慢強く素直であるがイニシアチブとエネルギーを欠いている。かれらはさらに、よりよい生活を達成しようと試みるよりも、現在の福祉の程度に満足しがちである。

このような困難な条件の中で、ハルツ山の鉱山業、工場そしてきこりたちは、一一世紀以降発展し存続してきた。賃金と所得は、社会階層上のかれらの位置と調和する質素な生存を個々の成員に許すのに十分である。しかし、この生存の永続性はすでに述べてきた蓄えによって、また鉱山会社の永続を保証する諸制度の体系によって保証されている。伝統は、政府の権威のもとで、金属の保管や関連する工業で働くある種の権利を会社に保証する。会社の成員たちは、搾り取られる生産物にたいして、所有者であれあるいは第三者であれ両者がとってかわることのできない真の法的な抵当権をもつ。完璧な社会制度の体系は、以下で列挙するように、誕生から死にむかってあらわれる直接的あるいは実際的なあらゆる欲求に備える。

それゆえに、一般的な管理は、会社の個々の労働者に大豊作年におけるよりも低い固定した価格で小麦を販売する……。管理は、個々の未婚の労働者にたいしては月三六・二一キロの小麦を、また既婚の労働者にたいしてはこの総額の二倍をこの相場で提供する。相場を下げるこの販売で生じたかなりの大きさの費用は分担される。すなわち、半分は国家によって、三分の一は株式会社によって、六分の一は鉱物生産に課された一〇分の一税から提供される「ベルグバウカッセ」(Bergbaukasse)と呼ばれる基金によって賄われる。

病気もしくは傷害の場合に労働者は二週間給料の全額を受け取る。もしかれがさらに長く仕事を離れるなら、病気の長さにかかわりなく一週三・七一フランがかれに支払われる。医療、手術、薬剤すべての扶助は、さらにまた、無料で提供される。

傷害、早期の病弱、老齢が永続的な無能力に帰着したとき、労働者は一週三・七一フランの年金を受け取り、その半分はかれの未亡人に支払うことができる。加えてかれは一四歳以下の個々の子供のために一週〇・四六フランの助成金を受け取る。これら三つの特別な基金は、この年金扶助と助成金を提供する……。これらの基金の組織は、地方の習慣や地方の工業の基本的な構造と密接に結びついている。人は、もっと道徳的でかつ知的な人口により適合的な「自由の体系」のもとでその人口の下層部分の放置と孤立の状態を気にかける管理者がかれらを研究すべきであるとあまりに強く勧告することはできない。

ハルツのシステムはまた初等教育を組織し、教会を支持し、労働者の適切な埋葬を保証する同様に妥当なもしくは効果的な諸制度をふくんでいる。労働者たちがかれ自身の住居の所有者になることができる協定は、この助成システムのもつもっとも有効なもののひとつである。住居所有制度は、事実上、すべての家族福祉にもっとも必要な条件である。将来のそなえを怠っているその町の家族にたいしてこの福祉を回復するという問題は、西欧における改良とむすびつく諸問題のあいだで第一位にランクしている。その解決の要素は、ハルツのシステムの中に明確にみいだしうる。

要約すれば、気候、鉱物堆積物の相対的な貧しさ、そして労働の特性は、その住民に厳しくかつ苦しい生活をかしている。しかし、社会的諸制度は、いかなる不測の事態も、この平穏な生活を苦しめることができないことを保証する。ハルツの会社は、単一かつ排他的な目的をもって形づくられている。そのただひとつの目的は、労働者に暮らしの手段を提供する必要性を深く感じている点にあり、それは公的な惨事、商業の変動、あるいは個人的な道徳的不完全で汚すことができない。この目標は、工業の統治と保護の原理を無傷で存続させることによって達成されている。そして、どこであれ道徳的かつ知的発展がいまだ完成していない住民の間では、この原理の放棄が人類の福祉を構成する真の要素を汚してきたのである。

「部厚い叙述」

「上ハルツ鉱夫の家族モノグラフ」の「予備的観察」および「上ハルツ鉱山会社」に関するル・プレーの、以上のような詳細な叙述に明らかなように、かれは、直接観察で社会の権威者や労働者から入手した信頼できる正確な記録に基づいて、家族が居住する地域の土壌や人口、制度や慣習、労働組織の特性、家族構成や個々の家族成員の家庭経済への貢献、宗教と道徳的慣習について、いわゆる「部厚い叙述」を残したのである。最初に仕上げた上ハルツ鉱夫家族のモノグラフは、ル・プレーにとって、失業対策が論議された「リュクサンブール委員会」において、急進的なヴォロウスキの自由主義的な見解やルイ・ブランの社会主義的な見解を批判するのに役立った有益な事例である。直接観察が提供する正確な面接記録に基づいて丁寧に叙述した上ハルツ鉱夫家族のモノグラフにおいて、ル・プレーは、かの地の「平和」の背後に鉱山の「労働者も雇用主も同様に、そこに住むすべてに互酬的な権利と義務による習慣的な絆がある」ことを生き生きと描写し、「観察した事実」にもとづかないヴォロウスキやルイ・ブランの見解に誤りがあることを証明したのである。

四　家計の加工と分析

収入と支出の描写

ル・プレーは、『ヨーロッパの労働者』に掲載したすべての家族モノグラフに、個々の家族の収入と支出を年単位に集計した家計を収録した。「収入」と「支出」に分けて「縁取り」、数頁を費やして定型的なフォームで提示されている家計を、ル・プレーは、家族生活の「社会的な写真」と呼ぶ。表３-３および表３-４は、ル・プレーが仕上げた上ハルツの鉱夫家族の家計表（Le Play, 1877–1879, III : 114–124）に基づいて、筆者が作成したものである。二つの表に明らかなように、ル・プレーは、「収入」を「財産」、「副業」、家族構成員が遂行した「労働」、家族が着手した「事業」の四つの項目に、また「支出」を「食物」、「居住関係」、「被服」、「道徳・欲求・余暇・健康関係」、「職業労働・借金・税・保険関係」の五つの項目に分けて、同家族の家計を正確に数え上げた。またル・プレーは、世帯主ばかりでなく、家族構成員の収入に関して、個々の仕事の種類とそれに費やした日数を区別して数え上げ、食物消費に関しては、家族の消費量をキログラムに換算し、年単位のキロあたり平均価格、使用した現金、現物で獲得した食物の価値を計算した。そして、ル・プレーは各国の労働者家族の収入と支出のパターンが月ごとに変動することに注目して、両者を「年家計」に換算し、個々の家族の家計比較を考慮して、価格をすべて「フラン」で表示した。

道徳状態の指標

このように、ル・プレーが労働者家族の家計に関する正確な記録づくりに熱中した理由は何か。そこにはまず、祖国フランスの「社会改良」を意識したル・プレーの実践的な関心がある。ル・プレーは、窮乏と事変で動揺する同時代のフランス社会に放浪や犯罪、酩酊や売春、自殺などの「社会の病」をもたらした犯人を「悪徳」すなわち「不道徳」や「堕落」に求めた。「たとえば、パリ郊外の荷役人の家計調査において、かれが四歳から一四歳の幅にある五人の子供の道徳的教育にたった一サンチームも使わないのに、キャバレーでの飲

表３－３　上ハルツ鉱夫のモノグラフ，年収入家計

諸収入		概算価値（フラン）	子供獲得財の価値（フラン）		現金収入（フラン）
家族財産			1節：財産からの所得		
1．実財産		2,340,09	1．実財産から	62,93	39.67
2．個人財産		12,00	2．個人財産から	0,60	—
3．相互援助協会の配分権利		50,40	3．相互援助協会の配分	—	—
計		2,402,40	計	63,53	30.67
副業			2節：副業所得		
1．用益権受領収入		—	1．用益権受領収入価値	—	—
2．共同財産使用権		74,52	2．使用権価値	6,21	—
3．財とサービス配分		1,034,76	3．財とサービス配分価値	95,22	14,41
計		1,109,28	計	101,43	14,41
家族が遂行した労働			3節：賃金		
1．労働者による	労働日数		1．労働者の賃金	16,74	471,88
主要な労働	318	7,059,60			
副次的労働	29	269,70			
2．妻による			2．妻の賃金	73,89	64.53
主要な労働	110				
副次的労働	217	2,076,30			
3．長男による	312	1,043,55	3．長男の賃金	69,57	
計		10,449,15	計	90,63	605,98
家族が着手した取引と事業			4節：事業利益		
1．労働からの利益		222,60	1．副次的労働の追加賃金	—	22,26
2．家族請負仕事の利益		143,40	2．家族事業の利益	4,91	9,43
計		366,00	計	4,91	31,69
総計		11,986,83	総計	260,50	682,75
			年総収入	943.25	

出所　『ヨーロッパの労働者』初版（Le Play, 1855）の142頁に収録された表に基づいて筆者が作成。なお製表にさいしては若干の費目を合算したが，これについては，Silver, 1982：70 の表を参照した。

表3－4 上ハルツ鉱夫のモノグラフ，年支出家計

諸支出	重量（キロ）	キロ当たり平均価格	家族の成長および創造財価格（全価格フラン）	現金支出
1節：食物支出				
1．家庭内食物消費：				
穀物	889.0	0.277	70.32	176.86
脂肪	24.4	1.402	—	34.22
乳製品	118.5	0.161	—	19.11
肉と魚	85.5	0.817	—	69.85
果物と野菜	873.0	0.083	25.14	47.15
調味料と刺激飲料	43.5	0.338	—	14.71
発酵飲料	173.0	0.164	—	28.30
2．家庭外食物消費			25.53	
計			120.99	390.20
2節：居住関係消費				
1．貸間			79.15	1.24
2．家具			—	7.29
3．燃料			24.66	1.71
4．電灯			—	20.24
計			103.81	30.39
3節：被服消費				
1．労働者の			4.65	67.24
2．妻の			2.32	33.62
3．子供たちの			2.33	33.62
4．洗濯			—	13.32
計			9.30	147.80
4節：道徳，欲求，余暇，健康関係消費				
1．宗教			—	1.96
2．教育			9.00	5.12
3．慈善			—	—
4．娯楽			—	9.72
5．健康奉仕			4.20	1.80
計			13.20	18.60
5節：職業労働，借金，税，保険関係消費				
1．職業労働			—	—
2．利子と借金			—	93.60
3．税			—	—
4．保険			13.20	2.16
5．相互扶助協会			—	—
計			13.20	95.76
年預金			—	—
総計			260.50	682.75
年総支出				943.25

出所 Le Play, 1855：143に収録された表にもとづいて筆者が作成。なお製表にさいしては若干の費目を合算したが，これについては，Silver, 1982：71 の表を参照した。

み代に年一八五フラン（かれの所得の一二パーセント）を使うなら、かれの堕落を疑うことができない」(Le Play, 1877-1879, I : 226)。このように、「労働者家族の存在に関するあらゆる事実は、多かれ少なかれ収入もしくは支出で終わる。家計の収入もしくは支出に明確な痕跡を残さない注目に値する感情もしくは行為はほとんどない」(ibid. : 224) のである。

家計の分析的および診断的使用　ル・プレーにとって、「モノグラフ法」の目標が社会科学と同時に社会改良に役立つ経験的知識の産出にあったことを考慮するなら、かれが家計データの「診断的」利用を考えていたことはおそらく確かなことであろう。しかしながら、同時にまたル・プレーは家計全体に占める特定の消費の関係を分析して、その結論を次のように「記述」した。「急を要する諸事情が飲食物の節約を強要するとき、穀物が非常に優勢になり、それは家族消費の半分を飲み込む。富が増加するとき、他の食物——とくに脂肪、肉、そして発酵飲料——が飲食物の中で大きな場を占める。したがって、特定の事例においては、家族の全出費に占める穀物に費やされる割合は一対八に、他の事例では一対一二に、しばしば最終的には一対一三に減少する (ibid. : 293)。ル・プレーは、若い頃から慣れ親しんできた自身の科学的訓練にもとづいて、家計描写の正確さを熱心に説いた。この点について、かれは次のように述べた。「人間の精神生活や道徳生活を知らねばならない観察者のもっとも確かな方法は、化学者が鉱物の性質を理解するために使用するような非常に簡単な手続きであるべきだ。鉱物は、その分析がその構成物に入り込んでいるすべての要素を分離しつくしたとき、そして分析に基づいてこれらすべての要素の重量がその鉱物の重量と正確に一致したときにわかる。類似した数字による確認は、いつも家族に代表される社会の単位を体系的に分析する研究者の役に立つ」(ibid. : 224) のである。科学すなわち化学や冶金学の手続きに慣れ親しんできたル・プレーにとって、家計を構成する項目の詳細な分類と個々の項目に対応する信頼できる数字の収集、そして収入総額と支出総額の正確な一致の確認は、社会の単位すなわち経済的・道徳的な生活単位である家族の観察に着手する研究者が採用するべき「もっとも確かな方法」だったのである。

また、「社会の病」の治療に関心をもつル・プレーにとって、労働者家族の家計は、かれらが「日々のパンと遵守すべき道徳的規則を、どのようにして獲得し、維持し、喪失して最後に回復するか」(ibid.: vii)を「診断」するのに役立つ資料であり、かかる観点から、かれは家計の正確な描写に熱中した。ル・プレーにとって、モノグラフ法の目標は、社会科学と同時に社会改良に役立つ経験的知識の産出にあった。したがって、信頼できる記録に基づく正確な家計描写は、モノグラフ法を用いる研究者に、個別家族の精神的・道徳的かつ物質的・経済的な状態に関する「経験的知識」を提供し、同知識はまた、社会改良家の役に立つのである。ル・プレーにとって、家計データの、このような分析的な使用と診断的な使用との間にはいかなる矛盾もない。正確に描写された家計は、ル・プレーにとって、個別家族の道徳的かつ経済的状態に関するかれの「解釈」や「診断」の正しさを立証する「標準的な尺度」だったのである。

五 家族モノグラフの解読

労働者および社会組織の比較

そして、最後に、社会科学と社会改良に役立つ経験的知識の産出を企図したル・プレーは、『ヨーロッパの労働者』において、家族モノグラフを解読するために、労働者や地域社会の「分類」を考案し、「比較」の方法を駆使して、当時の労働者階級の状態に関する一般的な「結論」を引き出した。ル・プレーが同著に収録したヨーロッパの各国に分布する複数の「家族モノグラフ」は、それぞれが所属する地域や職業、労働組織などの社会的文脈を異にする。ル・プレーによれば、国家をまたがる現地調査に基づいて「家族モノグラフ」の作成に着手する社会科学者は、この点で歴史家よりもより有利な立場にたつ。なぜなら、時代状況や社会的文脈を異にする諸国の諸事例は、暴力的な大変動によってフランスでは失われてしまった「過去の精神構造」や「良好な状態」の再発見をもたらすかもしれないからである（Le Play, 1855：12）。かかる観点から、ル・プレーは、「農業技術や工業技術、労働組織やさまざまな諸階級の自然な諸関係が過去の時代のフランスに存在したものと同じものが残っている諸国の状態を研究する」ために、「労働者」や「社会組織」の「分類」を独自に考案し、「異なったタイプの社会組織において機能する複数タイプの労働者を観察した」（ibid.：4）。ル・プレーは、「比較」の方法を駆使するモノグラフの解読に着手し、「複数タイプの労働者」が「異なったタイプの社会組織」においてどのように機能するか、また労働者家族が「二つの本質的な人間的欲求、すなわち日々のパンと遵守すべき道徳的規則をどのようにして獲得し、維持し、喪失して最後に回復するか」（Le Play, 1877–1879, I：vii）について、熱心に研究したのである。

労働者の分類と家内工業の分析

表3－5は、『ヨーロッパの労働者』の初版において、ル・プレーが提示した「労働者」の七分類を示したものである。この表に明らかなように、ル・プレーは、労働者のタイプをその人が「家族の長であるか否かで」で二つに分け、「家族の長」はまたその人が「家の所有者であるか否か」で区分した。そしてル・プレーは「報酬の種類と雇い主にたいする労働者の位置」に注目する区別をさらに導入して労働者を七つのタイプに分類したのである。ル・プレーによれば、「家内労働者」は財産を所有せず必需品のすべてを「主人（雇い主）」に依存する。財産を所有しないという意味で「日雇労働者」と「賃金労働者」は「家内労働者」に似ている。しかし、日雇労働者は「家庭の長」になりうるという点で、また賃金労働者は「契約交渉」が可能であるという点で家内労働者と異なっており、「雇い主」との関係からみれば、賃金労働者の地位は日雇労働者に比べて有利である。「借地労働者」と「労働管理者」は財産を所有しないという点で互いに類似するが、前者は「かれらが開拓した借地の一部で生活する」ことを許され、後者は自身の「利益のために経営する事業」を賃借する。「労働者－所有者」と「所有者－労働者」は財産所有者であるという点で他の労働者と異なる特徴をもつが、ル・プレーによれば「所有者－労働者」は肉体労働者の「ハイアラキー（位階制）」中で最上位に位置し「労働を通じて手に入れた財産と結合した

表３－５　より低い地位から高い地位において労働者が占めることができる７つの原理的な位置

A. 雇用主家族に帰属する				1．家内労働者
		a. 俸給受給者あるいは助成金受給者	i. 日ごと	2．日雇労働者
			ii. 仕事ごと	3．賃金労働者
	1．非所有者	b. 事業主	i. 土地利用	4．借地労働者
			ii. 事業開発	5．労働管理者
B. 家族の長		a. 主要には家内俸給者，助成金受給者，事業開発者として働く		6．労働者－所有者
	2．所有者	b. 原理的に自身の財産を利用して生計を立てる		7．所有者－労働者

出所　Le Play, 1855：17およびLe Play, 1862：19に掲載された分類表に基づいて筆者が作成。

真の独立」（Le Play, 1855：230）を獲得する「模範的労働者」であった。ル・プレーは、それぞれの地位を順に通過しながら労働者は所有者－労働者の地位を獲得すると考えたのである。ル・プレーが提示したこのような労働者分類は、かれらを「社会経済的地位尺度」でランクづけることによって「社会のハイアラキー」を経験的に検証しようと企てた多分初期の試みのひとつである。以上のような労働者の分類を念頭におきながら、ル・プレーは、とくに「家内工業」に従事する「家族モノグラフ」の「比較」に専念した。家内工業の労働者は一九世紀前半のフランスの労働人口の三五％を占める「多数派」であった（Deniel, 1965：70–71）。労働者のなかの多数派を占める家内工業のモノグラフの「比較」は、家族の「経済的成功」に関する次のような「一般的」認識をかれにもたらした。ル・プレーによれば「ある特定の社会組織における家内工業の数とその意義は、財産を所有する労働者から単身の家内労働者を区別する一連の地位を労働者がより高く上昇するとき、それに比例して増大する」（Le Play, 1855：29）。多数派を占める家内工業労働者の社会的地位の上昇は、ル・プレーにとって、「社会の安定」や「繁栄」につながる注目すべき「徴候」だったのである。

そして、ル・プレーがとくに「家内工業」に注目したいまひとつの理由は、その「道徳的機能」にあった。ル・プレーによれば「家内工業は、より遠い将来の利益になるように、肉体的な欲求のもつ力に抵抗することを人々に教える。

したがって、家族はすべからく将来展望から引き出される徳の手ほどきを授けられるべきである」(Le Play, 1877-1879, I : 281) 浪費や快楽に象徴される「肉体的な欲求」に抗して「将来の利益」のために節約し貯蓄する力を育む「家内工業」の「道徳的機能」は、ル・プレーにとって「社会の病」の治療に役立つ注目すべき事柄だったのである。かくして、家内工業の「家族モノグラフ」に関するル・プレーの比較研究は、かれを次のような経験的一般化へと導いた。ル・プレーによれば、「さまざまなタイプの労働者が社会のハイアラキーの中で占めた位置は、いつもかれらが展開した将来展望の徳の程度と結びついている」(ibid. : 354) のである。

社会組織の分類

『ヨーロッパの労働者』の初版において、ル・プレーが考案したいまひとつの分類は「社会組織」に関するものである。表3-6の横軸のタイトルに明らかなように、ル・プレーは、ヨーロッパの社会組織を四つのタイプに分類した。第一のタイプをかれは「遊牧住民」あるいは「コミュニティーを基礎としたシステム」と呼ぶ。このシステムにおいてはいかなる「労働同意のシステム」もみいだすことができず、それは「伝統の精神」と完全に密着していた。「定住住民」の「組織」について、ル・プレーは、「労働同意」すなわち労働者と雇用主の間の社会的・経済的関係(あるいはその「紐帯」に)着目する視点から次の三つのタイプに区別した。「非自発的永続的な労働同意のシステム」、「長期の自発的な労働同意(あるいは「パトロナージュ」)のシステム」、「一時的労働同意のシステム(「同意なし労働システム」あるいは「成熟した自立システム」とも呼ばれる)の三つである。このような分類は、社会変動を「漸進的かつ質的」な過程としてみるル・プレーの独自な「解釈」に由来する。ル・プレーは、これら四つの段階を経由して社会は「漸進的」に発展すると考えたが、かれはこのような社会システムの四つの段階それぞれにみいだされる「諸傾向」を確認するために「家族モノグラフ」を使用した。

表3-6に明らかなように、ル・プレーは、一方の横軸に社会組織の四つのタイプを、他方の縦軸に先に紹介した七つのタイプの労働者をおいた表をつくり、両者が交差する二八のセルに三六のモノグラフを配置した(Le Play,

表3-6 社会組織の4タイプ別労働者の7タイプ別モノグラフの配置

労働者の7タイプの定義（労働者が工業位階制の最下位の地位から所有者もしくは経営者へと通過する7段階）	ヨーロッパの社会祖期の4タイプの定義			
	遊牧住民	定住民		
	I	II	III	IV
	遊牧の社会組織	非自発的労働同意システム	長期自発的労働同意システム	一時的労働同意あるいは労働の同意なしシステム
1家内労働者		2	16, 12	23, 29, 34, 35
2日雇労働者	2	3, 9	6, 7, 25, 26	7, 11, 24, 27, 28, 29
3賃金労働者		9	3, 13, 17	16, 17, 18, 19, 22, 23, 32, 33
4借地労働者		2, 34	6	20
5親方職人	1	2, 4, 5, 9	6, 12	34, 35, 36
6労働者－所有者		4, 5, 8	10, 14, 15, 31	21, 30, 34, 35
7所有者－労働者	1	3, 4, 6	6, 15	16, 21, 30, 34

出所 Le Play, 1855:16-17に収録された圧縮表にもとづいて筆者が作成。
表中のアラビア数字は，モノグラフ番号（表3-1を参照のこと）。
遊牧人（1），ロシアの労働者（2-5），スカンジナビアの労働者（6-7），中央ヨーロッパの労働者（8-14），フランス接壌国における労働者（15-21），イギリスの労働者（22-25），フランスの労働者（26-36）。

1855：26)。だが一見して明らかなように、同じモノグラフが複数のセルに同時に配置されているこの「分類図式」は、その解釈を難しくする。ひょっとすると、社会変動を複雑な「質的」過程とみなしていたル・プレーは、「家族モノグラフ」から四つの社会組織のタイプとかかわる個々の要素をとりだしてそれぞれを配置する、このような表の作り方を当然のこととして受け入れていたのかもしれない。

いずれにせよ、「家族モノグラフ」の「解読」を通じて社会の「諸傾向」を「確認」するというル・プレーの試みは、かれの次のような見解とかかわっていた。「類似した条件で立ち上げられた二つの社会システムに関して選ぶべきひとつは、労働者と親方の間の相互の愛と同様に、労働者家族の道徳性とより良い状態を最善に保証するほうのシステムである……このような評価からすべてのあいまいさを取り除くために、われわれは、道徳性とより良い状態の尺度として、その意義が普遍的に認められる選択すべき事実をとりあげてみよう。われわれは、その家族の長が普通に分別があり扶養家族にたいして公平でかつ愛情をもっているとき、かれが通常の仕事で生計を維持する確かな手段をみいだしているとき、妻としてまた母としての義務に忠実なその家族の主婦が住居と衣服の両方を首尾よく整理し清潔であると思えるとき、子供たちが両親を尊敬しているとき、最後に老人、弱者、病人に、かれらがうけとるに値する尊敬、愛情、そして援助をすべて与えるとき、その家族生活の状態は良いと確信するだろう」(ibid.：11)。

ここで、ル・プレーが「道徳性とより良い状態の尺度」として提示したこのような「事実」は、「家族モノグラフ」の「解釈」に際して、その根底にいつもかれ自身の個人的な「価値」や「信念」がいきづいていたことを示唆する。晩年、ル・プレーは、かれの考える社会科学の「前提」について次のように述べた。「社会科学にたいするわたしのアプローチにおいて、冶金学とは逆に、わたしはヒトとしてひとつの感情、すなわちわたしの国の流血をもたらすような闘争を終わりにすると思われる習俗や制度の有用性や正当性にたいする先験的な信念に従うことを余儀なくされた……社会の科学は、ちょうど幾何学が外延の公理に基づくように、仲間にたいする愛に基礎をおく」(Le Play, 1881：8-9)。以上のような道徳的な諸前提や「先験的な信念」は、モノグラフの「解読」に際して最初に「問う」べきは何か、何を研究すべきかについてのル・プレーの決定に影響をおよぼした。ル・プレーは、社会科学と社会改良の両立を当然のこととして確信し、社会調査の根底に個人的な価値や信念があることを認識したが、そのような価値や信念が社会調査におよぼすであろう影響や問題については何も語らなかった。しかしながら、個人的な価値や信念を根底にもつ「抽象的な思索」や「先験的な観念」は、ル・プレーにとって、かれの使用した「モノグラフ法」にもとづいて経験的に「証明」すべきものであったのである。

労働者のタイプ

そして、ル・プレーは、『ヨーロッパの労働者』の初版において、社会改良の観点から、労働者をさらに「将来展望をもつ労働者」と「先見の明のない労働者」の二つのタイプに区分した。初版に収録された三六モノグラフのうち一五は「質素」と「倹約」を旨とする前者に、一九は「その日暮らし」をする後者に属するものであった。ル・プレーは、とくに前者の「家族モノグラフ」に注目し、「将来展望をもつ労働者」の「消費生活」にみとめられる「節約傾向」を「家計」に基づいて客観的に確認したばかりでなく、かれらの社会的な諸傾向に注目し、そこからいくつかの「一般化」を引き出した。たとえば、ル・プレーは「将来展望をもつ労働者」が「長期の労働同意システム」にほとんど一致して同意すること、あるいはかれらがスペインのガリシア、フランスのオーベルジュあるいはイタリアのピットモンという「低山岳地帯の出身」であること、そしてかれらは通常都市へと移住して石工や植木屋、鍛冶屋などの手工業者になったことをみいだした（Le Play, 1855：20）。

またル・プレーは、一八七七年から一八七九年に出版された『ヨーロッパの労働者』の第二版において、『両世界の労働者』に収録された二一の家族モノグラフを追加した。図３－１は、『ヨーロッパの労働者』の第二版に収録された全部で五七の家族モノグラフの地理的分布を示したものである。同著で、ル・プレーは、パリに定住する「不安定家族」に注目し、「工業化された都市中枢」地域に居住する労働者の中に「毎週放蕩にふけるためのより多くの時間だけを望んでいる」所得よりも消費が大きい「その日暮の労働者」や「中間階級の生活様式」を「模倣」する労働者をみいだし、そして、とくに後者の人々の「賃金や労働条件にたいする不満は、敵対の不断の原因であり、社会秩序を脅かした」と指摘した（Le Play, 1877-1879, VI：293-302）。またル・プレーは労働者のふたつのタイプに共通する事柄として「宗教的な感情の欠如」を指摘し、かれらを「先見の明のない労働者」と呼んだが、かれは決してこれらの労働者を「危険な階級」とは呼ばなかった。

質的社会調査の先駆者

このように、ル・プレーは、『ヨーロッパの労働者』の初版や第二版において、「家族モノグラフ」の入念な仕上げに着手し、その過程で、家計データの量的加工や質的解釈を熱心に試みた。そして、ル・プレーは、労働者や社会組織の「分類」や「分類図式」を提示し、「類型化」の方法や歴史的あるいは分析的な「比較」のアプローチを用いて「家族モノグラフ」の「解読」を慎重におし進め、家計の正確な

図３－１　家族モノグラフの地理的分布

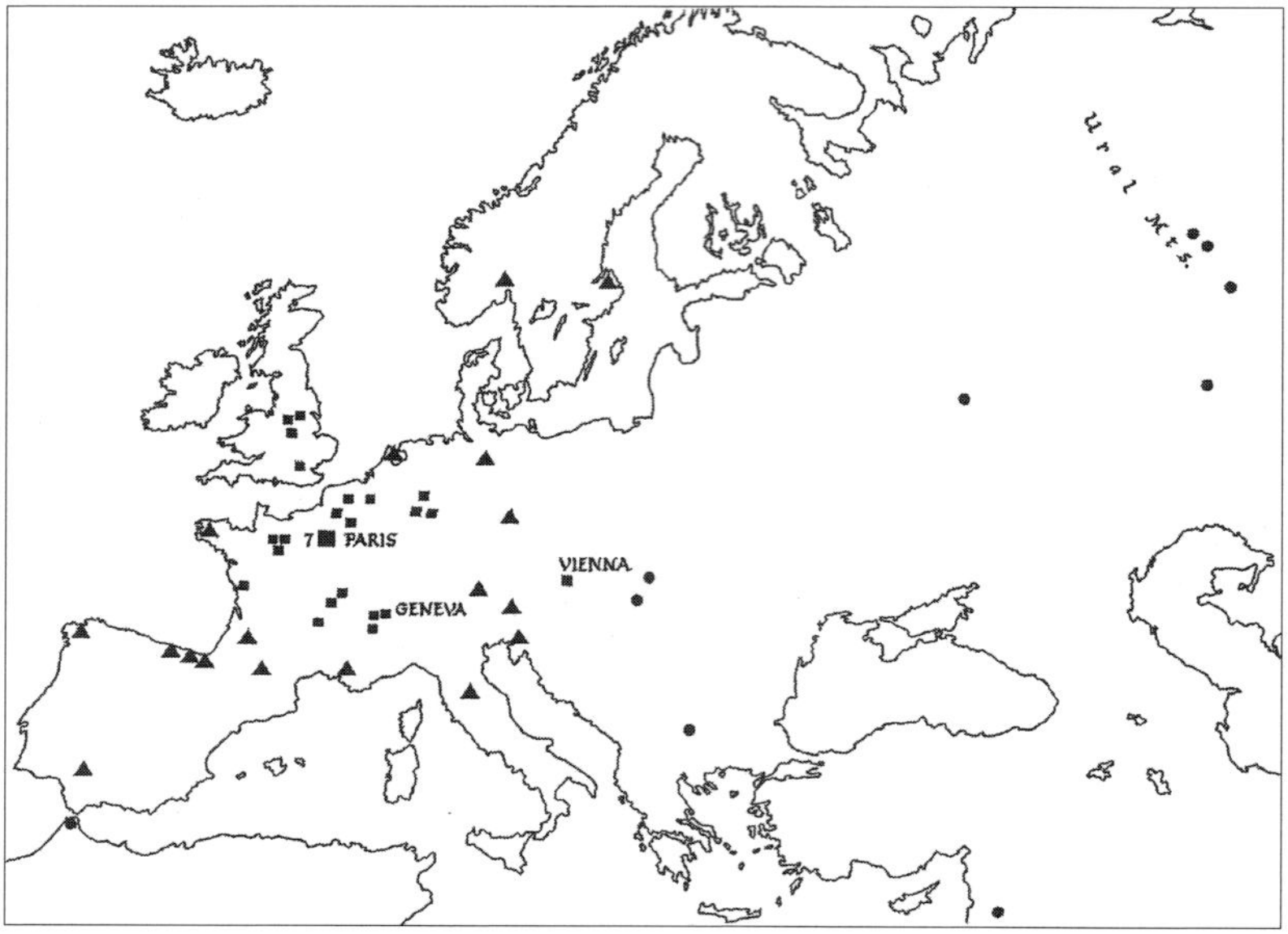

ル・プレーの『ヨーロッパの労働者』における家族の居住地
●「家父長的家族」 ■「不安定」家族 ▲「起源家族」

出所：同地図は，一橋大学附属図書館が所蔵する。

描写が提供する経験的知識に基づく労働者家族の消費生活の「診断」、その当時に多数派を占めていた家内工業労働者の社会的地位の上昇に関する分析、あるいは、浪費や快楽に身をまかせる「その日暮らしの労働者」と将来の利益のために節約し貯蓄する「先見の明のある労働者」の分類、社会の安定や繁栄につながる社会組織の研究に着手し、そこから数多くの「経験的一般化」を引き出したのである（村上、二〇〇七：八〇―八四）。ル・プレーは、かれが依拠した調査の対象家族の有意選択の欠陥や、観察者の信念や価値判断が調査におよぼす影響については何も語らなかった。しかし、「直接観察」で収集すべき情報リストの作成、入手した資料に基づくモノグラフの叙述スタイルの統一、量的な家計の加工や分析、そして現地調査の「結論」を「系統的」に述べるのに役立つ「類型化」や「比較」のアプローチの開発など、ル・プレーが企てたこれら一連の活動は、かれが、現地調査に基づく質的社会調査の体系化に着手した最初の人物だったことを示している。

第四章　世紀転換期の「直接観察」

一　ル・プレー学派の分裂

直接観察者の育成

観察に基づく独自の社会科学の創造を企図したル・プレーは、『ヨーロッパの労働者』の初版を刊行した翌年の一八五六年に「モノグラフ法」を使用する観察者を訓練し、家族モノグラフの収集と公表を促進するために『社会経済学協会』を設立した。同協会は、一八五七年に不定期で刊行する『両世界の労働者』を創刊し、ル・プレーは、一八七九年にかけて同機関紙に収録された二一の「家族モノグラフ」を追加した全部で五七のモグラフを掲載する六巻からなる『ヨーロッパの労働者』第二版を出版した。ル・プレーが設立した「社会経済学協会」やかれが執筆した『家族モノグラフの観察法入門』は、「直接観察」に着手する在野の社会改良家や研究者の育成に貢献し、同協会の機関誌『両世界の労働者』は、「家族モノグラフ」の収集と公表に大きな役割をはたした。「直接観察」にもとづく社会科学の創造を企てたル・プレーは、同時に、他方で、民間学術団体を設立し、社会調査の組織化や専門化に着手したのである。しかし、かれが没する一八八二年前後に、「社会経済学協会」に結集するル・プレー学派の内部に存在した亀裂が顕在化する。以下では、ル・プレー学派の分裂をふくめて、素材収集の方法として、かれが体系づけた「直接観察」やかれの学派が世紀転換期の大陸ヨーロッパにおける質的調査の普及におよぼした影響について明らかにする。

亀裂の顕在化

雑誌『社会改良』の編集主幹に抜擢されたドゥモランが本誌の創刊号に寄稿した「永続的な調査」(Demolins, 1881) と題する短文は、ル・プレーが存命中の学派の内部にすでに亀裂があったことを示唆する。その中でドゥモランは、「社会改良」の推進を本誌の使命と考える大方の意向に反して、居住地で読者がおこなう「社会調査」の継続的な掲載を主張した。ル・プレーが学派の統制力の中心に位置していた間は分裂をまぬがれたが、危機は、かれが没して三年後の一八八五年に顕在化する（廣田 一九九二、七二）。

学派の分裂　事態が紛糾する口火を切ったのは、トゥルヴィルである。かれは、一八八五年一〇月に『社会改良』の予約購読者にむけて教育・研究事業にたいする金銭的援助を要請した。続いてドゥモランは、同誌一一月一日号に「社会科学の教育」（Demolins, 1885）と題する一文をよせ、この要請が個人的な発意によるものであると明言した。かれらのこのような行動を学派の「分裂策動」とみなした「古参の指導者」たちは、同年一二月にドゥモランを解任し、事実上両者を学派から除名した。脱退を決意したトゥルヴィルとドゥモランは、「旅行学校」の弟子であるロベール・ピノ（Pinot, Robert, 1862-1926）らの若手とともに、一八八六年一月、新機関紙『社会科学』（La Science Social d'après la méthode de Le Play）を創刊し、独自の活動を開始したのである（廣田、一九九二：七三）。

二　「直接観察」の隆盛

「社会改良」派の活動　ル・プレーの没後、「社会改良」派の指導者になったのはエミール・シェイソンである。「エコール・ポリテクニーク」および「土木学校」出身のかれは、一八六九年と一八七四年の二度にわたって「メルゥガ家」を訪問調査し、その家族モノグラフは、ル・プレーの『家族の組織化』初版（Le Play, 1871：212-247）と第三版（Le Play, 1884：213-300）に収録された。シェイソンはル・プレーが開拓した「モノグラフ法」の熱心な信奉者であったが、同時にまたかれは、その対象領域を「家族」から「作業場」（atelie）および「村落」（commune）へと広げた（Cheysson, 1887, 1896）。さらにかれは統計にも精通しており、一八八一年に「パリ統計協会」の会長をつとめた。ル・プレーの没後、シェイソンは国家が一八八五年に「統計上級評議会」を設置した際に指導的な役割を演じ、一八九〇年に『ヨーロッパの労働者』と『両世界の労働者』に収録された家族モノグラフから家計データのみをとりだして、これをとりまとめた『一〇〇家族モノグラフィーの家計比較』(Cheysson, 1890)を公刊した。そして、シェイソンは、翌年の一八九一年にこの著作で師と同様に「モンティオン統計賞」を受賞し、同著でかれは統計調査とモノグラフィーの接合を主張した。

「社会科学」派の活動

他方で「社会科学」派を率いたトゥルビルは、学派が分裂した一八八六年に、ル・プレーの「モノグラフ法」の改善に専念するために「パリの聖アウグスチヌス教会の助任牧師」の「責務」から身を引き、同派の知的かつ道徳的な指導者になり、同時に財政的な支援者になった(Silver, 1982 : 117)。トゥルビルは、かれが「社会的語彙」(la Nomenclature social)と命名した二五の大項目と三六五の細目からなる新たな社会研究の枠組みを考案し、これをさらに調整した「社会分類表」(Tableau de la Classification Sociale)を提示した(Tourville, 1886)。のちにドゥモランは、これを「正確かつ便利な社会解剖の手段」として高く評価した(Demolins, 1904 : 65-92)。かれらは、この複雑かつ網羅的な分類図式を「方法的用具」として「操作的」に用いることで、直接観察に基づくモノグラフの対象領域を最小単位の「家族」から最も大きな「国家」や「民族」にまで、そして、その「中間」に位置するあらゆる「集団」や「団体」の研究へと拡張しようと考えたのである。

「直接観察」の普及と拡大

一九世紀の中葉に『社会経済学協会』に結集したル・プレー学派は、一八八五年に、社会改良の観念や家計調査の継承をめぐって「社会改良派」と「社会科学派」に分裂する。しかし、両派は、ル・プレーが『ヨーロッパの労働者』の初版や第二版および『家族モノグラフの観察法入門』で体系づけた「直接観察」に基づく「モノグラフィックの方法」を継承する。そして、両派は、現地調査にもとづく独自の社会科学の創造を企図してその対象領域を、「家族」ばかりでなく、「作業場」や「工場」、「村落」や「都市」、「民族」や「国家」を単位とするものへと拡大する熱心な活動をくりひろげた。「社会科学派」は、一八九二年に「私的イニシアティブの発展と社会科学の普及のための協会」（「社会科学協会」La Société de la science sociale）を設立し（廣田、一九九二：七五―七八）、同協会は、トゥルビルが亡くなった翌年の一九〇四年に、運動の国際的な広がりに対応するために「国際社会科学協会」に名称を変更した（高木、一九九三：二五七）。そして、直接観察に依拠した社会科学の創造をめざすル・プレー学派の運動の高揚期は、世紀転換期をまたいで一九一四年の第一次世界大戦頃まで持続したのである。

質的社会調査の興隆

かくして、労働者問題やその改善に関心をよせる社会改良家や在野の研究者、学問の世界で活躍する若手研究者が、一定期間、特定の工場や地域に滞在して資料収集や直接観察をくりひろげる現地調査は、世紀転換期のフランスはもとより、同時代のイギリスやドイツへと伝播する。世紀転換期の大陸ヨーロッパにおける現地調査に依拠した質的社会調査の興隆は、直接観察に基づく社会科学の創造を企図したル・プレーとその学派の社会調査活動に負うところが大きいのである。

第二部　統計調査の革新――エルンスト・エンゲル

第五章　エンゲルの社会調査活動

「統計をきわめて重要な人類の問題の解決に引きいれ、ことに社会の弊害の治療方法を研究するために利用した人々、統計をある程度までそれ自身の限界、すなわち、自分自身を超えて高め、かつ豊富にした人々、フンボルトのいっているように統計の助けをかりて黙して語らない世界諸力に新しい問題をなげかけた人々——このような人々の中にエルンスト・エンゲルは数えられる」(Földes, 1918-19：229)。

一　遍歴時代

人生三期説

人間の生涯を他人の扶助にたよらざるをえない「若年期」、労働の価格によって生活する「労働期」、労働期の残余の果実をもって生活する「老年期」の三つの時期に区分する人生三期説は、エンゲルの持論であった（エンゲル、一九四二：一三七）。この三期説を借用していえば、エンゲルの生涯は、鉱業専門学校卒業後の「遍歴時代」（Wanderjahr）をふくむ「青年期」（一八四二年～一八五〇年）、ザクセンとプロイセンの二つの王国の統計局長をつとめた「労働期」（一八五〇年～一八八二年）、故郷に隠棲して家計研究の集大成に着手した「老年期」（一八八二年～一八九六年）の三期に区分することができる。本章では、エンゲルの生涯を、このような三つの時期に区分し、それぞれの時期にかれが展開した社会調査に関連する活動について明らかにする。

ケトレーとの出会い

エンゲルは、一八四二年に二一歳でフライブルクの鉱業専門学校に入学し、そこで採鉱冶金学を修めた。同校の入学から一八五〇年に若干二九歳でザクセン王国の統計局長に就任するまでのおよそ九年間をエンゲルの「青年期」と呼べば、この時期のかれの社会調査に関連する活動として最も注目すべきエピソードは、鉱業専門学校卒業直後の見学旅行である。一八四六年に鉱業専門学校を卒業したエンゲルは、同校で学んだ採鉱冶金学の専門的知識の総仕上げをするために、一八四六年から一八四八年にかけて、ドイツ諸邦からベルギーやフランス、イギリス等、ヨーロッパの各国を歴訪する見学旅行に出かけた。この旅行は、ベルギーの統計家ケトレーやフランスの社会改良家ル・プレーと接触する最初の機会をエンゲルにもたらした。

エンゲルより二五歳年長のケトレーは、ベルギー政府の統計調査と統計制度の改革に貢献した人物として、また犯罪や自殺、婚姻などの道徳現象に統計学を広汎に応用した人物として、広くヨーロッパの各国に知れわたっていた。ケトレーは、一八四一年に、ベルギー王国の行政諸部門の代表者がいちどきに会して各部門の統計業務について専門的かつ集中的に審議する機関となる「統計中央委員会」(Commission centrale de statistique)を設置し、同委員会の委員長に就任した。そして一八四六年、ベルギー政府は、同委員会の指導のもとに、「国勢調査」のモデルとなる画期的な「人口調査」を実施した。のちにエンゲルはザクセン王国の統計局長に就任し、官庁統計の改革に着手することになるが、見学旅行でかれは、ベルギー政府の官庁統計の先進的な改革に着手した直後のケトレーとあいまみえたのである。

また一八五三年に、ケトレーは、官庁統計の組織強化や諸種の統計の国際比較を可能にするために「国際統計会議」の開催を呼びかけた。同会議は一八七六年まで全部で九回の会合がヨーロッパ各国の主要都市で開催されたが、ケトレーを生涯の「統計学の師」と仰いだエンゲルは、この国際会議の熱心な参加者のひとりであった。

ル・プレーとの出会い

またエンゲルより一五歳年長のル・プレーは、パリのエコール・ポリテクニークと鉱山大学を卒業したのち一八三四年には鉱山技師ならびに鉱山統計委員会の会長に、そして一八五〇年には鉱山大学教授に就任した。見学旅行でフランスを訪れたエンゲルは、鉱山大学の学生教育、とくにかれらを引き連れて冶金学的な工場見学に従事していた頃のル・プレーとあいまみえたのである。

エンゲルは、晩年の著作でル・プレーとの最初の出会いについて次のように回顧している。ル・プレーが「パリ鉱山学校のかれの学生たちといっしょに出かけたところ、そして、それに私も（私が同地に留学していた一八四七年に）同行することを許されたところの、技術的な、たいていは冶金学的な工場への見学旅行は、今日なお、かれから受けたたくさんの教訓によって、私の生涯の明るい点をなしている」（Engel, 1895 : 27, 訳：五五）。また同著でエンゲルは、硝子工の世界にみいだされる「紳士硝子匠（gentilhommes verriers）という階閥（Kaste）」（ebd. : 111, 訳一六二）に言及した箇所に次の注を付した。「私は一八四七年と一八四八年に鉱山及び製鉄所技師としてフランス及びベルギーの硝子製造所を訪れ、比較的長期間、リヨン近郊のリーヴ・ドゥ・ヂェとヂヴォールに滞留していた時、親しくそのことを見聞する機会をもった」（ebd. : 111, 訳一六二）。エンゲルは一八四七年に鉱業所の技術者としてザクセンのガラス製造に関する論文（Engel, 1847）を執筆しているが、見学旅行のおりに、かれと同様の冶金学を修めたフランスの先輩鉱山技師ル・プレーに同行して試みた「現地調査」の経験は、青年時代の忘れがたい記憶として、その後も長くかつ深くかれの脳裏に刻まれていたのである。

すでに明らかにしたように、ル・プレーは、この直後に、労働者家族の家計をふくむ「家族モノグラフ」の執筆を開始し、一八五六年には、新しい社会科学の振興と社会調査家の養成をめざすフランスで最初の民間学術団体である「社会経済学協会」を設立した。そして一八七〇年のフランス帝国転覆後、ル・プレーは、かれが信じる社会改良や道徳的な考えの普及を目的とする雑誌『社会改良』を創刊し、この運動に残りの人生をささげた。遍歴時代の見学旅行がもたらしたケトレーおよびル・プレーとの出会いは、その後のエンゲルの官庁統計の改革や家計研究に多大の影響をおよぼすことになる重要な出来事である。

二　統計局長時代

ザクセン政府のアンケート

一八四八年にザクセンに戻ったエンゲルは、アウグスト・フォン・ホロイフィアの娘アマリー（Holleufer, Amalie）と結婚し、彼女との間に一女二男の三人の子供をもうけた。しかしエンゲルが旅行から帰った直後のザクセンは、「三月革命」が吹き荒れ、窮乏と事変とによって「政治上物情騒然たる」深刻な様相を呈していた。このような事態を重くうけとめたザクセン政府は、人道主義的な観点から事態の沈静化をはかるため、一八四八年の春に、手工業者の親方と職人、家内工業や工場の経営者と労働者、商人などの代表者で構成された「工業および労働者事情討究委員会」（通称：「ザクセン委員会」）を組織してエンゲルを委員に任命した。そして同委員会は労働者の生活事情をたずねる膨大な問いで構成された質問紙を作成し、「アンケート」の方法によってかれらの状態を調査しようと試みた。このザクセン政府のアンケートは、青年期のエンゲルが社会調査と深いかかわりをもったことを示す、いまひとつ注目すべき出来事である。

エンゲルはのちに何度かこの調査をふりかえっている。ひとつはプロイセンの統計局長時代の工業アンケートに関して執筆した論考（Engel. 1878）において、いまひとつは遺稿となった晩年の著作『ベルギー労働者家族の生活費』においてである。とくに後者において、エンゲルはこの委員会の顛末について次のように記している。「一八四八年の革命の産児であるザクセン委員会は、一八四九年に始まった反動の下に音沙汰もなく、痕跡もなく消え去った」（Engel. 1895：73. 訳：一一六）。そしてアンケートの回答もまたなんら「立ち入った加工」もおこなわれることなく「一八四九年に始まった反動によって、たとえ破棄されるとまでは行かぬまでも、閉却されてしまった」（ebd.：20. 訳：四六）のである。このアンケートは、エンゲル自身が述べたように、かれにとっては「最初の統計上の功績を挙げる」絶好の「機会」であった（ebd.：20. 訳：四六）。しかし、急激に変化した翌年の反動政治の中でこのアンケートは忘れられ、かれは、この調査に基づいて「統計上の功績」を挙げる最初の「機会」を失したのである。

エンゲルは、このザクセン委員会のアンケートの失敗を長く記憶にとどめたが、一八五〇年、政府の仕事でかれが功績をあげる新たな「機会」がやってきた。ザクセン王国の内務大臣は、ライプチッヒで開催する「一般ドイツ工業博覧会」の設立と指導をエンゲルに一任したのである。これに成功を納めたエンゲルにたいして、政府はライプチッヒ市の建築監督官もしくは新設のザクセン王国統計局長への就任を要請した。エンゲルは、これを「統計上の功績」をあげる新たな「機会」として受諾し、二九歳の若さで新設統計局の局長に就任したのである。

ザクセン王国の統計局長

一八五〇年八月一日、ザクセン王国の統計局長に就任したエンゲルは、一八五三年四月一日付けをもって同局を辞任するまでのおよそ八年間、この職にあった。統計局長に就任した翌年の一八五一年にエンゲルは、『ザクセン王国統計報告』(Statistische Mitteilungen aus den Königsreich Sachsen) を刊行し、これによってかれは一八五三年にテュービンゲン大学から国家学博士の学位をえた。また、エンゲルは、同年『ザクセン王国統計および国家経済年鑑』(Jahrbuch für Statistik und Staatswirtschaft des Königsreich Sachsen) を、さらに一八五五年には『ザクセン王国内務省統計局雑誌』(Zeitschrift des Statistischen Bureaus des königlich sächsischen Ministerriums des Innern) を創刊し、原資料、年鑑、雑誌という統計出版物の三部作をつくりあげ、在任中三回にわたっておこなわれた一八五二年、一八五五年、一八五七年の人口調査を指導した。人口調査の改革や統計出版物の創刊は、たち遅れていたザクセン王国の統計事情を改革する画期的な試みではあったが、エンゲルは、一八五八年八月一日、八年間勤めあげたザクセン王国統計局長の職を突然辞任する。当時のザクセン議会には、官庁統計のさらに抜本的な改革を求めるエンゲルの提案、すなわち「統計中央委員会」の設置や「専門的な統計家」の養成をうけいれる余地がなかったのである。

プロイセン王国統計局長　しかしながら、官庁統計改革のみちなかばでザクセンの統計局長職を退いたエンゲルに、その改革をさらに続行する新たな機会がめぐってくる。一八六〇年、プロイセン政府は前年の六月三〇日に他界したカール・ディーテリッチ（Dieterici, Karl, 1790-1859）の後任として、プロイセン王国統計局長への就任をエンゲルに要請したのである。これを承諾したエンゲルは、一八六〇年四月一日付けをもってプロイセンの統計局長に就任した。一八〇五年に設立されたプロイセン王国統計局は、一八〇一年に設立されたバイエルン王国統計局（ミュンヘン）につぐドイツで二番目に古い統計局であるが、この伝統ある統計局の局長に就任したエンゲルは、ただちに「統計中央委員会」（statistische Centoral-Kommission）の設置と「統計ゼミナール」（statistische Seminar）の開設をプロイセン政府に要請し、同政府は、ザクセンでは実現しなかったエンゲルの二つの提案をすばやく審議し、ただちに了承するところとなった。またエンゲルは、統計刊行物の三部作、すなわち『プロイセン王国統計局雑誌』（Zeitschrift des königlich preussischen statistischen Bureaus）、『プロイセン統計』（Preussische Statistik）、『プロイセン国官庁統計年鑑』（Jahrbuch für die amtliche Statistik des preussischen Staates）の創刊に着手し、統計が広く国民の間に普及し有効に活用されることを願っていたかれは、このほかに一八六四年に『雑誌補冊』（Ergänzungshefte zur Zeitschrift u. s. w.）を、また一八七四年に『統計通信』（Statistische Korrespondenz）を創刊する。

三　統計局長時代の活動

統計の新領域の開拓　エンゲルは統計出版物の刊行を統計局の重要な任務と位置づけ、統計の公開性を重視したことは、ザクセンにおいてもプロイセンにおいてもこの仕事を真っ先に手がけたところにみることができる。かれは統計雑誌の有能な編集者であったが、同時にまた熱心な執筆者でもあった。このことは、二つの統計局が刊行した雑誌に掲載されたかれの数多くの論文に示されている。またエンゲルが統計をもとに執筆した論文は、人口、穀物価格、農業牧畜、都市、学校教育、技術、労働、医療、軍備、戦争、そして新聞界の紛争にかかわるものまで広範囲におよんでいる。以下、これらの領域にかかわる主なものを紹介しておく。

まず人口をあつかった主なものには、ザクセン王国の人口数と生産・消費に関するもの（Engel, 1855a）、一八一六年以降のプロイセンの人口膨張をとりあげたもの（Engel, 1860a）やベルリンの死亡数と平均余命に関するもの（Engel, 1861d）などがある。農業牧畜についてはザクセンの土地所有と家畜相場をとりあげたもの（Engel, 1857a）があり、穀物価格についてはザクセンの穀物市場に関するもの（Engel, 1855b）やプロイセンの収穫量と穀物取引に関するもの（Engel, 1861c）がある。また都市ついてはザクセンに関するもの（Engel, 1855c）、学校教育については、ヨーロッパやアメリカの初等教育に関するもの（Engel, 1865）やプロイセンの国民学校教育に関するもの（Engel, 1869b）がある。技術領域に属する統計についてはは自然科学出身のエンゲルにとってとくに興味を引く分野であったと思われるが、これに属するものには蒸気機関に関して技術的・統計学的解明を試みた二編の論文がある（Engel, 1874b, 1879）。

プロイセンの統計雑誌に掲載されたエンゲルの著作には、このほかに医療や軍備、戦争にかかわるものがある。医療については、一八九六年のコレラの流行をあつかったもの（Engel, 1869a）、軍備については、ヨーロッパ諸国の軍備比較を試みたものがある（Engel, 1862）。また戦争については、一八六六年の対オーストリア戦でのプロイセン王国軍の損失をあつかったもの（Engel, 1869c）や、一八七〇年から七一年にかけて起こった普仏戦争の統計を論じたもの（Engel, 1872a）がある。

さらに異色なところでは、民事訴訟にまで発展した新聞界の紛争にかかわるものがある（Engel, 1873）。ドレスデンの出版業者トイブナー（Teubner）は、出版が自由化された一八四八年三月三一日に一八四一年以来発行してきた『ドレスデン日報』（Dresdener Tageblatt）をとりやめて、新たに進歩的なビーダーマン教授（Biedermann）の編集による『ドレスデン新聞』（Dresdener Jounal）をはじめた。そのとき罷免された旧新聞の編集者は憤慨して、二つの新聞は同じ新聞であり名称を変えても自分の新聞であると主張して、トイブナーを告訴した。ザクセンの大審院は被告にたいして反証提出の義務をかしたが、トイブナーは専門家の鑑定をえるためにエンゲルに相談をもちかけた。この問題は統計的分析によってのみ解決しうると考えたエンゲルは、新しい新聞約一二カ月分、旧新聞二一カ月分を手に入れ、旧新聞最後の六カ月分と新新聞の最初の六カ月分を調べあげた。エンゲルは、同期間の両紙に掲載された全部で八四種類に分類された七〇一七の記事をさらに形式別・内容別に区分しながら比較し、新しい新聞は旧い新聞の継続ではないと結論づけた。ハッキングによれば、エンゲルはさらにこの作業に費やした時間を計算し、それを一八五二年にかれが執筆した鑑定書に七七八時間と記している（ハッキング、一九九一：三四三）。この鑑定書は、両者が和解したためにあまり役立たなかったようであるが、かれは、これを一八七三年にプロイセン統計局の雑誌に掲載した。森戸の紹介によれば、エンゲルは掲載に際してそれに「評釈」を加え「この鑑定書は、……如何に統計が一見それの近づきがたく見える領域にも適用されまた利用さるべきか、についての例証として役立って欲しいものである」（森戸、一九四二：三八）と記した。エンゲルは、ザクセンおよびプロイセン両国の統計局が刊行した雑誌に、あらゆる領域の統計を利用した数多くの論文を執筆しているが、かれは同時代の人々が直面する問題の解明やその解決に資する統計研究の新たな領域開拓に熱中し、これに多大の勢力をそそいだのである。

国際統計会議の活動

統計局長時代のエンゲルは、官庁統計の組織者および統計雑誌の寄稿者として活躍したばかりでなく、激動する時代状況のなかで、統計研究の新領域を開拓するという観点から、統計を利用した多面的な社会活動を活発に展開した。エンゲルが統計の実務家として活躍したいまひとつの舞台は、ケトレーが提唱した「国際統計会議」である。国際統計会議の開催は、一八五一年にロンドンで開催された世界博覧会のおりに、官庁統計の国際比較を痛感したケトレーの提唱によるものである。第一回会議は、一八五三年にブリュッセルで開催され、その後この会議は、一八五五年パリ、一八五七年ヴィーン、一八六〇年ロンドン、一八六三年ベルリン、一八六七年フローレンス、一八六九年ハーグ、一八七二年ペテルスブルク、ケトレーが亡くなった一八七六年にはブタペストと九回にわたってヨーロッパ各地で開催された。エンゲルは、ケトレーが会長をつとめるこの国際統計会議の活動に熱心に参加した有能な会員のひとりであり、一八六三年にベルリンで開催された第五回会議でかれは、国際統計会議の目的として、第一に、各国の統計出版物の比較を相互に可能ならしめること、第二に、国家および社会生活のあらゆる領域からの統計的素材を調達すること、第三に、統計への愛好ならびにその効用およびその結果の正しい使用を促進すること、そして第四に、文明国の統計家間の活発な意見交換や人的交流をおし進める定期的会合の準備、を提案した。またエンゲルは、国際統計会議で採択された決議の実行にも真剣に努力した。一八七四年にストックホルムで開催された第八回会議においてエンゲルは、「今日まで医学的見地からのみ考察されてきた死亡原因をば今後は社会的見地からも解明すべきこと、詳しく言えば、如何なる人口層において特定の死亡原因が最も頻繁に起こるかを確定し、ならびに一方に健康・抵抗力・長寿と他方で富裕程度の大小との関係を照明すべきこと」を提案した。同会議はこれを採択し、その仕事をエンゲルに委嘱した。続く一八七六年にブタペストで開催された第九回会議において、エンゲルはこの委嘱をうけてかれ自身が着手した「罹病率・疾症率および死亡率の統計」に関する研究成果を報告した（Engel, 1876b）。そして、国際統計会議は、エンゲルのケトレー追悼講演がおこなわれた第九回会議を最後に閉会されたのである。

社会改良

また統計局長時代のエンゲルは、社会の弊害を治療する方法の研究に統計を利用するという観点から、社会改良とかかわる活動を活発に展開した。社会改良にたいするエンゲルの関心は、かれがザクセンの統計局長をつとめていた時期に執筆した「一八五六年ブリュッセル社会事業大会と社会的貧困の撲滅」（Engel, 1856）にあらわれている。この論考においてエンゲルは「第四身分［貧困状態にある労働者――引用者］の社会的受難」に言及し、その原因を労働者がもつ知能と四肢の力の不安定と恐慌や不景気による収益性の不安定に求めた。そして低賃金や年金・保険制度の未発達のゆえに深刻化する「人間の損耗」にたいする対策が急務であると説いた。国家の干渉による人間の損耗にたいする配慮は、エンゲルの認めるところであったが、その対策としてかれが重視したのは全面的に国助・公助に重点をおく国家社会主義的なものではなかった。エンゲルは、「自助の原理」すなわち労働者個々人の集団的な自助・自救の活動を支援する対策を重視し、ザクセン統計局長を辞任した直後の一八五八年に、かれが考えだした自助原理で組織される抵当保険制度の見本となるザクセン抵当保険会社を設立し、その運営を指揮した。この新規事業は、社会改良に関心をもつ多くの人々の注目するところとなり、すぐにドイツ中で模倣された。またプロイセン統計局長に就任した翌年の一八六一年、エンゲルは「自助原理の一環として設立された施設としてのプロイセンの貯蓄金庫」(Engel, 1861a) を執筆して自助の原理に基づく社会改良を訴えた。

ドイツ帝国成立前後の活動　エンゲルは、ドイツ帝国が成立する直前の一八六七年から一八七〇年にかけてプロイセン議会の国会議員をつとめ、議員に在任した一八六九年に、ドイツ語圏に「統計協会網」(statistische Vereine) を設立することを要請し、自らその運動の先頭に立った (Engel, 1869d)。エンゲルの議員就任は、「国民自由党」からの要請を受けての出馬であったが、この機会にかれは、統計にたいする国民の関心を鼓舞し、かれらが統計調査に進んで協力する全国に支部を置く大規模な協会網の整備を望んでいたのである。また、エンゲルは、ドイツ帝国の統一にむけた動きが活発化する一八七〇年から一八七一年にかけて開催された「ドイツ関税同盟統計改善委員会」(Kommission zur weiteren Ausbildung der Statistik des deutschen Zollvereins, 1870-71) の委員に就任し、「帝室統計局」(Kaiserliches Statistisches Amt) の設立や局長人事に関して助言・提言した。「帝室統計局」は、二二の君主国(王国四、大公国六、公国五、その他七) と三つの自由都市からなる連邦国家として誕生した帝国の内閣官房の一部局として新設されたが、その組織形態は、エンゲルが統計局長をつとめたプロイセン王国の中央集権的な統計局の組織と活動を模範とするものであった。

　ドイツ帝国が成立した一八七二年に、エンゲルは「社会政策学会」（Vereins für Sozialpolitik, 1873-1933）の設立へとつながる同年二月の「社会改良会議」（ハレ）と同年一〇月の「社会問題討議会」（アイゼナッハ）の二つの会合に出席し、とくに後者の会合では労働者の住宅問題に関する報告を引き受けた。この学会設立の発端となったのは一八七二年七月一三日にハレで開催された「社会改良会議」（Kogress für soziale Reform）である。この会議は、国家社会主義者アドルフ・ワグナー（Wagner, Adolph, 1835-1917）が計画した社会問題の研究を目的とする学術的な会合に賛同したハンブルクの新聞記者ユリウス・フォン・エッケルト（Eckerdt, Jurius von）、ブルーノ・ヒルデブラント（Hirdebrand, Bruno, 1812-1878）、ヨハネス・コンラード（Conrad, Johannes Ernst, 1839-1915）の呼びかけでハレのホテルで開催された。エンゲルは、ロッシャー（Roscher, Wilhelm Georg Friedrich, 1871-1894）、クナップ（Knapp, Georg Friedrich, 1842-1926）、ブレンターノ（Brentano, Lujo, 1844-1931）、シュモラー（Schmoller, Gustav, 1838-1931）等とともにこの会議に参加した。ヒルデブラントが議長をつとめた同会議では、同年一〇月に大規模な会議の開催を決議し同時にシュモラーを委員長とする委員会が組織されたが、エンゲルはロッシャー、ヒルデブラント、エッケルトとともにその委員に選任された。こうして一八七二年一〇月六日、同委員会が招集した「社会問題を討議するための集会」がアイゼナッハで開催され、この大会ではシュモラーの開会の辞に続いてブレンターノは労働者保護法の確立を、シュモラーは労働組合の合理性を弁護し、ベルリンの統計局長エンゲルは住宅問題をとりあげた。この記念すべき大会でエンゲルは、大都市住宅の弊態を「住宅封建制」と呼び、その原因を、住宅を独占的に商品化する営利的借家制度や建物および建築用地の独占とその投機に求め、このような住宅カルテルを解消するための改善策として政府の干渉に加えてとくに自助原理で運営される協同組合の設立を強調した（Engel. E. 1872b）。しかしながら、エンゲルが社会政策学会でその後も長く活動したとする証拠はみあたらない。ドイツ帝国への移行期にエンゲルが展開した実際的な寄与は、公然たる政治の世界にではなく新しい官僚機構をつくりだすところにあったのである。

ビスマルクとの軋轢

しかし、ビスマルク（Bismark, Otto von, 1815-1898）が保護関税政策へと路線変更し、「社会主義者鎮圧法」が議会を通過した一八七九年、時代状況が激変する。エンゲルは、一八八二年四月一日にプロイセン王国統計局長の職を辞し、同年七月一日付けをもって同局を退職した。退職の表向きの理由は持病の心臓病疾患と神経衰弱によるとされているが、実際にはエンゲルが匿名で執筆したビスマルクの保護貿易政策を批判した論文（Engel, 1881）が、かれの怒りをかったためともいわれている。エンゲルが信奉する自由主義的な信念と宰相ビスマルクの国家主義とが相容れず、両者の間に架橋しがたい軋轢があったのである。かくして、六一歳になったエンゲルは、一八八二年四月一日に持病の心臓病疾患と神経衰弱を理由にして、ザクセン時代をふくめて三二年間つとめ上げた統計局長職を辞し、同年七月一日付けをもって同局を退職したのである。

四　老年期の調査活動

退職直後の活動

プロイセン統計局を退職した一八八二年の一一月、エンゲルは「ベルリン国民経済協会」（Volkswirtschaftliche Gesellschaft zu Berlin）のはからいで「人間の価値」と題する講演をおこなった（エンゲル、一九四二c）。また同年かれは、『家計簿とその国民経済生活上の意義』と題するパンフレットを公表した（Engel, 1882）。これらは、エンゲルの国民の消費生活に関する研究、とくに遺稿となる著作『ベルギー労働者家族の生活費』ともかかわる重要な講演であるが、かれはこれを最後にしてベルリンを離れた。

一八八三年に故郷へもどったエンゲルは、ドレスデン近郊セルコビッツのオーヴェロスニッツ＝ラーデンボルに建てた「数外荘」と呼ぶ「寡婦の住まい」で余生をおくった。ベルリンから遠く離れたドレスデン郊外のセルコビッツ村で隠棲したエンゲルは、この村のために、上水道の敷設その他の公益事業につくし、また、大きな保険会社や株式会社の監査役として活動した。

家計研究への情熱

しかし、統計の二次分析とくに家計研究にたいするエンゲルの信念や情熱は、老いてなお衰えることはなかった。このことは、絶筆となったかれの一八九五年の著書『ベルギー労働者家族の生活費』（以下『生活費』と略記する）が示している。エンゲルの家計研究は、一八五七年の論文「人口密度」を端緒とする。エンゲルは、同論文を晩年の『生活費』に付録として再録した（Engel, 1895, Anlage : 183-264）。同論文で、エンゲルは、労働者の生活費を構成する要素として、「飲食物や被服」、「住居費」や「道具」といった可量物と、「精神的教養、道徳、公共の保安」といった「社会的不可量物」（Sociale Imponderabilien）を区別し、後者を、その「効果を達成するために充当する費用」を尺度として、「労働の価格」すなわち「役務提供（dienstleistung）」の量に換算することは可能であると主張する（ebd. : 2-4. 訳、一八五―一八八）。そして、エンゲルは、一八六六年に「労働の価格」（Engel, 1866）を執筆し、同著で、「肉体的な労働者」「知的な労働者」「知性と性格」が同程度に必要とされる「労働」の三つのタイプの労働者を事例として、「労働の費用価値」を試算した。これにたいして、数学者でかつ生命保険の技術者であったヴィットシュタイン教授（Wittstein）は「もっと大きな範囲」で試算する必要があると批判し、エンゲルは、自身の計算を補正するために鉄道員とプロイセン官吏の場合をとりあげてかれらの「労働の価格」を試算した（Engel, 1874a, 1876a）。続く一八八二年の「人間の価値」（エンゲル、一九四二c）において、エンゲルは、自身の関心が「人間における費用価値（生活費）がいかに構成されているか、そしてかれの収益価値（賃金）がそれといかなる関係に立つか」（同訳：二五二）にあることを明言し、このような観点から、かれは、晩年の『生活費』において、ベルギー政府が一八五三年と一八九一年におこなった家計調査の素材を用いて、同国のおよそ四〇年間の労働者家族の消費生活を比較する家計研究に大きな情熱をそそいだのである。

またエンゲルは、同著の冒頭でこの著書が『国際統計協会報告』（Bulletin de L'Institut International de Statistique）として刊行されたことを記し、同協会書記長でイタリア統計局長だったエル・ボディオ（Bodio L.）に謝辞をおくっている（Engel, 1895：VI, 訳：八）。「国際統計協会」は、エンゲルのケトレーへの追悼をもって閉会された「国際統計会議」に変えて、一八八五年に新たに設立された統計に関して国際的に協議する新機関である。エンゲルは、晩年、この国際統計協会とも深いつながりをもっていたのである。また、エンゲルは、同著の序文で、これに続くさらに大きな家計研究の構想があることを次のように記している。「いとも慈悲深い神が今後私に充分な力と健康を許し給うならば、私はこの手始めに続いてなお本年内に、アメリカ合衆国においてずっと、より大きい規模でおこなわれた類似の調査の結果を発表するであろう。そしてその姉妹編として後日、非常に違った福祉程度のドイツの家族の、次にはフランス、スイス、イギリス、オランダ、スカンジナビア、ロシアの家族の生活費の叙説をやるつもりである」(ebd.：V, 訳：七)。

エンゲルは、死の直前まで家計研究に専念し、世界各国で蓄積された膨大な家計素材の加工に没頭していたが、この約束が果たされることはなかった。世界各国の家族の生活費に関する膨大な比較研究は、多分、完成間近であったが、それが日の目をみる前にエンゲルは、一八九六年一二月八日に七五年の生涯を閉じ、愛妻アマリーの眠るトリニティタティス教会の墓地に葬られたのである。

五　官庁統計の整備と家計調査の確立

実務統計の革新

エンゲルの生涯にみいだされる以上のような社会調査活動に明らかなように、「労働期」の大半をザクセンおよびプロイセンの二つの王国の統計局長をつとめたエンゲルは、官庁統計の世界を主要な活動舞台として活躍した統計の実務家である。一九世紀後半のドイツにおいて、エンゲルは、人口調査や統計官庁の近代化に着手し、とくにプロイセン王国では、「統計中央委員会」の設置と統計の実務家や専門家を養成する「統計ゼミナール」の開設に奔走した。

統計の二次分析

また、自身が編者をつとめる統計雑誌にエンゲルが寄稿したおびただしい数の論文、ケトレーが主催する国際統計会議や社会政策学会設立時のかれの活動に明らかなように、エンゲルは、「統計の二次分析」の熱心な推奨者であった。エンゲルは、同時代の人々が直面する問題の解明やその解決に、あるいは社会の弊害を治療する方法の研究に統計を活用する、統計研究の新領域の開拓に熱心に着手した。

家計研究の集大成

そして、エンゲルは、統計局長退任後の老年期に、生まれ故郷のドレスデン近郊で余生を送り、家計研究の集大成に着手したのである。以下では、エンゲルがおこなった官庁統計の改善や家計研究を、かれが後世に残した統計調査の革新とかかわる重要な出来事として位置づけ、続く第六章と第七章で、それぞれの活動がどのようなものだったのかを明らかにする。そして、それをふまえて、第八章では、エンゲルの社会調査活動が世紀転換期のドイツにおける社会調査の隆盛におよぼした影響について明らかにする。

第六章　官庁統計の革新者

「一八五二年、ザクセン王国の身分会議第二院が、一八五〇年に設立せられた統計局の予算を審議したさい、同予算のために六千ターレルを求めた政府の要求は年額五千ターレルに削減せられた（注：最近の一八七一年の予算は統計局のために一万五千ターレルを給興している）。……議員の少なからぬ者が統計の本質について不完全な観念をしか持っていず、他の者は統計を何か余計なものと考へていたものだから、それだけに、皆無から六千ターレルへの飛躍は、多くの議員にとっては恐ろしい飛躍のように思はれた。」（エンゲル、一九四二a：三八五―三八六）。

「わたしの考えておりますゼミナールの任務は、ゼミナール員を統計の実務について教育すること、および統計学の理論および統計の技術、さらには、行政および科学の部門への統計の応用について教育することであります。かかる教育のためには、もちろん、経済学その他をあらかじめ習得していることが前提になります」（エンゲル、一九六六：一四七）。

一　ザクセン王国統計局の改革

ザクセン王国の統計事情

エンゲルが初代統計局長として就任した「ザクセン王国統計局」の前身は、足利によれば「ザクセン王国統計協会」（Statistische Vereine für das Königreich Sachsen）である（足利 一九六六、九二）。一八三七年にフォン・シュリーベン（Schlieben）が設立したこの協会は、政府機関にかわって統計活動をおこない、一八四九年までに政府の協力をえて一八部の『報告』（Mitteilungen）を出していた。「ザクセン王国統計局」は、これに変わる政府直属の機関として新設されたものである。ではエンゲルが統計局長に就任した当時のザクセン王国の統計事情はどのようなものであったのだろうか。本章の冒頭に掲げたエピグラムは、一八五二年の予算折衝の折りに、エンゲル自身が体験した出来事を、かれが書き残したものである。ザクセン王国の身分会議第二院は、一八五二年、統計局の予算を審議したさい、同予算のために六千ターレルを求めた政府の要求をしりぞけ、年額五千ターレルに削減した。ザクセン王国において、国勢調査や人口動態報告という政府の統治に不可欠の統計上の仕事をなしてきたのは、一八三二年に創設された統計協会である。同協会は、その仕事のための支出を概ね自費をもって支弁し、それゆえに、王国が統計のために国家予算を計上することがほとんどなかったのである。したがって、新設された「ザクセン王国統計局」の国家予算の審議にかりだされた議員の多くは、政府の要求する六千ターレルを「恐ろしい飛躍」のように思い、予算の減額に賛成したのである。同国の初代統計局長の要職についたエンゲルは、就任当初から、統計を何か余計なものと考える議員たちとの軋轢に遭遇したのである。

実際的な統計家としてエンゲルが歩み始めた当時のザクセン王国の統計事情を彷彿とさせる記述である。ザクセンの統計局長に着任したエンゲルが遭遇した問題は、予算審議に同席した議員たちの「統計の本質」にたいする「不完全な観念」にとどまらない。またエンゲルは、当時のザクセンで流布していた実際的な統計家の「任務」にたいする次のような見解に遭遇した。すなわち「諸君は下働きでい給え。他の諸科学のために建築石材を運び込むことが諸君の義務だ。諸君の為すところは、精々技術（Kunst：技法）ではあるが、決して一個の科学ではない」（森戸、一九四二：三九）と。エンゲルが統計局長に就任した当時のザクセンにおいては、かれの目からみれば明らかに誤った統計や統計家の任務にたいするこのような考えが議会はもとより広く世間に流布していたのである。

統計学や統計家の任務にたいするこのような認識が流布する当時のザクセンの統計事情を前にして、エンゲルは、「統計のために味方とパトロンを獲得する責務を感じ」、ザクセン王国の統計局長に就任した翌年の一八五一年三月初旬、このような誤った考えをしりぞけるために統計学の本質や統計家の任務にたいするかれ自身の考えを「統計学は独立の科学であるか、はたまた単なる方法にすぎないのか、の問題にたいするわたしの立場」（エンゲル、一九四二a）と題して『ドレスデン新聞』に投稿した。この一文について、のちにエンゲルはそこで提示したプログラムがその後のかれの統計学上の仕事の「指針」になったと告白している（同訳：四二六）。すなわち、統計局長に就任した直後のエンゲルには、当時のザクセンのたち遅れた統計事情を克服して官庁統計を改革するための明確なプランがあったのである。官庁統計の改革をおし進めるエンゲルの指針となったプログラムとは、どのようなものであったのだろうか。

改革プログラム

エンゲルは、『ドレスデン新聞』に連載された記事の冒頭で、統計学の「全任務」を「諸民族及び諸国家及びそれらの構成諸成分の生活をその現象において観察し、算術的に把握し、原因と作用の間の因果関係を分析的に説明すること」と規定し、統計学の対象となる「民族の生活」について「肉体的のものであると共に、精神的且つ道徳的のものであり、社会的且つ政治的のものである」と包括的に定義した（同訳：三八七）。エンゲルは、統計の対象を「統治目的」に必要な「若干の数字上の事実」の観察や記載のみに制限し、その任務を素材の収集のみの下働きに制限するという当時の官庁統計の周辺で渦巻いていた通俗的な認識にたいして統計学の包括的な定義を提示し、統計家がなすべき広大な任務があることを示唆した。

統計学の全任務を包括的に定義したエンゲルは、続いて統計家の仕事をさらに三段階に区分し、かれらが各段階でなすべき「任務」と、それがどのような人々によって担われるべきかについて明らかにした。エンゲルによれば、統計家がなすべき第一段階の仕事は、「観察、記述、調査」（同訳：三八七）、すなわち資料収集である。しからばこの仕事にとって不可欠なものはなにか。それは「厳密に整序された行程」あるいは「系統的に分業して働いている多くの人々の協働」（同訳：三八九）である。エンゲルは、資料収集のさい「組織された協働活動」は社会現象の多様性の観点から不可欠であると主張したのである。しかし一口に組織された協同活動といっても、そこには「官的なもの」と「私的なもの」がある。後者の意義を十分に認めつつも、エンゲルは第一段階の仕事の「効果」の観点から前者を重視した。なぜなら、「事務的機関及び機構」をもつ官庁組織こそは、統計的事実の調査に最適な組織でありかつ「遙かに効果多きものたる」からである（同訳：三九〇）。

統計家のなすべき仕事は、もちろん資料収集のみにとどまるわけではない。エンゲルによれば、統計家がそれに続いてなすべき第二段階の仕事がある。それは「個々の観察された現象間の因果関係の研究」（同訳：三八七）である。エンゲルによれば、この仕事については、それを「経済学の排他的領域」と主張する「統計学にも経済学にも余り通暁していないかもしれない人々」（同訳：三九五）がいる。しかし、エンゲルはこの見解に組みしない。なぜなら、統計学がしばしばとりあげる「一国の犯罪、一国の人口の公生児又は私生児の出生率など」（同訳：三九六）は経済学の領域には属していないからである。

またエンゲルは、この第二段階の統計家の任務を「困難でかつ時間のかかる仕事」（同訳：三九五）と呼ぶ。なぜなら、社会生活に関わるあらゆる現象や出来事は複合的な原因や作用によるものが多く、しばしば「二つの事実の間に、一つの関係がありうるものかありえないものかを認識するために、精確に研究されねばならず」しかもその結果として導き出されるのは「最高度の確率を備えた仮説」にすぎないからである。エンゲルは、この第二段階の仕事に際して統計家が直面する困難をたくさんの例をあげて説明した。しかし、数多くの困難を前にして、この仕事は誰によって解決されるのか。エンゲルの答えは「政府」である。なぜなら、たくさんの観察を収集しうるのは「政府」のみだからである（同訳：四〇九）。

だがここで、エンゲルが第二段階の任務につく人物について一定の条件を付したことは興味深い。ここでエンゲルはこの任務を委ねられない人々として、「予備知識を欠くためにこの任務に堪へえない人々」そして「時間の不足からこれをなしえない人々」をあげた（同訳：四〇九）。先に指摘したように、エンゲルは、第一段階と区別された第二段階の任務の特色として後者の仕事の「困難」と「時間」をあげたが、かれは予備知識をもち同時に余裕をもって仕事に専念できる人材の確保がこのような任務の遂行に不可欠だと力説したのである。

エンゲルが述べた統計家のなすべき第三段階の仕事は「個々の影響の強度の分析的叙述である」（同訳：三八七）。エンゲルは「社会的現象・作用・原因の定量分析」をおこなうこの仕事をさらに「分析的統計学」（同訳：四一七）および、「徴候論」（Symptomatology）がその一部門をなすと述べた（同訳：四二〇）。エンゲルによれば、直接には計算しがたい社会現象、たとえば「一民族の禁酒程度は酒精飲料の消費量から、禁酒会の普及から、酩酊の理由で訴えられた者及び処罰された者の数等から、かなり的確に導き出すことができる」（同訳：四一八）。エンゲルは、一見して測定しがたい社会現象を「徴候系列」をもって認識する分野を「徴候論」とよび、これを「科学的統計学の新部門」（同訳：四一八）と規定したのである。

そして、エンゲルはこの仕事を統計家がなすべき任務の中で「最も困難な部分」とみなし、これは「断じて一官吏の単なる片手間の仕事であってはならいない」と述べた（同訳：四二〇）。ではこの最も困難な任務は、誰の手に帰属するのか。この問いにたいして、エンゲルは「時々謂はば社会態の脈をとりその鼓動の数と活気を、社会的疾患又は障壁の所在と原因を上申する」ところの「社会現象の説明者及び探求者」（同訳：四二一）、あるいは「社会態の医師であり看護婦であるもの」（同訳：四二二）と答えている。そしてエンゲルは、社会の「解剖学たる統計局」に「事態の明確なる説述とその因果関係の証明」とによって「立法と行政」に影響をおよぼす「クリニック」の付設を訴えてかれの改革プランを閉じている（同訳：四二六）。エンゲルは、すでに社会に定着している病院とそこで働く医療専門職を引き合いにだしながら、医療の世界になぞられて統計学と統計局そして統計家の将来像を思い描いていたのである。

ザクセン王国統計局長に就任した直後のエンゲルに、官庁統計を抜本的に改革していく独自のプランがあったことは明らかである。たち遅れた当時のザクセンの統計事情を念頭におけば、エンゲルの改革プログラムが数多くの困難に直面することは容易に推測しうる。しかしこの国の統計局長に就任したエンゲルは、以上のような独自の改革プランをもって統計雑誌の創刊を開始し、ケトレーがベルギーで指導した人口調査の移植に着手したのである。

ベルギーモデルの移植

エンゲルがザクセンで官庁統計の改革を開始した当時のヨーロッパで、人口調査のもっとも進んだ国はベルギーであった。一八四一年、ケトレーはベルギーの政府統計を整備するために「統計中央委員会」を設置し、一八四六年一〇月一五日にかれの指導と立案による人口調査を実施した。家族を調査単位とし家長もしくは世帯主（Haupt der familie）を申告の責任者として全家族のひとり一人について現住地で調べたこの調査は、人口調査史上に新時代を画した。なぜなら、これはのちにドイツで「悉皆集団観察」（die erschöpfende Massenbeobachtung）と呼ばれるようになる、当時としてはもっとも信頼できる全数調査の方法だったからである。

ケトレーが整備したベルギーの統計中央委員会の制度や組織そしてこの委員会が実施した人口調査は、かれが主催した「国際統計会議」を通じてたちどころにヨーロッパ全土へと広がり、東はペテルスブルクから西はマドリッドまで、北はストックホルムから南はローマまであまねく普及するに至った。調査員（zähler）による人口の直接調査を特色とする一八四六年にベルギーで実施された人口調査の方法は、たちどころにヨーロッパの各国へとひろがり、統計中央委員会の制度とともに各国の「国勢調査」のモデルとなったのである。

ベルギーの画期的な人口調査に注目し、いち早くこれをドイツに紹介したのは、エンゲルではなく、テュービンゲン大学のヨハネス・ファラティ（Fallati, Johannes, 1809-1855）である。足利によれば、ファラティは「国情論」の流れをくむ統計学者であったが、同時にかれは官庁統計の制度と機構に強い関心をもっていた（足利、一九六六：八四、二四七）。ケトレーが指導する人口調査がおこなわれた翌年の一八四七年、ファラティは『一般国家学雑誌』の第四巻において「一八四六年一〇月一五日のベルギーの人口調査制度、それと農業統計および営業統計調査の連結について」と題する論文を公表し、同調査の機構と方法を詳細に報告するとともに、同調査で用いられた調査票と結果表のすべてを翻訳・紹介した。ファラティは、このような報告をなした意図と経緯について次のように述べている。「非常に有名な統計学者たちが熟考に熟考を重ねて計画した実施計画は、それだけでも十分に叙述する値打ちがある。同じような試みがなされるときにあたって、ドイツの実際家たちがこの計画に徹底的に注目し、吟味し、適切に利用していただきたいものと考えているわたしの特別の意図が、このことをわたしの特別の義務たらしめたのである。このような調査においては、外面的なそして取るに足らない事柄においてさえいかに合目的的な配列が重要であるかは、識者のよく知っているところである。わたしは、ベルギー統計中央委員会の委員のきわめて好意ある援助により、ブリュッセルの内務省において直接この調査の仕組みに参加する機会をえたので、このことの叙述にはもっとも適していると考えている」(Fallati, 1847：390-391)。

ブリュッセルの内務省においてベルギーの人口調査の仕組みを直接つぶさに見聞したファラティが、同国の統計中央委員会のもとでおこなわれた画期的な人口調査のドイツへの委嘱に強い期待をもっていたことは明らかである。しかしファラティは一八五五年にオランダ旅行の途次ハーグで客死し、ベルギーの官庁統計をドイツに委嘱する仕事はエンゲルに引き継がれたのである。

人口調査の改革

ザクセン王国は、エンゲルが統計局長を辞任する一八五八年までの八年間の間に一八五二年、一八五五年、一八五七年の三度にわたって人口調査を実施した。以下では、エンゲルがその改革に力を入れた一八五二年と一八五五年の調査に注目しておく。

一八五二年の調査でエンゲルは、ベルギーの例にならう調査方法の改革に着手した。すなわち、かれはこの調査で調査員による人口の直接調査を試み、すべての家長が世帯員についての記入に責任をもつ「自計主義」を採用するとともに、あらかじめ用意された統計表に地方官庁が数字を記入するだけのとかく問題の多かった「表式集計」を改めて「中央集査」を実行したのである。また、この調査でエンゲルが用いた調査票の職業記入欄では、ベルギーで用いられたものに比べてさらに詳しい記入が求められていた。すなわち、ベルギーで用いられた調査票においては、職業記入欄が「地位もしくは職業（職業についているときは、産業、商業もしくは手工業の種類を記入）」と表現されており、回答者が申告すべき職業内容はごく大ざっぱなものにすぎなかった。これにたいしてエンゲルが用いた調査票では「職業：身分、地位、職業もしくは営業」に加えて「労働および雇用関係：その人が所有者、小作人、主人、親方、経営者であるかどうか、職長等であるか、職人、徒弟等々、労働者等、召使い等、であるかの情報」が求められており、回答者は職業に関してさらに詳細に申告することが求められていたのである。この点に注目した足利は、エンゲルが「一八五二年の人口調査に職業調査をむすびつけ、ドイツにおける最初の職業統計を完成した」と評している（足利、一九六六：九二）。エンゲルは、ベルギーで用いられた調査票に独自の改善を加え、ザクセン王国の人口調査の改革を意図していたのである。

ザクセン王国の人口調査を内容豊かなものにするという明確な意図をもっていたエンゲルは、一八五五年の調査において新たなアイデアを提示した。この調査においてエンゲルは、それに生産と消費の統計を結びつけようとしたのである。エンゲルをして人口調査と生産・消費統計の結合を考慮せしめたものは何か。それは、一八五五年のザクセンの人口調査に先立つ一八五三年にブリュッセルで開催された「第一回国際統計会議」におけるベルギーの鉱山事務官フィッシャス（Visschers）の「家計調査」の報告である。「労働者階級の「家計を国際的に収集する」という案件は、この第一回国際統計会議の主要な議題のひとつであった。フィッシャスは、ベルギーの刑務所および慈善施設の監督官だったエドアルト・デュクペティオ（Ducpétiaux, Edouard, 1804-1868）と協力して作成した家計調査のプランと同国の統計中央委員会が実施した調査の結果をあわせてこの国際統計会議に提出したが、この会議に参加したエンゲルはこのことを知悉していた。家計調査にたいする関心が国際的な広がりをもちつつあることを知ったエンゲルは、自身が指導する一八五五年のザクセン王国の人口調査においてその範囲を「生産と消費」の統計にまで広げようと意図したのである。

人口統計の改善に加えて、エンゲルには、ベルギーの官庁統計をモデルとするいまひとつの大きなプランがあった。統計中央委員会の設立である。エンゲルがこの委員会の設立を強く願っていたことは、かれが『一般国家学雑誌』に書いた論文に明らかである（Engel, 1853）。しかしエンゲルが願っていたこの委員会の設置をふくめてかれの統計上の改革や新規のプランは、ザクセンの議会において非難され、ほとんど日の目をみることはなかった。エンゲルは、これに失望し、議会でかれの意見に加えられた論難をきっかけとして統計局長の辞任を決意する。統計や統計家の任務にたいする狭い認識を固持していた当時のザクセン議会には、エンゲルの統計改革案を受け入れる素地がなかったのである。

二　プロイセン王国統計局の革新

「統計中央委員会」の設立

プロイセン王国の統計局長に就任したエンゲルが、いちはやく着手したのは、すでにザクセン統計局時代に構想していたベルギーの先例にならう「統計中央委員会」の設立である。エンゲルは、一八六〇年一二月に刊行された『プロイセン王国統計局雑誌』の創刊号にプロイセンに関係する官庁統計の組織について論じた一文を寄稿し、この国の官庁統計に統一と秩序を与える統計中央委員会の設置を訴えた（Engel, 1860b）。エンゲルは、すでに存在している統計局のほかに、プロイセン王国全体の統計調査に統一を与えるための諮問および勧告する機関となる委員会の設置を要請したのである。

この要請を前向きにうけとめた内務大臣シュヴェーリング伯（Schwering）は、委員会の設置を検討するための会合を開き、これをうけて一八六一年四月、「統計中央委員会」が正式に発足した。足利によれば、成立時の委員会のメンバーは、内務大臣が任命した議長のズルツァー（Sulzer）と統計局長エンゲルのほか、商工労働省の局長デリュブリュック（Derbrück）、司法省からフリートベルク（Friedberg）、大蔵省のギュンター（Günther）、王立大学経済学および統計学教授ハンセン（Hannsen）、内務省からヤコビ（Jacobi）、外務省からヨルダン（Jordan）、軍事省からケラウ大佐（Köhlau）、文化保健省からレーネルト（Lehnert）、農業省からシューマン（Schumann）の計一一名である（足利、一九六六：一三九）。議長をのぞいてかれらはいずれも高等参事官（Geheimer Regierungsrath）の肩書きをもつ人々であった。こうして統計中央委員会はこれら各省庁から人選された高級官僚の参加をえて発足した。統計中央委員会は、国家行政の総部門の統一的な協力を媒介する専門的審議機関として設立され、これによってプロイセンの官庁統計はその体系化の第一歩を踏み出したのである。

この統計中央委員会の初仕事は、一八六一年一二月に予定されていた人口調査の方法について勧告することであった。同委員会は、そのための会合を同年五月三日、八日、一一日、一五日の四回にわたって開催したが、そこで検討された資料は、エンゲルが『プロイセン王国統計局雑誌』の一八六一年四月号に発表した「とくにプロイセン国で適用されている方法を考慮しての人口調査の方法」（Engel, 1861b）と題する意見書だった。先に指摘したようにエンゲルはザクセン統計局時代に人口調査の改革に着手していたが、かれはこの一文で、同様に遅れていたプロイセンの人口調査の方法的な問題の改善を提言したのである。

「国勢調査」（Volkszählung）の刷新

プロイセン統計局は、初代統計局長ホフマン（Hoffmann, Johann Gottfried, 1765-1847）以来、建物、人口、住民の宗教的関係、教育施設、政治的関係、獲得手段の六項目からなる「統計表」を用いた調査を実施してきた。この調査では、全部で六二五欄からなる、各欄一ツォル＝インチとしてほぼ五〇フィートの長さになる一連の用紙が各調査地区に配布され、各地区の吏員が必要な数字を書き入れるという単純な方法がとられた。人口調査についていえば、住民簿や家屋名簿から、あるいは村民集会のおりに家長が報告した居住者数から人口数を数えあげるという素朴な方法がとられていたのである。プロイセンの統計局長に就任したエンゲルは、先の一文において一八六一年の人口調査では、すでにベルギーはもとよりイギリス、フランス、ザクセンで用いられた「特別の調査員により、世帯名簿を用い、世帯ごとに個人的に、しかも名前とともに数えあげる」方法を提案した。調査員制度の採用や世帯を単位とする世帯主の自己記入（自計主義）は、すでにザクセン統計局長時代にエンゲルが導入した人口調査の方法であるが、かれはそれをプロイセンにおいても実行したのである。

エンゲルは、一八六一年の人口調査にむけて調査結果の公表形式である「統計表」（Tabell od. Publicationstabelle）と「調査票」（Erhebungslist）の厳密な区別を要求し、世帯主もしくは家長が記入する「世帯票」（Haushaltungslisten）、家主もしくは土地の管理人が記入する「家屋票」（Hauslist）、調査地区の市町村役場が記入する世帯票や家屋票が正しく記入されているかどうかをチェックする「調査地区票」（Ortslist）からなる調査原票（Urlist）とそれらを敏速かつ統一的に集計し公表するための統計表の見本を提示した。統計中央委員会は、このようなエンゲルの提案を支持し、一八六一年の人口調査をかれの提案どおりに実施することを勧告した。このエンゲルの提案は同年の人口調査において完全実施には至らなかったが、その後の調査においてかれはその補整に努力した。

一八六四年一二月三日に実施された人口調査では、調査員の使用と被調査者の自己記入が徹底された。また集計の便宜を考慮した「個人票」（Individualzzählkarte）を用いた「カード式方法」（Zählkartenmethode）は、一八六九年の調査で試験的に導入され、一八七一年一二月の人口調査で実用化された。エンゲルは、種々の特質をもった「生ける個人」を「小さい簡単な個人票に具体化」するこの方法を、道徳的および政治的科学への「実験の移入」にとって欠かすことのできない方法としてその導入を力説した（Engel, 1870）。この方法は、以来プロイセン統計局が実施した定期的および一回限りの調査の大多数において使用される慣用的な方法となったのである。国勢調査の刷新にむけたかれの活動はこれにとどまらない。エンゲルは、人口調査に付帯して、農業調査や人口面からとらえた工業調査を意図していたからである。このことは、エンゲルが世帯票に「工業および商業についての質問」を、また家屋票に「農業および家畜、土地についての質問」を掲載すべきと提唱していることからも明らかである。エンゲルは、国勢調査の刷新にむけて、調査内容の拡充や調査結果の信頼性と正確性を高める観点から人口調査の改善に着手したのである。

三　「統計ゼミナール」の開設

統計家の養成　官庁統計の整備や国勢調査の革新と並んでエンゲルがプロイセン統計局長時代に着手した特筆すべきいまひとつの仕事に、統計局に併設された「統計ゼミナール」（statistische Seminar）の開設がある。先に紹介したように、エンゲルがザクセンの統計局長に就任した直後に執筆した官庁統計の改革プランにおいて、かれは統計家には素材の収集から現象間の因果関係の研究や強度の分析的叙述へと至る、予備知識を欠く官吏の片手間な仕事に委ねられない専門家としての任務があることを力説した。そのような任務に従事する専門家の養成を官庁統計の革新にとって不可欠の仕事と考えていたエンゲルは、統計中央委員会の発足後ただちに、統計の実務家と統計学者の養成を目的とする統計ゼミナールの開設に着手したのである。

ゼミナール設立「建白書」　プロイセン統計局長に就任したエンゲルは、統計中央委員会が正式に発足した直後の一八六一年六月九日、内務大臣にむけて統計ゼミナールの設立を求める「建白書」（Denkschrift）を提出した（エンゲル、一九六六）。エンゲルは、統計中央委員会が正式に発足したこの時機を統計家の養成プランを実現する絶好の機会と考えた。このことは、「建白書」の冒頭にかれが記した次のような一節に明らかである。「統計中央委員会によって統計局に指導権と指導の義務が与えられた現在、統計局が統計中央委員会の執行機関として、政府統計に体系、統一および完全性を与えるべき課題を有するにいたった現在、統計局は、この課題の解決を可能ならしめるための手段を持たざるをえなくなりました」（同訳：一四五）。エンゲルは、統計局がもつ政府統計に体系性・統一性・完全性を付与する課題を実現する手段として統計家の養成を求めたのである。統計局を「国家科学の実験室」と位置づけたエンゲルは、「大学において科学的基礎を獲得した」人々を対象として、かれらが「化学の実験室における化学の若い学徒の研究に匹敵する」統計の実務と実際的知識を習得できる訓練施設の併設を要請した。エンゲルは、統計の実務、統計学の理論、統計の技術、行政および科学の部門への統計の応用について教育することを任務とし、統計家と統計的に訓練された官吏を中心に、それ以外の職業に従事する統計作業の実務を習得したいという人々にも広く門戸を解放する統計ゼミナールの開設を望んでいたのである。

ゼミナールの開催

統計ゼミナールの開設にむけたエンゲルの要請は、プロイセン政府のただちに受諾するところとなり、一定の条件が付されて具体化された。この点については一八六二年八月一五日に内務大臣と大蔵大臣が各州知事にあてた「布告」（ハイト／ヤグノウ、一九六六：一四八）に明らかである。大蔵大臣ハイトと内務大臣ヤグノウが署名したこの布告において、両者はエンゲルの提案を「官庁統計教育のための理論的・実際的過程」の設立要請とうけとめ、同年一〇月一五日に開講する第一回の課程の開催にむけて、各種条件を具体的に提示して、この教育施設への参加者（志願者・出願者）の人選を各州知事に呼びかけた。これによると、出願資格は「上級行政官試験に合格したもの」でとくに「官庁に勤務する若い官吏」とされ、参加者数は八人、課程の期間は一年で教育および実習のための費用は無料とされた。第一回ゼミナールでは、あらかじめ予告されていた「一統計学の理論と技術、二立法、行政および統計の相互関係の発展」に関する講義と、「一個々の統計的主題の完成、二統計局のその時々の作業に対する協同」と題する実習に加えて、「工場見学」がとりいれられた。このゼミナールの将来に関する布告の中で「新しい施設は試験的に設けられるものであるが、これが決定的な機関となるかどうかは、えられるべき経験の結果をまつものとする」と慎重に表現された。しかし、その翌年には、中央政府官吏二人、鉱山官一人、軍医大尉一人、リベ・デトモルト公国の行政官一人の合計五名の参加者を得て第二回ゼミナールがおこなわれ、各種官庁に勤務する若手官吏の統計実務能力の向上を目的に開始された統計ゼミナールは、その後継続的に開催されたのである（Engel, 1864）。

ゼミナールの目的拡大

統計ゼミナールの目的については、ドイツ帝国の誕生に対応して若干の変化が生じた。このことは、一八七一年に発表された統計ゼミナールの「規定草案」（Entwurf eines Regulativs）に明らかである（Engel, 1871）。森戸が紹介するところによれば、同草案は、ゼミナール参加者の範囲を「ドイツ帝国のすべての支邦の行政官吏にして最終国家試験を卒へたるもの」とし、とくに大学教育との関連を明記した（森戸、一九四二：二九）。すなわち「本ゼミナールは経済学及統計学に関する大学教育を以下の範囲において補足せんとする。即ちそれは大学及高級専門学校における上級学生に対し、統計局及その付属設備において系統的順序に従ひ上記科学に不可欠の統計的装備と統計資料とを熟知すると共に、なほその虎において統計的証明の基礎をなす特殊諸科学を修得する機会を供与するのである」。そして同草案は「将来大学私講師たるの準備」を支援することも目的のひとつとして明示した。統計ゼミナールは、大学教育との連携を強めたのである。このゼミナールで教育を受けたものには、アウグスト・オンケン（Oncken, August）、シェーンベルク（Schönberg, Gustav von）、コーン（Cohn, Gustav）、ユリウス・ヨリ（Jolly, Julius）、エルスター（Elster, Ludwig）、フォン・ミヤスコヴスキー（Miaskowski, August）、クナップ、ブレンターノ、ブレンク（Blenck, E.）などの有名な経済学者、統計学者がいる。エンゲルは、統計ゼミナールを通じて統計家の育成に偉大な足跡を残したが、かれが設立した統計ゼミナールは、その後ドイツの各大学において開設されることになる「社会科学ゼミナール」の原型となったのである。

官庁統計の模範

エンゲルが独自の改革プランをもって開始したザクセンの統計局時代の官庁統計の改革は、統計や統計家の任務に関する当時の議員や世論の通俗的な認識に阻まれ、統計雑誌の創刊やケトレーの人口調査の移植にとどまる不完全なものであった。しかしプロイセン統計局長に就任したエンゲルは、体系的な統計出版物の刊行に加えて、統計中央委員会の設立、悉皆集団観察を標準化する人口調査の刷新、著名な経済学者や統計学者を多数輩出する統計ゼミナールの開設など、かれ独自のプランに基づく官庁統計の改革を次々と実現した。実際的な統計家としてエンゲルが後世に残した偉大な功績は、官庁統計の革新者として、国勢調査の刷新やこれを推進する統計の専門家の育成に着手し、他のヨーロッパ諸国にたち遅れていたドイツの官庁統計を世界各国の政府が模範とすべきものへとおし上げたところにあるのである。

第七章　家計調査の彫琢者

「一度、とりわけ少年時代に、深い感銘を受けてその虜となった理念から、ひとが老齢に至るまで二度と自分を釈放することができない、ということは注目に値する事柄である。ひとは一時は職業やその他の仕事によって、全く違った精神的方向に進むことをよぎなくされることもあろうが、しかし何ほどかの閑暇があれば、かの理想は再び前景に迫進し来たって、かれはそれをいっそう完成するために不断の努力をするのである」(Engel, 1895 : 111, 訳 : 五)。

一　ベルギー政府の家計調査

家計調査の系譜

家計調査は、一七九五年にイギリスのモルトン・イーデン卿(Eden, Frederick M., 1766–1809)が貧困および極貧階級の家計を教区から収集した調査を端緒とする。しかし、家計調査は、その後、一九世紀中葉の大陸ヨーロッパに伝播し、一八五五年には、家計描写をふくむフランスのル・プレーの『ヨーロッパの労働者』およびベルギーのデュクペティオの『ベルギーにおける労働者階級の家計』が刊行された。そしてドイツの官庁統計の改善に着手したエンゲルは、ザクセン王国の統計局長をつとめていた一八五七年に、両著作に収録された家計の分析に着手した論文「ザクセン王国における生産および消費事情」(原題「人口密度の法則」)を、同局の雑誌に執筆し、かれが亡くなる前年の一八九五年には、自身の家計研究の集大成を企てた著作『生活費』を出版した。フランスのル・プレーやベルギー政府がおこなった家計調査、そして二つの調査の存在を前提にして、ドイツのエンゲルが着手した家計研究は、一九世紀の大陸ヨーロッパに国際的なひろがりをもつ家計調査の大きな展開があったことを示している。フランスのル・プレーの家計調査については、すでに第一部第三章で明らかにしたので、本章ではまず、エンゲルの家計研究が依拠したベルギーの家計調査について紹介し、これをふまえて、かれが企てた家計研究がどのようなものであったのか明らかにする。

政府の家計調査の端緒

ベルギー政府の家計調査は、一八四六年にイギリスのロンドンで開催された世界博覧会において、同地の統計協会書記長フレッチャー（Fletcher, M.）がおこなった次のような発言を発端とする。同博覧会において、フレッチャーは、労働者家族の家計を調べることに着手したイーデン卿の仕事をもちだし、家計調査を一切の文化国へと拡張して、比較可能な家計を収集するという期待を表明した。フレッチャーの提案に共鳴したベルギーの鉱山技師フィッシャスは、同国の刑務所および慈善施設の監督長官デュクペティオの援助をあおいで、労働者家族の家計を収集する調査案の作成に着手し、同国の統計家アドルフ・ケトレーが、一八四一年に設立したベルギー「統計中央委員会」に「比較可能な家計を収集する」ための調査プログラムを提案した。同委員会は、二人の家計調査案を直ちに承認し、国内にあっては地方の統計委員会を通して、外国にあっては中央委員会の通信員を通して、この提案に即して試験的に調査を実施することを勧告し、フィッシャスは、ケトレーの呼びかけで、一八五三年にベルギーのブリュッセルで開催された第一回国際統計会議において、各国の政府が直ちに着手すべき「家計調査案」を、同国の政府が収集した家計の一部を添えて提案した（Engel, 1895 : 22, 訳：四七―四八）。

『ベルギーにおける労働者階級の家計』

またデュクペティオは、一八五五年に、ベルギーの州統計委員会と少数の私人が集めた家計の中から、全部で一九八の家計を収録した『ベルギーにおける労働者階級の家計』（Ducpétiaux, 1855）を刊行した。一八五三年のベルギーの家計調査において使用された家計収集の方法は、官庁統計の世界では一八世紀から使用されてきた質問紙を用いる「アンケート法」であった。同調査で、フィッシャスとデュクペティオは、調査項目の詳細な分類に着手し、「収入」については「俸給および賃金」と「その他の副収入」に、

表7－1　『ベルギーにおける労働者階級の家計』（1855）

州　名	第1範疇労働者	第2範疇労働者	第3範疇労働者	範疇不明労働者	計
1．ブラバンド	10	10	10	0	30
2．オスト・フランデル	12	12	12	1	37
3．ヴェスト・フランデル	5	6	5	11	27
4．アントヴェルベン	3	2	4	0	9
5．リムブルグ	1	1	2	7	11
6．ヘンネガウ	5	7	8	2	22
7．リュティヒ	4	4	4	8	20
8．ナムール	3	3	3	9	18
9．ルクセンブルク	5	6	6	7	24
計	48	51	54	45	198

注：第1範疇労働者（窮乏家族）：無資力で窮乏状態にある家族，公共に慈善による生活の支持が必要。
第2範疇労働者（無貯蓄家族）：小資力家族，資力は少ないが公共の補給を受けない。
第3範疇労働者（貯蓄家族）：ある程度の資力ある家族。他人に依存しない。
家族：父母と16歳，12歳，6歳，2歳の4人の子女からなる家族。
出所　Engel, 1895, Anlage I：11-17，訳：198-210の第1表に基づいて筆者が集計。

また「支出」については「肉体維持のための支出」「宗教的・道徳的および知的目的のための支出」「奢多支出」に区分すると同時に、調査の対象を「典型的」家族、すなわち「第一階級（窮乏家族）」「第二階級（無貯蓄家族）」「第三階級（貯蓄家族）」の三つに区分し、調査対象の「等質的構成」として「父母と一六歳、一二歳、六歳、二歳の四人の子女からなる家族」に限定するようにと提案した（Engel, 1895：23, 訳：四八—四九）。表7－1は、このような調査案に基づいて、デュクペティオがベルギー王国の各州から集めた家計の数を示したものである。この表に明らかなように、デュクペティオは、ベルギーの各州から、窮乏の程度が異なる一五三の労働者とその程度が不明の四五の労働者の、全部で一九八家族の家計を収集したのである。

一八八六年の家計調査　またベルギー政府は、一八八六年の三月に発生した流血の惨事を伴う労使の激突を深刻な問題として受けとめ、同国の大蔵大臣と農工・土木大臣の「進言」によって、「工業状態に関する正確な調査」に着手する「工業および労働事情調査委員会」(Commission du travail industriel) を組織した（ebd.：63-65,

訳：一〇三—一〇四)。ベルギー政府は、「王国における工業労働の状況を調査しその対策を攻究することを任務とする委員会」の設置を命じた同年四月一五日の国王の「勅令」に基づいて、国会議員、経済学者、言論人の三者で構成する同委員会を組織した。同委員会は「一般の記述」を担当する第一部会、労使関係を担当する第二部会、労働階級の物質的ならびに道徳的状態の改善を担当する第三部会の三つの部会を設置し、「質問紙」(Questionnaire)を用いるアンケートに着手した。そして、委員会は、「労働者の物質的状態」に関する質問の一貫として、労働者家族と単身者(男女)を対象にして一年間の収入と支出をたずねる家計調査に着手し、六七の労働者家族の家計を収集した(ebd.: 67-68, 訳：一〇九—一一〇)。

産業および労働会議の調査　翌年の一八八七年八月一六日に、ベルギー王国の立法府は、雇用主と労働者が双方の利害に関して共同で審議しかつ両者の間に発生する争議の調停や和解を目的とする「産業および労働会議」(Conseil de l'Industrie et du Travail)を創設し、全国各州の工業中心地域に主要産業部門の「部会」を設け、同数の雇用主と労働者からなる「会議」を設置した(ebd.: 74-75, 訳：一一七—一二七)。ベルギー政府は、一八九一年四月と五月の国王の「勅令」に基づいて同会議を召集し、賃金、食糧価格、労働者生活費に関する報告を要請した。同会議は、一八九一年と一八五三年の労働者の家計を比較するという観点から、一八五三年のデュクペティオの調査を手本とする「印刷された形式」の質問紙を各部会に送付し、四月一ヶ月に限定した労働者家族の家計の収入と支出に関する報告を求めた。この調査で、同会議は、雇用主と労働者が協力して作成した一八八の家計を収集した(ebd.: 75-82, 訳：一一九—一二四)。

ベルギー政府が実施した以上のような調査は、一九世紀の大陸ヨーロッパにおいて、とくに同国が熱心に家計調査に着手した国だったことを示している。ベルギー政府は、工業労働者の窮乏や労使が激突する深刻な紛争に対処するために、有識者あるいは雇用主と労働者の代表が参加する大規模な委員会を組織し、同委員会は、労働者の物質的・

経済的状態に関する調査の一貫として質問紙を用いた家計調査を実施した。ベルギー政府の調査は、当時の大陸ヨーロッパに、「モノグラフ法」を用いたル・プレーの調査とは別に、工業政策や社会政策を立案するのに必要な素材を提供する調査の一貫として、政府が質問紙を用いておこなう家計調査の潮流があったことを示している。

二　家計調査との出会い

国際統計会議の論議

エンゲルがベルギー政府の家計調査について知悉する最初の機会となったのは、ザクセン王国の統計局長として一八五三年に出席した「第一回国際統計会議」である。同会議は、各国の官庁統計を比較可能にするという目的でベルギーの統計学者ケトレーが呼びかけたものである。すでに明らかにしたように、エンゲルは、同会議に賛同し、第一回会議から、会長ケトレーが没して同会議が閉会となる第九回会議まで熱心に参加した。とくに家計調査が各国の政府のとりくむべき課題として浮上した第一回会議は、エンゲルにとって、家計に関するベルギー政府の調査と出会う最初の機会となった忘れがたい会議である。

第一回国際統計会議においては、イギリスのフレッチャーの要請を受けてベルギーのフィッシャスが「家計調査案」を提案し、同案は少しの修正も加えることなく採択された。しかし、同会議では、これに出席した経済学者、とくに自由放任主義者と提案者の間で、同調査案の承認をめぐる激しい論争が起きた。エンゲルによれば、「同会議に出席したオラース・セー――かれは有名なジャン・バッテスト・セーの子で、のちのフランスの大蔵大臣レオン・セーの父であるが――は、フィッシャスのいくつかの演説のいいまわしをもってアダム・スミスの学派とその教義である人間の自己責任にたいする非難と解してこれに憤激した」（ebd.：23，訳：四九―五〇）。しかし、フィッシャスは、労働者階級の状態を調査する計画の放棄を主張する人々にむかって、「『自由放任の原則』はもとより承認するけれども、この原則が『苦痛と死の自由』（laisser souffrir, laisser mourir）に退化するに至ってなおこれを信じるものでは断じてない」と応酬した（ebd.：23, 訳：五〇)。かくして、家計調査は、記念すべき第一回国際統計会議において、世界各国の政府が緊急にとりくむべき課題となったのである。

貴重な新研究　続く一八五五年に、デュクペティオは、ベルギー各州の統計委員会や少数の私人を動員して、フィッシャスが提案する家計調査に着手し、同調査で集めた「労働受行者」（労働者）と「労働供与者」（事業主）をふくむ全部で一九八家計を『ベルギーにおける労働者階級の家計』と題して刊行した。またフランスのル・プレーは、同年、欧州各国に居住する三六の労働者家族のモノグラフを収録した『ヨーロッパの労働者』（初版）を刊行したが、エンゲルは、労働者家族の家計を収録する二つの著作を「貴重な新研究」（ebd., Anlage I：8, 訳：一九三）として位置づけ、両著作に収録された労働者家族の家計素材の再集計と分析に着手する新たな家計研究へとのりだしたのである。

三　家計法則の発見

家計研究への出立　一八五七年に『ザクセン王国内務省統計局雑誌』に収録されたエンゲルの論文「ザクセン王国における生産および消費事情」は、かれが、後に有名になる「エンゲル係数」をみいだした論文である。ル・プレーおよびデュクペティオが一八五五年に刊行した二つの著作は、第一回国際統計会議において家計調査が各国政府の課題であることを確信したエンゲルにとって、歓迎すべき画期的な仕事であった。しかし、エンゲルにとって、二つの著作は「なるほど個々の真珠を提供するが、しかし、それをつなぐことのできる糸を提供しない」（ebd., Anlage I：8, 訳：一九四）。エンゲルは、ル・プレーおよびデュクペティオが集めた家計のひとつひとつの価値を高く評価し、これを貴重な「真珠」にたとえたが、「公表した事実から消費に関する二、三の普遍的結論」を導きだそうと試みない両者に不満をもった。エンゲルは、「普遍的結論」すなわち「現存事実の真珠」をつらねる「糸」

表7－2　「ザクセン王国の生産および消費事情」(1857) におけるエンゲルの発見

エンゲルの集計		家族1人当たり費目		家計収支百分率	
収支分類		デュクペティオ	ル・プレー	デュクペティオ	ル・プレー
収入	賃金			85.28	88.11
	その他			14.72	11.89
支出	1．食物費	120.33	119.34	65.83	59.70
	2．被服	24.23	34.66	13.26	17.34
	3．住居	15.99	16.37	8.75	8.19
	4．燃料燈火	10.03	10.02	5.49	5.01
	5．用具	2.89	1.67	1.58	0.83
	6．教育	1.79	2.86	0.98	1.43
	7．公的保安	1.07	11.15	0.58	5.58
	8．保健衛生	5.95	3.84	3.25	1.92
	9．人的役務	0.51		0.28	
総　計		182.79	199.91	100.00	100.00

出所　1857, Anlage I：26-27, 訳：220-222の第5，第6表に基づいて筆者が作成。

(ebd., Anlage I：54, 訳：二六三) を導き出すために、二つの著作が提供する家計の分類項目を再構成し、計算をやりなおすことを決意したのである。

家計法則

表7－2は、エンゲルが、二つの著作が提供する労働者家族の家計を再集計した結果を示したものである。この表に明らかなように、エンゲルは、デュクペティオとル・プレーが集めた家計を構成する「収入」を「賃金」「その他」の二項目に、また「支出」を「飲食物」「被服」「住居」「燃料燈火」「用具」「教育」「公的保安」「保健衛生」「人的役務」の九項目に分けて再集計し、「支出」については「家族一人当たり家計費目」ごとに計算し、また「家計収支」については百分率に換算した。そして、エンゲルは、このような集計作業を通じて、労働者家族の消費生活の充足に作用する欲望の「強度」に「順位」があることをみいだし、「飲食物が第一位の欲望であり、被服の欲望がこれに次ぎ、さらに住居の欲望、そして燃料および燈火の欲望が続く」と指摘した (ebd., Anlage I：27, 訳：二二三)。また、エンゲルは、このような順位を「難苦と窮乏の特質的標識」とみなし、「一つの家族が貧乏であればあるだけ、総支出のいよいよ多くの分け前が飲食物の調達のために充当せねばならぬ」(ebd.,

Anlage I：28-29, 訳：二二四）と定式化した。そしてエンゲルは、このような規則性を「数学的堅実さをもつ真理」(ebd. Anlage I：28, 訳：二二三）と呼び、これを「貧困」を測定することができる有力な「尺度」とみなしたのである。消費支出に占める食料費の割合を示す「エンゲル係数」は、ル・プレーとデュクペティオが集めた家計の存在を前提にして、その再集計と分析に着手したエンゲルの家計研究の産物、すなわち、既存資料に新たな加工や分析を加える統計の「二次分析」の産物だったのである。そして、エンゲルがみいだした以上のような「普遍的結論」は、それ以降、各国の政府が信頼できる家計を収集して検証するべき家計研究の「仮説」になったのである。

家計研究の経過

その後、エンゲルは、ザクセン王国とプロイセン王国の統計局長を歴任し、国勢調査の方法的な問題の改善、統計中央委員会の設立、体系的な統計出版物の刊行や、著名な経済学者や統計学者を輩出することになる統計ゼミナールの開設など、各国の政府が模範とする近代的な官庁統計の整備をおし進めた。そして、そのかたわら、エンゲルは、「労働の価格」や人間の費用価値（生活費）や収益価値（賃金）などの労働者の消費生活に関連する研究を続行し、家計に関する最初の論文発表から三八年の年月が流れた一八九五年に、絶筆となった著書『生活費』を執筆した。齢七四歳に達したエンゲルは、プロイセン王国の統計局長を辞任し、故郷ドレスデン近郊のセルコビッツ村で隠棲していた。しかし、エンゲルは、老いてなお衰えることのなかった家計研究への情熱をふりしぼってその集大成に着手したのである。絶筆となった晩年の著作において、エンゲルは、家計の収集方法にかかわる問題すなわち家計素材の信頼性や調査対象の選択についての省察や、かれが考案した家計の計量単位を用いたベルギー労働者の家族家計に関する二時点の比較を試みた。

四　家計調査の省察

家計記録の信頼性

最晩年の著作でエンゲルが、同時代の家計調査の方法について試みた省察の第一は、家計記録の信頼性に関するものである。エンゲルによれば、教区牧師の協力をえて労働者家族の家計を集めたイギリスのイーデンは、かつて、家計記録の「信頼性」について「労働者家族の年々の収入支出の報告は希にしか完全な信頼性をもっては受け取れない」とのべた。エンゲルは、家計の収集を教区牧師に依頼するイーデンの方法を「迂回した方法」と呼び、このような方法を用いて収集した家計の信頼性が損なわれる原因について、次のように説明する。「ある数の労働者は非常に無分別なやりっぱなしの生活をしているので、かれらが何を浪費し、何を消費するかについて報告するだけの能力を全然もっていない。それをなしうる他の労働者は、しかしそのことを非常に軽視するので、したがってそれらを記載するにあたって少しも精確を期そうと努力しない。さらに他の労働者は――そして残念なことにそれが大多数者であるのだが――非常に信頼性が乏しいので、かれらの収入支出並びにかれらの生活状態に関する一切の質問を賃金引き下げの試みとする。かれらはたいてい質問に答えず、何とか答える場合には、好んで故意にうそをつく」(ebd.：16, 訳：三九―四〇)。

このように、エンゲルはまず「迂回した方法」を用いて収集した家計の「信頼性」が損なわれる原因として、生活費について無頓着な、無分別な生活をする労働者、生活費を正確に記載しない労働者、家計調査に不信感をむける労働者の存在を指摘したのである。そして、エンゲルは、とくに後者すなわち家計調査を「賃金引き下げの試み」とみなして故意に「うそをつく」労働者の家計報告の信頼性を問題にし、イーデンが集めた家計について、「支出」はともかく「収入は多くの場合において多分非常に過小に見積もられている」と指摘した。

文書順問法の長所

素材収集の方法に起因する家計の信頼性をこのように指摘したエンゲルは、同様の批判を、質問紙を用いて家計を収集するベルギー政府の家計調査の方法にもむけた。エンゲルが「文書順問法」(Schriftliche Umfrage-method) と呼ぶ、ベルギー政府が用いた家計収集の方法は、官庁統計の世界ではすでに「前世紀（一八世紀）」に使用されていた「アンケート法」(Enquetemethode) に由来する。エンゲルによれば、質問紙に記された一連の問にたいする回答を要請するアンケート法の長所は、素材収集に際して、多くの人々を動員しておこなう迅速な作業にある (ebd.: 13, 訳：三五)。ベルギー政府のアンケートは、質問紙の問いの表現や調査対象者の選択に配慮した調査であったが、エンゲルによれば、同国政府の家計調査には、「生活費の精確な数字化」の点で看過し得ない、次のような三つの欠陥がある。

三つの欠陥

第一に、エンゲルは、ベルギー政府の一八五三年の家計調査に入り込む、農村に居住する家族の飲食物の消費の記載に関する「過少見積もり」を指摘する。エンゲルによれば、都市の生活者に比べて、農村に居住する「家族はかれらが自身で自己所有のまたは借地した小田畑または菜園で栽培することによって、または屠畜と家禽の飼育により、乳牛または山羊の飼養等々によって獲得した食料品については、よしんば、これらを記入したとしても、分量上にも価格上にも正しく記入することなく、その結果は記載が低すぎることになる」(ebd.: 51, 訳：八八)。エンゲルは、農村家族の飲食物の消費記載の信頼性を問題にしたのである。また第二に、エンゲルは、ベルギー政府が家計収集の方法として採用する「アンケート法」の欠陥として、一八六一年の調査を例にして、同調査にたいする労働者の不信感を指摘する。この調査では、動員された調査員（雇用主）が労働者と共同で六七の家計を仕上げたが、「労働者は賃金引下げにたいする恐怖から」回答に応じず、応じる場合にも、その内容は不十分なものであったのである (ebd.: 69, 訳：一一〇)。そして第三に、エンゲルは、ベルギー政府の一八九一年の調査を例にして、調査員が収集した家計にほどこす操作に起因する看過しえない欠陥を指摘する。この調査では、労働者家族の生活費について四月一カ月に期間を限定して厳密な聞き取りがおこなわれたが、調査員たちは与えられた回答から「掛け算」を用いて年家計を構成した。しかし、エンゲルは、このような調査員たちの操作を、家計の当事者が生活費を切り盛りするために記帳した正確な家計簿に基づく粉飾のない「現実計算」には遠くおよばない不完全なものと批判したのである（ebd.：84. 訳：一一七）。このように、エンゲルは、「アンケート法」を用いてベルギー政府が収集した家計の信頼性について、飲食物にたいする問いの表現、アンケートにたいする労働者の不信感、そして調査員がおこなう操作に起因する三つの問題があることを指摘し、同調査の方法的な欠陥を批判した。

口頭順問法の長所

これに比べると、家計収集の方法としてル・プレーが採用した「モノグラフ法」にたいするエンゲルの評価は概して高い。ル・プレーに随行した調査旅行の経験をもち、かれが現地でおこなう「質問と観察の術」を熟知していたエンゲルは、家計収集の方法として、かれが用いた「モノグラフ法」を、とくに「口頭順問法」（mundliche Umfrage-methode）と呼び、この「方法」の長所を次のように指摘する。エンゲルによれば、口頭順問法の長所は、観察対象となる家族にたいして「各々一人の観察者」を用意するところにあり、おのおのの家族から信頼された観察者がおこなう慎重な質問とその回答の入念な描写にある。すなわち、観察者は、「家長または配偶者の時間、善意または上機嫌を考慮に入れながら」個々の家族の「人的構成・その所有および営業関係・その仕方・その生存条件」に関して慎重な質問を試み、その調査結果を「未曾有の忠実さ」をもって描写するのである。エンゲルは、調査にたいする労働者の不信感を克服する観察者の慎重な態度や質問によって獲得した正確な回答に基づく入念な家計描写を、口頭順問法のすぐれた長所としてみとめた。そして、エンゲルは、信頼性の高い資料に基づくル・プレーの家計を「世帯肖像」を正確に描いた「画像」と呼び、かれの家計描写をデュクペティオのそれを凌駕するすぐれたものと評価したのである（ebd.：27. 訳：五五）。

調査にたいする労働者の協力を獲得し、「質問と観察の術」を駆使して信頼できる数字を収集するル・プレーの家計調査の方法は、エンゲルにとって、ベルギーの調査の第一の欠陥すなわち不適切な問いや労働者の記憶の誤り、第二の欠陥すなわち家計調査にむける労働者の不信感、そして第三の欠陥すなわち観察者による操作の誤りを軽減する画期的な方法である。しかし、ル・プレーのモノグラフ法に基づく家計描写が、ベルギー政府のアンケート法によるそれに比べて、いかにすぐれたものであったとしても、かれの家計描写から先の三つの欠陥をすべて完全に締め出すことができるわけではない。そこで、生活費の数字の正確さを何よりも重視するエンゲルは、家計の当事者が直接記載する「家計簿」(Rechnungsbuch) を家族の収入と支出に関するもっとも信頼できる完全な記録とみなし、「口頭順問」でも「文書順問」でもない、まったく新たな家計収集の方法を提案する。

家計簿法

エンゲルが、生活費調査の「最善の方法」として提唱するのは「家計簿法」(Rechnungsbuch-methode)、すなわち家計の当事者が記帳した家計簿を専門家が評価する方法である。なぜなら、「私的目的、すなわち一家の世帯を上手に、そして安全に切盛りしてゆくことのためだけに」(ebd.: 14-15, 訳：三七) 記帳された家計簿は、家族の収入と支出をもっとも詳細かつ精確に記録した資料であり、それは「粉飾のない『現実計算』」(Ist-Rechnung) を可能とする家計研究の信頼できる資料だからである。エンゲルは、「その日暮し」の無思慮な生活者に「日々の記載」の習慣がないこと、また家計簿があっても「家族の秘密に属する」記録の「一瞥を許されることは稀である」ことを知っていた (ebd.: 13, 訳：三五)。エンゲルは、ベルギー政府が採用した「文書順問法」やル・プレーが用いた「口頭順問法」を、調査が困難な場合に「回り道して目指す目標に到達する試み」として、これを認めたばかりでなく、そのような方法を用いて収集した家計素材の加工や分析に進んで着手した。しかし、収集した家計数字の正確さを重視したエンゲルは、家計研究の信頼できる資料として家計簿に注目し、「懸賞の方法」による同資料の収集を熱心に説いたのである。

調査対象の選択

晩年の著作において、エンゲルが試みた家計調査の方法に関する第二の省察は、調査対象の選択にかかわるものである。すでに紹介したように、ベルギーのフィッシャスは、第一回国際統計会議において、「典型家族」の家計を「比較」するという観点から、家計を収集すべき家族の「等質的構成」を主張した。フィッシャスは、家計調査が対象にする家族の人的構成、すなわち性や年齢、子供の数を限定すべきであると力説したのである。しかし、これにたいして、エンゲルは次のような疑問を提示する。「当時においてすでに家族の等質的構成の要求は、この要求が所定の任務を異常に困難にさせる点に会議の注意を向けるべきであったのではなかろうか。かような構成は、決して通例のものではない。それゆえに、観察を家族の人的構成からまったく独立して行いうることが直ちに想定できたのに、わざと観察の領域をかように狭めることは、われわれの了解に苦しむところである」(ebd.：36，訳：六八)。

典型家族

このように、エンゲルは、家族の「等質的構成」に関するフィッシャスの提案を、家計調査の観察領域を不当に狭めるものとして批判した。ここでエンゲルの念頭にあったのは、第一回国際統計会議の後に、ル・プレーの「家族モノグラフ」をめぐって重要な論点となった、いわゆる「典型家族」(Typische familie) の問題である。ル・プレーが『ヨーロッパの労働者』に収録したモノグラフの対象となった家族を、かれに紹介したのは、かれが「社会科学の真の教師」と呼ぶ、それぞれの地域で社会的な承認と尊敬を獲得していた「社会の権威者たち」であった。ル・プレーは、今日なら情報提供者と呼ぶであろうこれらの人々の家族選択を信頼し、とりあげた家族の人数や性や年齢などの構成について詳細に記載した。しかし、モノグラフの対象としてル・プレーがとりあげた家族の「人数」や「年齢」構成はさまざまであり、それが当該地域の典型をなす労働者家族であるか否かについては強い疑いの目でみられていたのである。

しかしながら、フィッシャスの家族の「等質的構成」を、観察領域を不当に狭めるものとして批判し、「典型家族」

を「均等に現存するような事情の下に生活する家族」（ebd.：4, 訳：二一）と定義したエンゲルは、「家族の人的構成」から「独立」して、家計を観察することができると主張する（ebd.：36, 訳：六八）。かれは、人的構成を異にする家族の家計を厳密かつ客観的に計量する単位を考案することができるなら、そのような単位を用いた家計の「比較」が可能になると考えたのである。かくして、同時代の家計調査で問題視されていた調査対象の選択に省察を加えたエンゲルは、自身の家計研究を、地域や職業、時間を異にする家計の比較を可能にする計量単位の考案へ、そしてこの単位を用いた家計の比較分析へと展開した。

五　家計研究の展開

家計の計量単位

種々の人的構成をなす家族の家計比較を可能にする「計量単位」をつくることはできるのだろうか。この問いにたいするエンゲルの答えは、イエスである。エンゲルによれば、ヴォルトやアンペア、オームといった電気工学の世界で使用されている発見者の名を冠した計量単位とまったく同様の「尺度」、すなわち「家族がどのように構成されているにせよ、それを迅速かつ確実に、しかもそのさい自然的特質を考慮しつつ、この単位の倍数に分解しうる計量単位」（ebd.：4, 訳：二一）をつくることは可能である。そして、エンゲルは、晩年の著作で、独自に考案した家族家計の「計量単位」に、近代統計学の発展に貢献したケトレーの功績を記念して「ケット」（Quet）という名称を付与し、世界各国の統計家にむけて、この名称と単位の使用を奨励したのである（ebd.：4, 訳：二二）。

エンゲルは、一八八三年にベルリンで出版された『人間の価値』（エンゲル、一九四二c）と題する著作で、連続年数における人間の「費用価値」（生活費）を産出する計算方法を提案した。そこでエンゲルは、新生児の数値を一単位（一・〇）とし、男子にあっては二五歳まで、女子にあっては二〇歳まで、年々〇・一だけ増加せしめるという計算方法で、人数や性および年齢を異にする家族を「ケット」に換算した。これで計算すると両親は通常六・五単位（二五歳成人男性の消費必要量三・五＋二〇歳成人女性の消費必要量三・〇）になる。したがってこれを超過する単位数は、「一つの数字で子供の数と年齢とを示すことになる」。この超過する単位数をエンゲルは「児齢」（kinder-jahre）と名づけ、家族の未成年者の消費必要量（一＋年齢／一〇）の合計は各家族の両親の養育負担度の指標になると考えた（同訳：三一〇）。またエンゲルは、この計算方法を用いて初等教育の子供をもつ家族と高等教育の子供をもつ家族の家計を試算し、後者の出費が前者のおよそ三倍なることをつきとめた（同訳：三一〇―三一四）。エンゲルは、児齢に付与する重み付けに改良の余地があることを率直に認めたが、自身が考案した「倍数に分解しうる」計量単位を「消費生活の尺度」として利用する家計の比較分析に着手することは可能であると考えていたのである。

家計の比較分析

エンゲルは、晩年の著作において、かれが考案した独自の計量単位を用いて、一八五三年と一八九一年にベルギー政府がおこなった二つの家計調査の比較を試みた。ベルギーの労働者家族の生活費に生じた過去四〇年間の変化を分析するために、エンゲルは、一八五三年調査の一九八家計と一八九一年の一八八家計に基づいて、両年度の家計費目のケット当たり年支出額を計算し、各家計費目を合計した「世帯消費」額を一〇〇とする各費目の百分率を計算した。これらの数字はベルギーにおける労働者家族の消費生活に関する両年度の比較を可能にするが、その変化の様子をさらに厳密に知るためにエンゲルは、「一八五三年のケット当たり金額を一・〇〇として一八九一年のケット当たり金額がこの数字にたいしていかなる比率となるかを計算」（Engel, 1895 : 88, 訳：一三一―一三二）した。基準年度を設けて実数を指数化するこのような試みは、今日では時系列データから変化の様子を正確に読み取るための技法として広く採用されている。エンゲルは、このような技法を駆使して、一八九一年の家計費目の支出額が一八五三年を基準として何倍になるかを知ろうとしたのである。

表7-3は、過去四〇年間の、ベルギーの労働者家族の生活費に生じている変化を明らかにするために、エンゲル

表7－3　『ベルギー労働者家族の生活費』(1895) における家計支出額の比較 (1853年：1891年)

支出費目　支出額	ケット当たり年支出額（マルク）		同左百分率（1-13の累計を100とする）		1853年から1891年に至るケット当たり年支出額の増加（1853年を1.00とする）
	1853年	1891年	1853年	1891年	
1．飲食物（内訳）					
動物性食物（牛乳を含む）	8.00	27.06	15.22	26.67	3.40
植物性食物（茶調味料）	25.60	33.02	48.76	32.54	1.29
他飲料（ビール・葡萄酒）	0.48	2.50	0.92	2.45	5.21
家庭外飲食物		4.05		4.00	
1の計	34.08	66.63	64.90	65.66	1.96
2．被服及び洗濯物	7.77	14.78	14.80	14.57	1.90
3．住居（内訳）					
家賃（自宅は賃貸価格）	3.13	8.38	5.97	8.27	2.68
家具・漆器・維持・清掃	0.83	1.39	1.58	1.37	1.67
3の計	3.96	9.77	7.55	9.64	2.47
4．燃料及び燈火					
燃料	2.03	4.46	3.86	4.39	2.20
燈火	0.91	0.87	1.74	0.86	
4の計	2.94	5.33	5.60	5.25	1.81
5.保健衛生	0.52	1.24	0.99	1.22	2.38
1－5の累計　肉体維持	49.27	97.75	93.84	96.34	1.98
6．精神啓発（教育費含む）	0.62	0.77	1.19	0.76	1.24
7．霊性修養（神事）	0.07	0.17	0.14	0.16	2.43
8．法的保護・保安（租税）	0.29	0.15	0.55	0.15	
9．備災・救護（貯蓄を除く）	0.17	0.91	0.32	0.90	5.36
10．休養・快楽・慰安	1.31	0.60	2.49	0.42	
煙草・巻煙草	0.60	0.88	1.15	0.86	1.47
富籤及び類似の賭事	0.02	0.17	0.03	0.16	8.50
菜園		0.25		0.25	
旅行					
10の計	1.93	1.90	3.67	1.69	
11.家事手伝い					
12.その他の不特定支出	0.17		0.29		
13.子女（家庭外）特別支出					
1－13の累計　世帯消費	52.52	101.65	100.00	100.00	1.93
14．借金利子	0.05	0.03			
15．借金返済					
16．貯蓄		0.40			
17．職業関係支出	0.50	0.46			
14-17　特別支出	0.55	0.89			
1－17の総計	53.07	102.54			1.93

出所　Engel, 1895：84-85，訳：127-129.

が作成したものである。この表にみいだされる事実の確認をふまえて、エンゲルは、次のように結論づけた。第一に、この表に即して、エンゲルが指摘したのは、「消費の増大」であり「世帯消費」の著しい「上昇」である。「表の数字はほとんどすべての項目において消費の増大を示す」ばかりでなく、ケット当たり「世帯消費」額は一八五三年の五二・五二マルクから一八九一年の一〇一・六五マルクへと上昇した（ebd.：89, 訳：一三四）。そしてエンゲルは、両年度の飲食物の小売価格に大きな変化がなかったことをほかの資料で確認し、この「巨大な相違」を「物価の騰貴」によるものではなく、「消費の増大」を示すものと結論づけた（ebd.：87, 訳：一三二）。表に基づいてエンゲルが確認した第二の点は、生活水準の著しい「改善」である。すなわち「動物性食物の消費は一から三・四に上昇した。換言すればそれは三倍以上になった。しかもそれで植物性食物の消費が減退せぬどころか、これもただ増加の度合いがより少なくはあるが、同じく増加したのである。飲食物にたいしても、全肉体維持にたいしてと同じく、一八九一年には一八五三年にそのために支出されたもののほぼ二倍が充当されている」（ebd., 88, 訳：一三三）のである。このような変化をふまえてエンゲルはケット当たり「世帯消費」額の上昇はかれらの「生活水準の著しい上昇」（ebd.：39, 訳：一三四）を示すものであると結論づけた。

豊かさの尺度　そしてエンゲルは、マイネルト博士（Meinert, E.）の著書『適性安価生活法』に収録された労働者家族の献立表から算出した「限界数字」、すなわち「一年一ケット当たり八四マルク」という数字を基準にする両年度の家族数の分布を調べて、ベルギーの労働者家族の著しい生活水準の向上ぶりを裏づけた。エンゲルは、「一ケット当たり一年八四マルクの金額」を一八五三年のベルギーの一九八家族に適用し、「驚くべし一八〇家族がこの額に達しない」と述べた（ebd.：56, 訳：九四）。これに比べると一八九一年には生活費用のための支出が「八四マルクの金額に達していない家族は比較にならぬほどより少数［一八八家族中四四家族―引用者］であり……多数の家族［一八八家族中一四四家族―引用者］にあっては、……この限界額をはるかに超えているのである」（ebd.：89,

訳：一三四)。エンゲルは、「社会階級のケット当たり金額」が当該家族および成員の「貧困の尺度」と同時に「生活享楽の尺度」(ebd.：40, 訳：七三) となることを確信し、「国民福祉の総体を計量する」という観点から、家計調査の対象を「一切の社会階級の家族」へと拡大するようにと各国の中央政府や地方政府にはたらきかけたのである (ebd.：1-2, 訳：一五―一七)。

第八章　世紀転換期の統計調査と現地調査

一　政府の統計調査

多面的な調査活動

ザクセンとプロイセン王国の統計局長を歴任したエンゲルは、一方で、二つの王国の中央集権的な統計官庁の整備や国勢調査の革新に着手し、他方で、人類の問題や社会の弊害の治療に統計を利用するという観点から「統計の二次分析」や家計研究に熱中した。またエンゲルは、統計調査を官吏の「下働き」とみくだす考えを克服するという観点から、統計の専門家を育成するための「統計ゼミナール」の開設および運営に熱心に着手した。一九世紀中葉のドイツにおいて、エンゲルがくりひろげたこのような多面的な社会調査活動は、帝国統一後の官庁統計の整備や国勢調査の改善、社会改良を目的とする統計の二次分析や家計研究の隆盛、そして学術的な目的をもつ統計調査や現地調査の出現に多大な影響をおよぼした。そこで、本章では、帝国統一後のドイツの社会調査の展開を視野において、エンゲルの多面的な社会調査活動が、世紀転換期の同国の社会調査の隆盛におよぼした影響について明らかにする。

統計官庁の改善

第一に、官庁統計の世界に新秩序を確立するという観点から、エンゲルが企てた統計官庁の整備や国勢調査の革新は、帝国統一と軌を一にする帝室統計局の設立や国勢調査のその後の展開に重要な影響をおよぼした。関税同盟統計改善委員会におけるエンゲルの活躍に明らかなように、かれがプロイセン王国につくりあげた中央集権的な統計局の組織と活動は、連邦国家として誕生するドイツ帝国の内閣官房の一部局として新設された「帝室統計局」の模範となったのである。

国勢調査の体系化

またケトレーの調査を模範としてエンゲルが導入した、世帯を単位とする人口調査は、世紀転換期のドイツにおける国勢調査の進展に影響をおよぼした。エンゲルが革新した人口調査の継承者は、ヴィルヘルム時代の官庁統計を指導したマイヤー（Mayr, Georg von. 1841-1925）である。マイヤーは一八九五年に上梓した大著『統計学の本質と方法』において、実質科学としての「社会統計学」の確立をめざし、今日の国勢調査の原型をなす世帯を単位とする「悉皆集団観察」を体系づけた（Mayr, 1895）。マイヤーは、エンゲルが確立した人口や職業に関する全数調査を継承し、部分調査に基づく同時代の「推測統計」をしりぞけて、「悉皆集団観察」を信頼できる国勢調査の方法へと高める熱心な活動をくりひろげたのである。

二　社会改良的な統計調査

政府の調査

第二に、社会改良に統計を利用するというエンゲルの考えは、世紀転換期の帝国ドイツで社会政策の立案に着手した政府の官吏や、これに関心をよせる社会改良団体の統計調査に影響をおよぼした。ビスマルク時代の一八八〇年代には、政治的危機を背景として救貧事業が活発化し、社会保険諸立法があいついで制定される。一八八〇年には「ドイツ慈善・救貧事業連盟」が設立され、帝室統計局は、一八八二年に、「一八八一年調査によるドイツ帝国の労災統計」を『ドイツ帝国統計』の別巻として刊行した。一八八三年には、これをもとにして「医療保険法」が制定され、一八八四年には「労災保険法」が成立する。また、一八八九年に成立した「老廃疾者保険法」は、政府が一八八五年に実施し、一八八七年の『ドイツ帝国統計』で公表した「救貧統計」調査にもとづくものだった。

社会改良団体の調査

さらに、ヴィルヘルム時代に入って、「ドイツ慈善・救貧事業連盟」は、政府がおこなう救貧事業をチェックするために、一八九三年から九四年にかけて地方自治体を対象とするアンケートを実施し、一八九五年に、新社会立法で貧民救助法および生活扶助の課題がどのようになるかという問題に関する査定を試みた。世紀転換期のドイツでは、法律の制定やそのチェックを目的とする統計調査は、政府の官吏をふくむ社会改良に関心をもつ人々のあいだに広範囲に普及したのである。同時期、エンゲルは、自由貿易を支持する立場からビスマルクの穀物関税政策を批判する論文がもとになって、帝国ドイツの政治的支配層の反感をかい、一八八二年にプロイセン統計局長を辞任していた。したがって、ベルリンから遠く離れたザクセン州のドレスデン近郊で隠退生活をおくっていたエンゲルが、ビスマルク時代の法律の制定を目的とした政府の統計調査や、ヴィルヘルム時代の社会改良を目的とした非政府系団体のアンケートに直接関与したとする証拠はみあたらない。しかし、二つの王国の統計局長として官庁統計の新秩序の確立や国勢調査の革新に加えて、社会改良、すなわち、社会の弊害を除去する治療方法を研究するという観点から統計を利用したエンゲルの調査活動は、世紀転換期の官吏や社会改良家の調査やアンケートに引き継がれたとみることができる。

三　家計調査の興隆

家計研究者としての名声　また第三に、エンゲルが生涯をかけて追究した家計研究は、世紀転換期に世界各国へと伝播することになる家計研究の普及に大きな影響をおよぼした。「家計法則」の発見者としてのエンゲルの名声は、ザクセン王国の統計雑誌に寄稿したかれの論文、すなわち、ル・プレーとデュクペティオが収集した家計の「二次分析」を契機にして、広く世間の知るところとなった。しかし、「エンゲル係数」という用語の普及とともに、家計研究者としてのエンゲルの名声をさらに不屈のものにしたのは、かれが一九世紀末の一八九五年に刊行した最晩年の著作『ベルギー労働者家族の生活費』である。エンゲルは、絶筆となる同著作において、同時代の家計調査が用いる家計収集の方法に省察を加え、生活費調査の最善の方法として、ル・プレーの「口頭順問法」やベルギーの「文書順問法」とは異なる、「家計簿法」を奨励した。また、社会的な「不可量物」の「数字化」を企図したエンゲルは、「ケット」と呼ぶ家計の「計量単位」や「児齢」と呼ぶ「指数」を考案し、ベルギー労働者家族の二時点の家計比較に基づいて、同国の労働者家族の「生活水準の著しい上昇」を確信した。そして、エンゲルは、国民福祉の総体を計量するという観点から、家計調査の対象を国民諸階層へと拡大する大規模な家計調査の定期的な実施を、各国政府にはたらきかけたのである。

家計研究の興隆

今日、家計調査に着手する国は一七〇カ国におよぶ（重川、二〇〇七：四九―八〇）。世界各国へと広範囲に普及した家計研究は、一九世紀中葉の大陸ヨーロッパに出現した家計調査の諸潮流、すなわちフランスのル・プレーやベルギーのフィッシャスやデュクペティオ、ドイツのエンゲルが着手した家計調査に起源がある。そして、とくに家計調査の彫琢者としてエンゲルが企てた、家計収集の方法に関する省察や家計の計量単位および尺度の考案、対象範囲を国民全体に拡大した家計調査の定期的な実施に関する提言は、その後の家計研究の隆盛に大きな影響をおよぼした。社会の変化を読み解くために、今日、各国政府が国民諸階層を対象にしておこなう洗練された家計研究は、一九世紀の大陸ヨーロッパに出現した家計調査をめぐる国際交流の産物だったのである（村上、二〇一三）。

四　大学ゼミナールと現地調査

統計家の養成

そして、第四に、素材の収集や整理から、その加工や分析にいたる統計調査に従事する専門家を養成するという観点から、エンゲルが開設した「統計ゼミナール」は、一九世紀末のドイツの大学にあいついで誕生する社会科学ゼミナールの模範となった。「統計ゼミナール」は、帝国統一と同時に大学教育との連携が強化され、同ゼミナールには、将来、大学の私講師になるための準備を支援するという新たな目的が追加された。

そして、一九世紀末のドイツの大学では、エンゲルの「統計ゼミナール」で学んだ人々が、これを模範として、「政治経済学」あるいは「国民経済学」の名を冠する「ゼミナール」をあいついで開設し、これらのゼミナールでは、同時代の社会的現実が提起する新しい問題にたちむかう現地調査がおこなわれたのである。

現地調査の興隆

一九世紀末のドイツでは、シュモラーが一八八二年にベルリン大学に政治経済学ゼミナールを開設し、多額の寄付に基づいて『国家学および社会科学研究』(Staats-und Sozialwissenschaftliche Forschungen) を刊行した。またエンゲルの統計ゼミナールで学んだブレンターノは、最初にシュトラスブルク大学で、次に一八八九年にライプチッヒ大学で、そして一八九一年にはミュンヘン大学で国民経済学のゼミナールを開設し、かれは、二五年間同大学にとどまり、『ミュンヘン国民経済学論集』(Münchener Volkswirtschaftliche Abhandlungen) を刊行した。これらの雑誌に掲載された若手研究者たちの研究題目には、都市や農村の下層階級の状態に関するものがふくまれており、かれらは研究に必要な資料を収集するための現地調査に着手した。ビスマルク時代におこなわれた現地調査を利用した研究には、シュモラーの門下生トゥーン (Thun, Alphons) が、一八七八年三月から六月にかけて、ヴェストファーレン北部の工業都市アッヘンに滞在しておこなった現地調査に基づく『ライン下流の産業と労働者』(Thun, 1879) がある。また、のちに労働者問題研究の大家となるヘルクナー (Herkner, Heinrich, 1863-1932) が、一八八六年にシュトラスブルクのブレンターノのゼミナールで質問紙を用いた現地調査に基づいてアルザスの綿工業に関する学位論文を執筆した (Herkner, 1887)。そして、エンゲルの統計ゼミナールで学び、フランクフルト・アンマインの商業科学・社会科学アカデミーの統計学教授になったシュナッパー＝アルント (Gottlieb Schnapper-Arndt, 1846-1904) は、一八八一年の春と秋のすべてを現地ですごし、各村落の農業や職業、人口等に関する統計や詳細な家計に関する独自の資料を収集するとともに、民衆の住宅事情や生活実態をこと細かく観察した「タウナス丘の五つの村落社会」(Schnapper-Arndt, 1883) と題する報告書を執筆した。かれが執筆した「小農、家内工業と民衆生活に関する社会統計学的調査」という副題が付与された三二一頁におよぶ膨大な報告書の最後の一〇〇頁には九つの付録がつけられ、そこには現地調査で入手した農業統計や職業統計、人口統計を加工した綿密な表や、「二人の働く息子をもつ釘製造親方の種々の諸経費」と「無産の一道路労働者家族」の家計がふくまれている。ル・プレーが体系づけた、家計の収集をふくむ、直接観察に基づく現地調査や質問紙を用いる伝統的な政府のアンケートは、世紀転換期のドイツの大学にあいついで開設された社会科学ゼミナールに浸透し、それらは、同時代の社会的現実が提起する労働者問題の解明に着手する学問的な社会調査の方法として広範囲に受容されていたのである。

アンケートの改善をめぐる論議

またシュナッパー-アルントは、一八八八年に、『社会的アンケートの方法—とくに農村の高利貸しに関する最近の調査についての考察』を発表し、社会政策学会の農村調査の一環として、中堅の行政幹部のティール（Thiel, Hugo, 1839-1918）が政府の使用する伝統的な文書によるアンケートの方法を用いておこなった農村の高利貸しに関する質問紙調査（Thiel, 1887）の欠陥を批判した（Schnapper-Arndt, 1888）。農村高利貸し調査の報告書を読んだシュナッパー-アルントは、学会が高利貸し調査を実施したという事実それ自体が、被調査者たちにその問題の程度をおおげさに考えさせる結果になったとみる。そして、そのような結果を回避する方法として、かれは、(1)注意深い回答記入者の選択、(2)望ましい回答を被験者におしつける問いを避けること、(3)問いを中立的に構成すること、(4)事実に基づいて回答しうる問いをたずねること、(5)長い問いを単純な問いに分解すること、(6)高利貸しにたいする苦情件数の有罪率を法廷記録に基づいて確認すること、(7)ユダヤ人にたいする粗野な偏見を調査にもちこまないこと、(8)たずねた意見や回答を表や数字の形で表現すべきであることを進言した（ebd.: 2-14）。シュナッパー-アルントの批判は、高利貸し調査はもちろんのこと、当時のドイツで使用された「アンケート」に共通してみいだされる方法上の欠陥とその克服にむけたアイデアを提示した「建設的」な意見である。このようなシュナッパー-アルントの批判や、晩年、家計調査の文書順問法を問題にしたエンゲルの省察に明らかなように、社会調査が学問の世界に浸透し始めた世紀転換期のドイツでは、素材の正確さや信頼性に難点がある伝統的なアンケートの方法をめぐる論議が活発に開始されていたのである。

第三部　社会調査の学術化――マックス・ヴェーバー

第九章　ヴェーバーの社会調査活動

「われわれが推し進めようとする社会科学は、ひとつの現実科学（Wirklichkeitwissenschaft）である。われわれは、われわれが編入され、われわれを取り囲んでいる生活の現実（Wirklichkeit des Leben）を、その特性において、——すなわち、一方では、そうした現実をなす個々の現象（Erscheinung）の連関と文化意義とを、その今日の形態（Gestaltung）において、他方では、そうした現実が、歴史的にかくなって他とはならなかった根拠に遡って——理解（verstehen）したいと思う」（Weber, 1904：170, 訳：七三）。

「こうした研究は、歴史的実在の個々の文化的事象を、特定の観点のもとに取り出された、正確な観察素材（Beobachtungsmaterials）の獲得によって、歴史的に与えられた具体的な原因へと確実に帰属させる可能性を拡大していくこと［に尽きる—引用者］」（Weber, 1904：168, 訳：六八）。

一　社会調査活動の再発見

社会調査の隆盛期

社会科学の巨人マックス・ヴェーバーは、学問的生涯を通じて、一方で、社会科学方法論、経済史、宗教社会学、遺稿「経済と社会」などのいまなお注目される膨大な著作を執筆するかたわら、他方で、同時代の社会調査に重大な関心をよせ、くりかえし、これと深いかかわりをもった。ル・プレーやエンゲルが先鞭をつけた質的調査や統計調査が興隆する一九世紀末期から二〇世紀初頭の世紀転換期のドイツにおいて、ヴェーバーは、社会改良団体や学術団体に属する専門家や素人による、労働者の物質的・経済的状態および心理的・社会的状態に関する「アンケート」や「直接観察」、信仰統計や選挙統計などの官庁統計の「二次分析」、作業曲線に関する精神物理学的な「実験」および労働時間の短縮に関する「工場実験」などの同時代の社会調査に重大な関心をよせ、調査の方法的な問題の改善や大規模な社会調査の企画立案、これに着手する調査研究機関の設立を企図する学会活動などの多様な社会調査活動を活発にくりひろげたのである。

調査活動を伝える文書　しかるに、ヴェーバーの学問的生涯にくりかえしみいだされる多様な社会調査活動は、個々の出来事を伝える文書の多くが、新聞や雑誌の記事、学会の討議録に記された発言、学会役員としておこなったひかえめな事務報告などの非学術的かつ断片的な資料であったこと、またその活動の多くが中絶したこともあって、一部の研究者をのぞいてほとんど知られていない。本章では、ヴェーバーの学問的生涯を大きく三つの時期に区分し、それぞれの時期にかれがくりひろげた主な社会調査活動を簡単に紹介する。次いで、ヴェーバーの調査活動に着目した先行研究に言及し、それをふまえて、かれの多様な社会調査活動を網羅して、これを再構成する課題があることを明らかにする。

二　時期区分

三つの時期　ヴェーバーの学問的生涯については、神経症疾患を境にして「前期」と「後期」の二つにわける時期区分が知られている。しかし、ここでは、かれの社会調査活動に生じる大きな変化に着目して、次のような「前期」、「中期」、「後期」の三つの時期に区分するのが適切である（村上、二〇一二ａｂ）。

前　期　ヴェーバーが大学を卒業して学究生活を開始する一八八六年を起点にしてみれば、この年から一九〇三年にいたるおよそ一八年間は、かれの学問的生涯の「前期」（一八八六〜一九〇三）と呼ぶことができる。大学卒業後、かれは、「司法官試補」として勤務するかたわら、ベルリン大学で学究生活を続け、一八八八年には「社会政策学会」に入会し、一八八九年には『中世商事会社の歴史について』で学位を取得した。続く一八九一年には

「ローマ農業史」で講師資格を取得し、翌一八九二年からベルリン大学で「私講師」（臨時講師）としてローマ法、ドイツ法、商法を担当し、一八九三年からは同大学の員外教授に抜擢された。その後一八九四年には、フライブルク大学の経済学正教授、さらに一八九七年には、著名な歴史学派の経済学者クニース（Knies, Karl, 1821-1898）の後任としてハイデルベルク大学正教授に招聘された。ところが、ハイデルベルクに転出した翌年の一八九八年から、ヴェーバーは、極度の「神経症疾患」に陥り、ヨーロッパ南部の旅行で療養につとめるが快癒せず、一九〇一年には休職、そしてついに一九〇三年には、教職を辞することになった。学術活動の節目という観点からみれば、同時期は、その後半に病におかされた不幸な時期もあるが、その大部分は、歴史学派の継承者として将来を嘱望され、新進気鋭の国民経済学者として、大学および学会を舞台にして活躍した時期とみることができる。同時期、ヴェーバーは、社会政策学会および福音社会会議（Evangelisch Sozialen Kogreß）が主催する農業労働調査と深いかかわりをもち、ゲーレ（Göhre, Paul, 1864-1928）の直接観察の擁護、福音社会会議の「私的アンケート」（Privatenquêten）を用いた学位論文を指導した。

中　期

「神経症疾患」で教壇をしりぞいたヴェーバーは、一九〇四年に、学術雑誌の編集者になった。同年、ヤッフェ（Jaffé, Edgar, 1866-1921）がハインリヒ・ブラウンの編集する『社会立法・統計雑誌』（Archiv für soziale Gesetzgebung und Statistik）を買収して、『社会科学・社会政策雑誌』（Archiv für Sozialwissenschaft und Sozialpolitik）と改名し、その編集をヴェーバーとゾンバルト（Sombart, Werner, 1863-1941）に依頼したからである。ヴェーバーは、のちに有名になる研究の骨組みをなす多くの学術論文をこの雑誌に公表した。また大学退職後、ヴェーバーは、所属する「社会政策学会」およびこれを母体として一九〇九年に創設された「ドイツ社会学会」（Deutsche Gesellschaft für Soziology: 1909-1933）の二つの学会を舞台として活躍した。したがって、一九〇四年から第一次世界大戦が勃発する前年すなわち一九一三年までの一〇年間を、学問的生涯の「中期」（一九〇四～一九一三）と呼べば、同時期は、ヴェーバーが、自身の編集する社会科学の学術雑誌および所属学会を舞台として学術活動を展開した時期とみることができる。

同時期、ヴェーバーは、アメリカ旅行で企てた「人間観察」(persönlich Beobachtung)、同時代のブランク(Blank, R.)の社会民主党投票者の社会的構成に関する統計の二次分析に付与した「覚書」やレーフェンシュタイン(Levenstein, Adorf. 1870-1942)の社会心理学的アンケートに付与した助言を執筆した。また同時期、ヴェーバーは、単独で織物労働調査に着手し、社会政策学会の工業労働調査のための「作業説明書」やドイツ社会学会の新聞調査を企画する「新聞の社会学」を執筆した。その後、ヴェーバーは、工業労働調査の成果をめぐってボルトケビッツ(Bortkiewicz, Ladislaus von. 1868-1931)と論争し、かれが企画した新聞調査は新聞訴訟に遭遇して暗礁にのりあげる。しかし、社会調査に関連するかれの活動は、学問的生涯の「後期」に入って持続する。

後　期　第一次世界大戦が勃発した一九一四年、ヴェーバーは、大戦の最中に軍役を志願してハイデルベルク予備野戦病院に勤務する。続くヴィルヘルム体制の崩壊からヴァイマール共和国へと時代状況が急激に変化するなか、かれは、『社会経済学綱要』の編纂や宗教社会学、学問論、政治論などの執筆に専念するかたわら、一九一八年には、ウィーン大学の招きでゼミナールの講義をうけもち、一九一九年の六月には、ブレンターノの後任としてミュンヘン大学教授に就任した。しかし、その翌年の一九二〇年に、かれは、感冒による発熱が原因で肺炎をわずらい、同年六月一四日に、けっして長いとはいえない五六年の生涯を閉じた。一九一四年から、かれが亡くなる一九二〇年までの七年間を学問的生涯の「後期」(一九一四～一九二〇)と呼べば、同時期は、学術論文の執筆に専念するかたわら、ふたたび教壇へと復帰していく時期とみることができる。同時期、ヴェーバーは恤兵機関のモノグラフを執筆し、質問紙調査をおこなったマッテス(Mattes, Wilhelm. 1892-1952)の学位論文を指導した。そして、ヴェーバーは、最後の著作となる『社会学の根本概念』において、それまでの社会調査で獲得した経験や知識をふまえる叙述を残したのである。

三　社会調査と現実科学

現実科学

以上のような年譜的な叙述からも明らかなように、ウェーバーの学問的生涯は、社会政策学会と大学を舞台として学術活動を展開した「前期」、自身が編者をつとめる社会科学雑誌と社会政策学会およびドイツ社会学会を舞台として学術活動を展開した「中期」、所属学会の活動から身をひいて大学の教壇へと復帰していく「後期」に区分することができる。そして、ヴェーバーは、その生涯のそれぞれの時期に、農業労働者や工業労働者の状態、教派と資本主義の精神の関係、社会民主党の躍進、労働者の心理的状態、新聞の状態、恤兵機関の機能、革命政府の成立など、同時代の社会的現実が提起する「新しい問題」にたちむかう社会調査とくりかえし深い関わりをもった。

ヴェーバーが、その生涯を通じて、主題や方法の異なるさまざまな社会調査とくりかえし深いかかわりをもった背後には、同時代の社会科学にたいする次のようなかれの認識がある。ヴェーバーは、かれが編集する学術雑誌の創刊号の巻頭を飾った有名な論文「社会科学および社会政策にかかわる認識の『客観性』」（以下『客観性』論文と略記）において、「われわれが編入され、われわれを取り囲んでいる生活の現実」を「理解」する「社会科学」を「現実科学」とよび（Weber, 1904 : 170, 訳：七三）、これから推進すべきこの科学に「正確な観察素材」（ebd. : 168, 訳：六八）を提供する学問的な営みとして社会調査を重視した。このような観点から、ヴェーバーは、その生涯を通じて、主題や方法の異なる同時代の社会調査と深いかかわりをもったのである。

社会科学の風潮

またヴェーバーは、『客観性』論文の末尾において、同時代の社会科学の風潮について次のように述べた。「われわれの領域にも、『素材探し』と『意味探し』とがいる。前者の喉は、事実を渇望してやまず、文書資料や統計表や調査報告によってのみ潤されればよく、新しい思想の精緻な構成などまったく受けつけない。反対に、後者のグルメ嗜好は、つねに新しい思想の蒸留物を漁るあまり、事実への味覚を失ってしまう」(ebd.: 214, 訳一六〇)。この箇所で、ヴェーバーは、「既知の事実を既知の観点に関係づけながら、それでいてある新しいものを創り出す」能力を現実科学としての社会科学の創造を企図する研究者の「真正な気質」として説いた。その生涯を通じて熱心な社会調査活動をくりひろげたヴェーバーは、「事実への味覚」を失った「意味探し」や「新しい思想の精緻な構成」に無頓着な「素材探し」を、いずれも、経験的データの収集とその加工や分析に着手する社会調査の学問的な意義を軽視する同時代の社会科学の憂慮すべき風潮としてしりぞけたのである。そして、ヴェーバーは、「事実」に関する「正確な観察素材」を提供する社会調査を、現実科学としての社会科学の創造に不可欠な学問的営みとして位置づけ、かかる観点から、同時代の社会調査と深いかかわりをもち、自ら進んでこれに着手したのである。

四　先行研究

ドイツの社会調査

社会学の理論家、方法論者、あるいは社会史家としてヴェーバーが企てた仕事については膨大な研究が蓄積されている。これに比べて、その数は圧倒的に少ないが、ヴェーバーの社会調査活動をとりあげた若干の先行研究がある。第一に、ドイツにおける社会調査の歴史を掘り起こす作業の一環として、ヴェーバーの社会調査活動に着目したものがある。一八四八年の三月革命前後から第一次世界大戦が勃発する一九一四年にかけてドイツでおこなわれた社会調査の発掘に着手したアメリカのオーバーシャル(Oberschall, 1965)、ヴァイマール時代の社会調査を掘り起こしたシャド(Schad, 1972)、そして、社会政策学会とドイツ社会学会の社会調査を追跡したドイツのゴルゲス(Gorges, 1986ab)は、その歴史叙述のなかでヴェーバーの社会調査活動にも言及した。また、筆者は、以上の先行研究をふまえて、二〇〇五年に『近代ドイツ社会調査史研究―経験的社会学の生成と脈動』（ミネルヴァ書房）を上梓し、一八四八年前後から一九三三年にいたる八五年間のドイツにおいておこなわれた社会調査について広範囲に叙述し、ヴェーバーの社会調査活動についても応分の頁をさいて叙述した。これらの研究は、ドイツの学問風土を哲学的かつ思弁的あるいは反経験的とみなす通俗的な認識をしりぞけ、世紀転換期のドイツに、ヴェーバーの社会調査活動をふくむ豊富な社会調査の蓄積があったことを明らかにした。

経験的社会調査　ヴェーバーの社会調査活動については、第二に、複数の調査活動を相互に関連する出来事として叙述したものがある。ラザースフェルドとオーバーシャルは、『アメリカ社会学雑誌』に寄稿した「マックス・ヴェーバーと経験的社会調査」（Lazarsfeld & Oberschall, 1965）において、「経験的社会調査」に関連するヴェーバーの仕事として、「前期」の社会政策学会および福音社会会議の農業労働調査、「中期」の社会政策学会の工業労働調査、工業労働の精神物理学、レーフェンシュタインの労働者の態度研究に付与した助言、ドイツ社会学会の新聞調査の六つの出来事をとりあげ、これらの出来事を、「量的手法」に関する「方法論的な能力と意識」をかれが「獲得」していく「物語」（ibid.：194, 訳：一一四）として叙述した。また、ドイツのヘックマンは、『社会学雑誌』に「経験的社会調査家としてのマックス・ヴェーバー」（Heckman, 1979）を寄稿し、ドイツ社会学の伝統を「反経験的」とみくだす「神話」をくつがえすという観点から、「経験的社会調査家」としてヴェーバーが企てた仕事を、社会学の理論家、方法論者、社会政策家として知られているかれの「伝記」を補足する新たな出来事として再構成した。

個別研究　またヴェーバーが、その生涯を通じてくりひろげた社会調査活動については、第三に、とくにかれが深く関与した主要な社会調査に関する研究が個別的に蓄積されている。たとえば、わが国においては、「前期」の社会政策学会の農業労働調査に関する山口和男の研究（山口、一九七四）、また「中期」の工業労働調査や織物労働調査に関する鼓肇雄の研究（鼓、一九七一）、そしてドイツ社会学会設立時の新聞調査に関する米沢和彦の研究（米沢、一九九一）がある。

多様な社会調査活動

しかるに、ヴェーバーの学問的生涯にくりかえしみいだされる数多くの多様な社会調査活動は、現実科学の創造にむけた相互に関連する学問的な営みである。かかる観点から、以下の各章では、学問的生涯の「初期」から「中期」、そして「後期」にかけて、ヴェーバーがくりひろげた社会調査活動を順にとりあげ、とくにかれが深いかかわりをもった調査については、個々の調査の主題や方法、その経過や結果、個々の調査にたいするかれのかかわり方、個々の調査が遭遇する困難やそれにたいする対処の仕方について具体的に叙述する。現実科学の創造を企図して、ヴェーバーがくりひろげる多様な社会調査活動のなかには、個々の調査が直面する困難や、その周辺で生じる深刻な事態に遭遇して中絶する出来事もある。それらの出来事を含めて、以下の各章では、社会調査が学問の世界に浸透しはじめた世紀転換期のドイツで、ヴェーバーが大学や所属学会あるいは社会科学雑誌を舞台にしてくりひろげた多様な社会調査活動はどのようなものだったのかを明らかにする。

第一〇章　社会調査への出立

「筆者は、特別な取扱いを要するであろうような地域的な要因を背景に押しやって、本質的には農業労働者の典型的で、至るところで反復されている特徴と報告から認識しうる発展傾向とのみを、できるだけ忠実に復元することとした」(Weber, 1892a：6, 訳：一四)。

「その場所で自身の目で調査し解明するその方法だけが確かに提供できる、労働者問題の多数のとても重要な『不可量物』(Imponderabilien) が存在するということは、学問的なアンケートの方法と熱心にとりくむあらゆる人々にとって、疑う余地のない事実である」(Weber, 1892c：1105)。

「農業経済的経営にたいする実際的な理解は、まったく承認されるにふさわしく、このような中身の質問をする技巧は牧師たちにはないという確信が確実にばかげていることを示した。返送された大多数の報告書は社会政策学会が土地所有者から入手した資料に比べて、まったく優れたものであった」(Weber, 1893a：218)。

一　社会政策学会の農業労働調査

1　農業労働調査の経緯

「前期」の調査活動　学問的生涯の「前期」に、ヴェーバーがくりひろげた社会調査に関連する活動には、社会政策学会が主催する農業労働調査、福音派の神学徒ゲーレの「観察」に基づく著書の擁護、かれと一緒に試みた福音社会会議の「私的アンケート」、そしてハイデルベルク大学でおこなった同調査の資料を利用するゼミナール指導がある。本章では、「前期」に、ヴェーバーがくりひろげた社会調査に関連する以上のような活動をとりあげ、学術活動を開始した当初のかれの社会調査活動はどのようなものであったのかを明らかにする。

社会政策学会の調査

学究生活を開始したヴェーバーが最初に深いかかわりをもった社会調査は、社会政策学会が一八九〇年から一八九二年にかけて実施した農業労働調査である。第五章第三節で明らかにしたように、社会政策学会は、ビスマルクによるドイツの政治的統一が実現した一八七二年に、労働問題の解決や社会改良を政府に提言する団体として発足した。しかし、同学会は、一八七七年に、「アンケートはどのようにして組織するか」というエンプデン（Embden, Gustav）の論文を学会誌に掲載し（Embden, 1877）、ビスマルクの「社会主義者鎮圧法」が議会を通過した一八七九年以降、学会活動の目標を、社会問題に関する討議資料を得るための実践的な社会調査へと転換した。農業労働調査は、そのような観点から、ヴィルヘルム時代に入って、最初に同学会が実施した大規模なアンケートである。

調査の提案と委員会の設置

この調査の経緯からみていけば、同調査の提案者は、シュモラーの後任として、ベルリン農業大学の教授に就任したゼーリング（Sering, Max, 1857-1939）である。シュモラーは、同学会の会長に就任した一八九〇年の九月に、次回大会のテーマを決める理事会を開催し、ゼーリングは、農業労働者問題に関するアンケートを提案した。この提案を受諾した学会は、農業労働調査の計画と準備を提案者であるゼーリングに、プロイセン農業省枢密顧問官ティールとハーレ大学国家学教授コンラードを加えた三人の委員に委嘱した。

質問紙

同委員会は、レンゲルケ（Lengerke, Alexander von, 1802-1853）とゴルツ（Goltz, Thodor von der, 1836-1905）が過去に同様のテーマで実施した類似した調査を参考にして、地方の雇用主（土地所有者）に文書による回答を求める「質問票Ⅰ」と各地域を代表する農業家に回答を求める「質問票Ⅱ」を作成した。質問票Ⅰは、Ａ概況（地域名、経営の種類、農場の範疇、農業労働者の種類と数、労働力調達、労働者の外部調達、子供の職業、労働者の移動、労働者および家族員の副業、労働者の土地購入の機会、土地購入のための貯蓄、土地所有者からの土地の提供、分割地の売買や農場の細

表10－1　社会政策学会の農業労働者アンケートの回収数

アンケート	質問票Ⅰ	質問票Ⅱ
郵送数	4000	562
回収数	2227	291
回収率	55.70%	51.80%

出所　Thiel, 1892：X

分化、合計一四問）、B労働および収入関係（日雇賃金労働者、自由な労働者、雇人［ゲジンデ］、移住労働者別）、C農業労働者の欲望充足の特殊な手段（火災保険、相互的家畜保険、消費組合および加入の有無、貯蓄組合・信用組合および参加の有無、幼児学校および利用の有無、学齢をすぎた子供の教育機関の有無、民衆文庫および利用の有無、その他労働者用の福祉機関の有無と種類、全八問）。また「質問票Ⅱ」は、労働者不足とその影響、一〇ないし二〇年以来の労働者の全体的状況の変化、労働時間の過重、雇用主の労働者にたいする関係、移住労働者、農場分割あるいは労働者殖民の成果、社会民主主義者の扇動とその成果の合計七つの問で構成されていた。

質問紙の配布と回収

このような質問紙を配布し回収する段階で指導的な役割を演じたのは、プロイセンの農業経営者の管理当局やその中央団体と深いつながりを有していたティールである。かれは翌年の一八九一年六月三日付けの「農業中央連合会」事務局長宛の回状で、「質問票Ⅰ」の記入者となる農業経営者の氏名リストの提供、「質問票Ⅱ」の郵送対象となる類似地域の分類と各地域の記入者の人選を依頼した。かくしてティールは四〇〇〇人の農業経営者の宛名を獲得し、一八九一年一二月、資金不足で予定より約一カ月遅れはしたが「質問票Ⅰ」を発送し、二二二七の「個別報告書」（Specialbericht）を回収した。また翌一八九二年二月、ティールは各地域で人選された土地所有者五六二人に「質問票Ⅱ」を発送し、二九一の「一般報告書」（Generalbericht）を回収した（表10－1）。

報告書執筆者の人選

続く一八九二年三月、委員会は、全国各地から返送された「個別報告書」と「一般報告書」の評価を担当する協力者の人選を開始し、同月一三日の委員会の会議で、調査報告書の執筆を委嘱する六人の若手研究者を正式決定した。法学者で経済学者のケルガー（Kaerger, Karl, 1858-1903）は「北西部ドイツ地域」を、統計学者で国民経済学者のロッシュ（Losch, Herman, 1863-1935）はヴィッテンベルク、バーデン、エルザス‐ロットリンゲンを、フランケンシュタイン（Frankenstein, Kuno, 1861-1897）はホーエンツオルレン、ビースバーデンとカッセル県、チューリンゲン、バイエルン、ヘッセン大公国、ザクセン王国を、プロイセンの行政官グロースマン（Großman, Friedrich, 1866-?）はブラウンシュバイク公国とアンハルト公国ならびにシュレヒスビッヒ・ホルシュタイン地方の大部分、ザクセン、ハノーバーその他を、国民経済学者アウハーゲン（Auhagen, Otto, 1869-1945）はライン地方と隣のビルケンフェルド候国を、そしてヴェーバーはプロイセンのラウエンブルク公爵領をふくむ東エルベ・ドイツを対象とする報告書の執筆に着手した。同学会は、これら六人の執筆者による調査報告書を一八九二年に『社会政策学会誌』（Schriften des Vereins für Sozialpolitik）五三巻、五四巻、五五巻で公表した。

ヴェーバーの関与

以上のような、社会政策学会の農業労働調査の経過に明らかなように、この調査は、社会問題にたいする改善策や立法化を討議する資料の入手を目的として同学会がくりかえし使用してきた、ドイツに伝統的なアンケートの形式にしたがう「質問紙調査」であった。また、調査報告書の執筆者の人選に明らかなように、この調査にたいするヴェーバーの関与は、学会の依頼による報告書の執筆のみに限られた部分的なものであった。エルベ河以東のドイツ諸地域から回収された個別報告書五七三通と一般報告書七七通がヴェーバーのもとに届いたが、かれは直ちに資料の吟味に着手し、報告書の執筆を開始した。そして学会は、かれが仕上げた『東エルベ・ドイツの農業労働者の状態』と題する八九一頁におよぶ膨大な報告書を一八九二年の『社会政策学会誌』五五巻で公表した。

2　報告書の執筆

典型的な状態と発展傾向の復元

学会から届いた資料をヴェーバーはどのように吟味したのか、またこれに基づいてかれが執筆した報告書はどのようなものであったのだろうか。ヴェーバーが執筆を担当した東エルベ地域は、労働者の不足やかれらの窮状が顕著な「農業労働者問題」(die ländliche Arbeiterfrage) の深刻な地域であったが、かれの関心は、雇用主の回答報告書に記されている「本質的には農業労働者の状態の典型的で、至るところで反復されている特徴」と、かれらの「報告から認識しうる発展傾向とのみを、できるだけ忠実に復元する」(Weber, 1892a : 6, 訳 : 一三) ことにそそがれた。

雇用主の回答

社会政策学会が農業労働調査で回収した「回答」の最も重要な特徴は、かつてレンゲルケとゴルツがおこなったアンケートと同様に、質問紙による問いに文書形式で回答した「雇用主の言明と見解」(die Angabwen und Auffasung der Arbeitgeber) のみが表現されたところにある。ヴェーバーは、これらの「届けられた報告」を、上述の学問的な関心に基づいて吟味し、文字と数字が混在する「回答」に記された記述について、次のように述べた。かれのみるところ、雇用主の「回答」は、かれらが労働者に支払った現金賃金、貸与した土地の面積、各種現物給の量に関する「言明」については「割合に信頼できる」(ebd. : 5, 訳 : 一二) ばかりでなく、かれらが東部の「大農場」の「労働関係の形態の可能性と合目的性とについて抱いている見解を、かなり明瞭に知らせてくれる」(ebd. : 5-6, 訳 : 一四)。また、かれのみるところ、「東部の事情にたいして極めて適切な質問紙のおかげで、契約に縛られた労働者」すなわちゲジンデ、デプタント、インストロイテなどの「状態についての質問」にたいして、雇用主たちは「詳しい回答」をよせた (ebd. : 7, 訳 : 一六)。そして、ヴェーバーは、これらの点を「東部調査の成果」として評価したが、他方でかれは、最近一〇年間の賃金の発展に関する「一般報告書」の申告を信用しておらず、この点については、以前レンゲルケとゴルツが実施した一八四九年と一八七三年の二つの調査結果を活用しながら、東エルべの農業労働制度の変容する像の描写を主題とする報告書の執筆に着手したのである。

農業労働制度の発展傾向

かくして、ヴェーバーは、社会政策学会がエルべ河以東地域から回収した雇用主の回答すなわち「一般報告書」七七通と「個別報告書」五七三通を、東プロイセン州、西プロイセン州、ポンメルン州、ポーゼン州、シュレジェン州、ブランデンブルク州およびメクレンブルク大公国とラウエンブルク公爵領をひとつにくくった合計七つの地域にわけた（表10－2）。そしてかれは、この七つの地域の内部を県に細分し、それぞれの回答報告書にふくまれている「数字は表の形式で整理」しながら、各県の土壌や経営様式、土地所有事情および労働事情一般について叙述した。またそれぞれの県の農業労働者の実情について、とくにかれは、「ゲジンデ」、契約に縛られた「インストロイテ」や「デプタント」、自由な日雇い労働者、季節労働者などの「諸範疇」にわけて詳述し、これをふまえて、約五〇年間のドイツ東部の農業労働制度の「発展傾向」を追求したのである。

表10－2　東エルべ地域からのアンケートの回収数

地　域	一般報告書	個別報告書
東プロイセン	11	104
西プロイセン	7	65
ポンメルン	24	98
ポーゼン	9	94
シュレジェン	24	112
ブランデンブルク	0	49
メクレンブルク	2	48
ラウエンブルク公国区	0	3
合　計	77	573

出所　Weber, 1892a：1.

かれのみるところ、東エルべ・ドイツの大農場の「家父長制的組織は資本主義的組織に転化する。この発展はかなり以前から進行中である。けれどもその程度は東部の各地域によってずいぶんさまざまである。東エルべ・ドイツは、大経営の支配している限りにおいて、その労働制度にしたがって、現在すでに、家父長制的組織の優勢な地域と資本主義的組織の優勢な地域とにわかれている。北部から南部へ移るにつれて、前者から後者へと移行する」（ebd.：790. 訳：一六五）。そして最後にヴェーバーは、東部農村社会の「全般的な発展傾向」に言及し、「家父長制的大経営は農業労働者の生活水準と兵士としての有能さとを維持したけれども、資本主義的に組織された大経営は今日、ドイツ東部の生活水準、国民性、国防力の犠牲の上に存在している」(ebd.：795, 訳：一七〇) と結論づけた。

3　報告書の学術的価値

クナップの評価

ヴェーバーが、雇用主の回答を慎重に吟味しながら執筆した膨大な報告書は、かつてエンゲルの統計ゼミナールで学んだプロイセン農業史の学問的権威で、東エルベの農業労働制度に関する先駆的著作『プロイセン旧地域における農民解放と農業労働者の起源』をもつシュトラスブルク大学教授クナップによって激賞された。ヴェーバーは、一八九三年三月にベルリンで開催された社会政策学会の大会で報告書の結論部分を「農業労働制度」と題して講演した。その折、クナップは次のように述べた。「東エルベ地方の労働事情について、マックス・ヴェーバー博士によって報告書がまとめあげられましたが、これは、その思想の豊かさと理解の深さとによって、全読者を驚かせました。われわれは、この労作に接し、まずなによりも、われわれの専門知識はもはや過去のものとなり、最初から学問をやり直さねばならぬ、こういう感慨を禁じえないのであります」(Knapp, 1983：7)。

学問的関心に基づく分析

ヴェーバーの報告書が、このように高い学術的評価を獲得した理由は、何よりもまず、かれが自身の学問的関心に基づいて報告書で試みた東部の農業労働制度の発展傾向に関する学問的な分析にあった。そしてかれは、この報告書によって、高い学術的評価を獲得し、学会における地位を確実なものにしたのである。

4　アンケートの欠陥

クワルクの批判

けれども、社会政策学会のアンケートは、この調査を指導した委員会が「質問票Ⅱ」の発送を開始した一八九二年の二月に、社会民主党系のジャーナリストで学会員だったクワルク（Quark, Max, 1860-1930）から厳しい批判を浴びた。クワルクは、二月四日付け『社会政策中央紙』（Zeitschrift Sozialpolitische Centralblatt）に「農業労働者状態への対応」と題する批判を公にした。かれは、「農村高利貸調査」でティールが犯した過ち、すなわち過去にシュナッパー・アルントが同調査に加えた質問紙の問いの表現や観察者の選択に関する批判がなんら改善されないままにくりかえされたこと、学会は調査に関して有能な会員を擁しているにもかかわらず質問紙の作成や調査方法の検討に際してかれらを動員しなかったこと、そして労働者自身への質問を問題にしなかったことを厳しく批判した（Quark, 1892）。学会の会長シュモラーは直ちに同月二二日付け同紙に反論を掲載し、学会が労働者への質問をとりあげなかった理由として資金不足と時間不足を強調した（Schmoller, 1892）。

ヴェーバーの指摘

両者の論争からやや遅れて、ヴェーバーは、一八九二年の四月から六月にかけて、『福音社会会議通信』（Mitteilungen des Evangelisch-sozialen Kongresses）に「農業労働者状態に関する『私的アンケート』」を連載し、その中で、社会政策学会のアンケートについて、それは「ただ有能かつ疑問の余地なく好意的な雇用主がかれらの農業労働者にたいしてもった観察にすぎない。労働者自身にたいする質問は、それに必要な非常に大きな財源が手元になかったことは別にして、独特の誤解や、その［労働者に質問する――引用者］試みが田舎の諸関係のもとで遭遇する不信を考慮すれば、目下のところ遺憾ながらいまだ不可能である」（Weber, 1892b : 77）と述べた。労働者にたいする質問について、ヴェーバーは、財源不足とは別に、素材収集の方法として考慮すべき問題すなわち「客観的かつ主観的にどのようにして労働者に接近するか」（ebd. : 77）あるいは労働者がアンケートにたいしてむけるであろう「不信」をいかにして克服するか、という問題があることを指摘したのである。

雇用主の回答の欠陥

ヴェーバーが、このように、社会政策学会のアンケートの難点として素材収集の方法を考慮した理由は何であろうか。それは、報告書を執筆する際に、かれが、雇用主の回答にみいだした次のような欠陥である。ヴェーバーによれば、雇用主の回答は「労働者の物質的状態に関する最も重要な点」すなわち「いったい労働者家計の収支はどのように構成されているのか、どれくらい購買することが必要なのか、どれくらい販売することができるのか、という点」について「沈黙」しており、かれらが「自分のところの労働者の日常の状態について、全く頼りない無知の状態にあるということ」を示した（Weber, 1892a：5, 訳：一三）。また農業労働制度の変容を主題とするヴェーバーにとって、雇用主と労働者の「主観的願望や関心」に内在する「傾向」（ebd.：5, 訳：一三）を知ることができる信頼できる正確な素材の収集は、農業労働調査の重要な課題であった。だが、労働者の「願望」や「関心」に関する雇用主の言明や見解は、かれらの「階級的見地によってもたらされる主観的な偏向」（ebd.：6, 訳：一四）が混入する、信頼性を欠くものであった。ヴェーバーにとって、学会の資料から手に入れるべきは「歴史的に受け継がれてきた農業大経営の農業労働制度の崩壊が進行するひとつの像」（Weber, 1892b：89）であったが、その像を構成する、一方の労働者の「物質的かつ経済的主要部分」や「一部はこれと供に作用する原因であり、また一部は随伴現象であるところの心理学的モメントとそこに由来するその変革の将来」を、「なんとも開放的で都合よく主観的に着色された」雇用主の陳述や判断からつきとめることはまったく不可能だったのである（ebd.：89-90）。ヴェーバーは、雇用主の回答にみいだしたこのような難点を、かれらの観察のみに依拠した社会政策学会のアンケートの看過すべきでない方法的な「限界」とみなしたのである。

私的アンケートの提案

またヴェーバーは、労働者の「心理学的モメント」をつきとめる仕事を「統計」の問題すなわち「出来事の同種の型を数的につきとめる」問題ではないとみなし（Weber, M. 1892b, 77）、一方の労働者の願望や関心について信頼できる正確な素材を獲得するために、新たな「私的アンケート」を

「福音社会会議」の議長をつとめた若手の神学徒のゲーレに提案した。「福音社会会議」は、皇帝ヴィルヘルム二世が発布した「二月勅令」に触発された宮廷牧師シュテッカー（Stoecker, Adolf, 1835-1909）が、社会問題を討議する場として一八九〇年に招集した会議を端緒とする。一八九二年に同会議で議長をつとめていたゲーレは、工場内での観察に基づく著書をもつ社会調査の経験者であったが、ヴェーバーは、労働者への直接的な質問をすでに経験していたゲーレと接触し、社会政策学会の農業労働調査の方法的な限界を克服する新たな社会調査の実施を福音社会会議にはたらきかけたのである。

二　ゲーレの「観察」とその擁護

1　観察の経緯

身分を秘匿した観察

ゲーレとの接触はまた、ヴェーバーが同時代の社会調査について思索する重要な機会になった。なぜなら、一八九一年にゲーレが出版した『三ヶ月の工場労働者と手工業青年 - 実践的研究』（Göhre, 1891）は、ある教会幹部の批判を浴びたが、ヴェーバーはこれにたいする反論を書いたからである。

同著のもとになったゲーレの直接観察の経緯からみていけば、かれは、一八九〇年六月から八月にかけての三ヶ月間、ザクセン工業の中枢都市ケムニッツ（Chemnitz）のポロット・カッペルにある約五〇〇人の労働者を擁する機械工場で、みずからの身分をかくして工場労働者としてすごした。ゲーレは、そこで労働者の生活の物質的状態、かれらの副業や家族が従事する仕事、かれらの衣食住の様相、工場内の労働あるいは技術的な生産過程、人と人の社会関係を詳細に観察した。またかれは、毎晩ベッドに入る前に、その日に観察し経験したことや労働者の日常的な会話、さらには日常的な話題についてかれ自身が仲間の労働者と交わした議論等をこと細かく書きつづった。ゲーレの著書は、このときのかれの緻密な観察ノートに基づいて工場労働者の状態をあるがままに描写したものである。

観察目的

ゲーレによれば、このような観察の目的は労働者の「実際の状態、すなわち、そのためにわれわれが社会問題、労働者問題だと感じてきたところの、その状態について固有の像をつくる」ことであり、その課題は「労働者階級の心情（Gesinung）、つまりその物質的希望や精神的・道徳的・宗教的性格について明らかにする」ことであった（ebd.：1-2）。全部で七章二二二頁におよぶゲーレの著書は、今日の言葉を使えば、完全な参与者としてかれが試みた労働者の社会的・心理的状態に関する観察記録に基づく「参与観察」のモノグラフであった。

2　ゲーレの著書

事実発見

三カ月を費やした緻密な工場内の観察に基づくゲーレの著書は、当時の工場労働者の日常生活の状態に関する興味深い事実発見に満ちている。たとえば「わたしの作業仲間の物質的状態」と題する第二章では、労働者階級の家族崩壊をとりあげ、その構造的原因や母親雇用の実態、詰め込み住居のプライバシーの欠如、食事を共にしないといった事実が克明に記述された（ebd.：38-39）。また第三章の「工場の労働」で、ゲーレは労働者の社会組織に注目し、機械労働は均一性と孤立性をもたらすという、その当時広く支持されていた考えを事実に基づいて否定した。「連帯」は、労働者を互いにチームに結合し、かれらは相互理解を通じて「あまり早くも遅くもない」平均的な労働のリズムに到達するというのである（ebd.：59）。またかれは、ステータスシンボルとしてもっとも顕著な服装を用いて区別された熟練と先任権に基づく階層が労働者内部に存在することを発見した（ebd.：76-77）。そして、新参者がその集団の一員として受け入れられる頃には、最低の通過儀礼としてそれらを理解し、あたかも口ひげとタールが十分に溶け合うように、それに馴染むようになるというのである（ebd.：77-78）。さらに第四章の「社会民主党の宣伝」では、個人が作業集団内部で交わす会話や論議が社会主義的な宣伝の拡大におおいに効果があることにも気づいた（ebd.：104-105）。このほかに第五章「わたしの作業仲間の政治的信条」や第六章「教育とキリスト教」、

第七章「道徳状態」といった各章が設けられたゲーレの書物は、かれがまったく単独でなしとげた工場内での観察に基づいて労働者の日常生活の状態について記したモノグラフだったのである。

ゲーレの模倣　ゲーレの書物が出版された二年後の一八九三年、婦人運動の活動家ミンナ・ヴェットシュタイン－アーデルト（Wettstein-Adelt, Minna, 1869-?）はかれとまったく同様の方法を用いて『三ヵ月半の工場婦人労働者』（Wettstein-Adelt, 1893）を書いた。ゲーレの直接観察の方法は、労働者問題に関心をもつ当時の人々によって受容され、かれらの日常生活の状態を描写する社会調査の方法として模倣されていたのである。

3　クレマーの批判

直接観察批判　だがしかし、ゲーレの著書は、その当時、賛同というよりも鋭い拒否に遭遇した。主要な批判者は、一八八六年以降、ポンメルン教会監督局の教会役員のひとりで、「グライスバルト派」の正統な中心人物と目されていたクレマー（Cremer, Hermann, 1834-1903）である。一八九二年の著書『現代危機下の説教の課題と意義』の第二版で、クレマーは「社会民主主義者でキリスト者、またはキリスト者的社会民主主義者は存在しうる」というゲーレの主張にたいして、そのような主張は社会民主主義の運動にひとつの観念的な確信を付与すると批判した（Cremer, 1892a：74, 86）。そして、一八九二年一一月、『キリスト教世界』（Christlich Welt）の編者ラーデ（Rade, Martin, 1857-1940）の要請で、クレマーはゲーレにたいする批判を同紙に寄稿し、工場の労働世界に労働者に扮装して一時的に入ったゲーレの直接観察を総じて不必要であり、「実際に、教区民のなかで、かれらと一緒に生活する」牧師にとって、そのような行為は断じて新しい出来事ではないと主張した（Cremer, 1892b：1035）。

ラーデの要請　労働者問題の調査に関心をよせていた雑誌の編者ラーデは、ゲーレが採用した調査方法の価値を否定するクレマーのこのような主張にたいする反論をヴェーバーに要請した。この要請を受け入れたかれは、ゲーレの観察を弁護する反論を執筆し、これを同月二四日付けの『キリスト教世界』に寄稿したのである(Weber, 1892c)。

4　ヴェーバーの擁護

直接観察の方法的意義

ヴェーバーの反論は、とくにゲーレが工場内で試みた観察を学問的に有効な素材収集の方法として評価する点に集中した。ヴェーバーによれば「その場所で自身の目で調査し解明するその方法だけが確かに提供できる、労働者問題の多数のとても重要な『不可量物』が存在するということは、学問的なアンケートの方法と熱心にとりくむあらゆる人々にとって、疑う余地のない事実である。殺風景な統計数値をその調査の一般的な成果と結合する、さらに優れた方法でわれわれに提供するところの像を、もっと均整のとれた言いかたをすれば、究極的に決定的な衝動、すなわち人間の胸のうちにある気分作用、またまったく同じ経済的状態のもとで途方もなくさまざまでありうるその作用を、われわれは欲しているのである。数字のさらに綿密な教授法上の論究では、その心理学的モメントを少しも明らかにできず、それをはっきりみせてくれるのは、かれの本に書きとめられたひとつの描写の叙事詩だけであり、ゲーレはそれを提供することができたのである」(ebd.: 111)。ヴェーバーは、このように、「心理学的モメント」の描写を可能にする労働者の発言や言葉、その他の有益な素材を収集する社会調査の方法として、ゲーレの観察を高く評価したのである。

ゲーレの著書の擁護

ゲーレが工場内でおこなった観察の目的は、牧師局と向き合う住民諸階層の実際的な要求を発見し、これに具体的な表現を与えることにあった。ヴェーバーは、工場内での観察の方法を用いて偏見をもたずに労働者との意見交換に踏み込んでゲーレが執筆した著作を、労働者の心理学的モメントをあるがままに描写した「叙事詩」とよび、住民諸階層の「心理学的利害状況を経済学的社会的な利害状況と関連づけることに成功した」「ひとつの力強い前進」と評価した（ebd.：119）。ヴェーバーは、ゲーレがまったく単独で工場内で試みた独自の「観察」を、問題の当事者と接触して、直接、かれらから正確かつ信頼できる素材を手に入れることができる、学問的な社会調査にとって有益な素材収集の方法として擁護したのである。

三　福音社会会議の農業労働調査

1　調査の経緯

調査の目的

ヴェーバーがゲーレと接触した目的は、もちろん、社会政策学会のアンケートの欠陥を克服する農業労働調査の実現にあった。ヴェーバーによれば、「農業労働者自身の発言を手に入れるもうひとつの可能性」をまったく追求しなかった社会政策学会のアンケートの「欠点」を批判的に克服して、主観的に着色された雇用主の陳述や判断を、他方の当事者である労働者に質問することで検証することは「切実かつ望ましいことである」（Weber, 1893a：209）。このような観点から、ヴェーバーが提案した農業労働者の状態に関する「私的アンケート」は、ゲーレの仲介で、一八九二年六月に開催された同会議の活動委員会（Aktionskomitee）で決議された。

質問紙の配布と回収

調査の経緯は次の通りである。この調査で用いられた質問紙は、同会議の活動委員会の決定に基づいて、ヴェーバーとゲーレが共同で起草した。後に補足と変更を加えて完成した質問紙は、同年一二月に帝国全土のおよそ一五〇〇〇の牧師を中心とする回答記入者に送付された。一八九三年三月一五日と決められていた質問紙の返送締切日までにおよそ五〇〇から六〇〇の記入済みの回答報告書が福音社会会議に返送された。その後返送締切日は「多数の要望で五月一日に延期された」が、最終的に同会議は、東部プロイセン、西部プロイセン、ポーゼン地方、シュレジェン地方、ポンメルン地方、ブランデンブルク地方、メクレンブルク大公国、ザクセン・アンハルト地方、ザクセン王国、シュレヒスビッヒ・ホルシュタイン地方、ハノーバー・オルデンブル

表10－3　福音社会会議の農業労働者アンケートの回収数

地　域	回答報告書
東プロイセン	32
西プロイセン	14
ポーゼン	17
シュレジェン	58
ポンメルン	50
ブランデンブルク	95
メクレンブルク大公国	24
ザクセン・アンハルト	141
ザクセン王国	54
シュレヒスビッヒ・ホルシュタイン	24
チューリンゲン	48
ヴェストファーレン・リップ	21
ヘッセン＝ナッセ・バルデック	46
ヘッセン大公国	70
ライン	22
エルザス・ロットリンゲン	2
バーデン	43
ヴュルテンベルク	92
バイエルン	52
ハノーバー・オルデンブルク・ブラウンシュバイク	72
合　計	977

出所　Weber, 1893a：218.

ク・ブラウンシュバイク地方、チューリンゲン地方、ヴェストファーレン・リップ地方、ヘッセン＝ナッセ・バルデック地方、ヘッセン大公国、ライン地方、エルザス・ロットリンゲン、バーデン、ヴュルテンベルク、バイエルン（ebd.：218）の全国二一地域から回収することができた回答報告書の数は九七七にとどまった（表10－3）。

低い回収率

回収できた質問紙の数に落胆しながらも、このような回収結果について、ヴェーバーは「一万五〇〇〇の被質問者のうちおよそ九〇〇〇が地方の牧師であり、したがっておよそ一〇％が回答してきた」（ebd.：217）と報告している。そして、回答拒否が多い理由について、かれは、次のように記した。「回答は、部分的にその作業があまりにも多いという理由で、また部分的にはアンケートが労働者の疑惑をよび起こしたという理由できっぱりと拒否された」（ebd.：217）。またそこにはかれが「極度に変化に富む、さまざまな興味深い牧師職の心理学的な光景」（ebd.：217）と皮肉った、福音社会会議内部の政治的な対立があったことも否定できない。「私的アンケート」をめぐって教会内部で激化する対立が、回答報告書の低い回収結果に少なからざる影を落としたとみることもできる。一八九三年夏、ヴェーバーとゲーレは、到着した素材の分析を開始し、翌年の一八九四年五月一六日にフランクフルト・アン・マインで開催された第五回福音社会会議において「ドイツの農業労働者」と題する講演をおこない、その結果の一部を公開した。

共同作業　以上のような調査の経緯に明らかなように、福音社会会議の農業労働調査は、ベルリン大学の員外教授ヴェーバーと福音派の神学徒ゲーレの共同作業の産物である。両者は、調査の提案から質問紙の作成、その配布と回収にいたる過程に全面的に関与した。そして両者は、労働者が調査にむけるであろう「不信感」をいかにして克服するか、社会政策学会の調査に欠けていた労働者の家計の収支およびかれらの主観的願望や関心を知ることができる正確かつ信頼できる素材をどのようにして手に入れるか、という観点から、当時の質問紙調査が直面していた素材収集の方法に関する問題の改善に着手したのである。

2　質問紙の改善

質問項目　福音社会会議の農業労働調査において、ヴェーバーがゲーレと共に着手した改善の第一は、この調査で用いる質問紙であった。両者が作成した質問紙は、大きくⅠ概況、Ⅱ労働者の一般的状態（A物質的状態、B家庭生活）、Ⅲ収入状況の明細、Ⅳ倫理的および社会的諸関係の四つに区分された。Ⅰでは、教区民の構成、相続や土地移動、労働者の種類、経営規模をたずねられ、Ⅱでは、労働者の財産所有と所得補充の関係、住宅事情、燃料や生活必需品の調達、食物構成や栄養摂取の方法、労働機会の種類や期間、転職、失業、労働時間といった労働者の物質的・経済的な状態にたいする問いに加えて、家庭生活、獲得賃金の配分方法、女性の地位、結婚年齢、子供の数や死亡率、老齢者や身体障害者の扶養などがたずねられた。

調査の新機軸　またⅢでは、収入状況の明細を労働者の範疇ごとにたずねる「労働者の言明に基づいた予算細目のリスト」づくりが要請された。このような要請の背後には、「事実問題」すなわち労働者の家計の収入と支出に関するヴェーバーの次のような関心があった。「労働者の欲求のどの部分が土地を所有するものとあるいは現物給のものと符合するのか、食品で買い足すべきは何か、あるいは、かれらの現物給付から売ることができる穀物もしくは農業生産物はあるのかどうか、またどれだけあるのか。それは高くなることにある農場主の利害と労働者の関係にとって、最終的に決定的なモメントである。なぜなら、労働者がもし食品を買い足さなければならないとするならば、かれの利害はその価格が安くなるところにあるからである。労働者にとって、かれらの言明によれば、私有経済はどの程度望ましいものとして重きをなしているのか、またそれは何故なのかという問題は、個々の労働者のカテゴリーの間での移動は生じているかどうか、またどのように生じているか、そして、場合によっては、どんな形の労働制度が労働者自身にとって追求するに足るものとして重きをなしているのか――それは正しいときも正しくないときもあるのだが――、またそれは何故なのかという問題へと、当然のことながら接続しているのである」(ebd.：216)。そして、Ⅳは、この調査の新機軸である。そこでは、農業労働者の出身と家系、移住や移動、人口変動や近代的経済様式が心理学的な関係におよぼす影響、契約の範囲、読書の要求、学校と教会との関係、経営者や領主官僚との関係、労働者や経営者の団体、社会主義の宣伝状況に関する問いがたずねられた。

質問形式　ヴェーバーがゲーレと共に作成した質問紙は、その形式からみれば、社会政策学会のものと同様に、ひとつの質問文に複数の問いが詰め込まれた伝統的な「文書形式の質問」(schriftrich Befragung) であったが (Weber, 1892a：6, 訳：一四)、その内容については、労働者の収入状況の明細、社会移動や人間関係、態度についてたずねる問いが前面におしだされ、社会政策学会の調査では信頼できる正確な素材が得られなかった「労働者の主観的見解」や社会的心理的な状態を重視するものとなっていたのである。

3　回答記入者の選択

不信感の克服

第二に、ヴェーバーは、労働者が調査にむけるであろう「不信感」をいかにして克服するかという観点から、質問紙に回答を記入するひとを誰にするかを慎重に考慮した。ヴェーバーは、農業労働者が農村で調査にむけるであろう誤解や不信から、福音社会会議の調査では、質問紙を直接かれらに配布することは、遺憾ながら、いまだ不可能だとみなした。このような立場から、回答記入者の選択にたいするかれの関心は、労働者が信頼して正確な回答をよせるであろう「仲介者」に注がれた。ヴェーバーによれば、「方法上、地方の調査員が、直接、個人的に労働者自身に手をのばすことができるし、あるいはまた――考慮しうることではあるが――その土地に定住し、かつできるだけ公平な仲介者に労働者自身への質問を委任するという迂回した方法も可能である。その様な仲介者として、実質的には、国内の聖職者や医師を考慮することができる」(Weber, M. 1893a, 210)。ここでヴェーバーが、「公平な仲介者」として「牧師」に加えて「医師」に言及したが、その背景には次のような出来事があった。

公平な仲介者

一八九三年一月から五月にかけて、ヴェーバーは、郷土史家で詩人のゾンレイ(Sochnry, Heinrich, 1859-1948)が編集する雑誌『土地』(Das Land)に「農業労働者の状態に関する社会政策学会の調査」(Weber, M. 1893b)と題する論文を七回に分けて連載し、その当時すでに質問紙が回収段階にあった福音社会会議の農業労働調査にたいする注意を読者に喚起した。それに反応したシュレジェンの医師、すなわちブレスラウ近郊のグロース・バルテンベルクのある軍医官から「医師にたいする質問紙を作成して送付する」という「提案」が同誌でなされた(Arzt, 1893)。そのなかでかれは、「どのようにして育とうとも、民衆出身の普通の人がわが身を委ねる立場は、医師という立場である。だからこそ、あらゆる有能な医師は、最高ではないにしろ、優れた社会政策家なのだ」(ebd.：45)と主張した。この提案にたいして、同誌で即座に対応したヴェーバーは「農業労働者状態に関する欠点のない調査はいかにしておこなうか?」(Weber, 1893c：59)というコメントを書き、医師の報告は「とくに衛生上（住居や国民の栄養）の問題」にとって「好都合」なことを認めたが、巨大な数にのぼる地方の医師への質問紙の発送には「かなりの費用がかかる」と指摘した。

またヴェーバーは、同年六月一日付け『キリスト教世界』に掲載された福音社会会議の農業労働調査の経過に関する「報告」のなかで、再度この問題に言及し、次のように述べた。「物質的状態、とくに住居状態の衛生的側面や栄養状態については、多分、専門的な知識をもつ国内の医師による報告が、より大きな可能性をもつ。けれども国内各地のとほうもない大きな数の医師の宛名を中心機関から手に入れること、また、一般に喜んで正しく回答するというかれらの気持ちが不確かだという、不可能な事項がたちふさがる。この二つの困難は、国内の牧師で、かなりの程度小さくなる」。そしてヴェーバーは、この調査で新たな回答記入者を「牧師」に決定したのは、「農業労働者の状態が示すとくに大きな問題が心理学的な領域にある」ことを考慮したためであると述べた（Weber, 1893a : 210）。

恣意的介入の排除

さらに、ヴェーバーは質問紙を送付する牧師の選択にも注意を払った。というのも「報告に適した牧師を教区監督庁舎に選択させ印をつけさせるという提案」が一部の教会幹部からなされたからである。ヴェーバーは、これを拒否した。「なぜなら、調査の『半官的』性格は、さまざまな当然だと思われる理由で変えなければならないばかりか、修道院長の見解が、けして確実でも、好ましいものでもないからである」。この調査では「牧師館」が存在する全地域を対象に一万五〇〇〇という膨大な質問紙が送付されたが、それは「ドイツの福音派の教区全体から農業地域だけをよりわけることが不可能だ」という理由に加えて、回答記入者の選択に侵入してくる調査の恣意性を排除するという強い配慮がはたらいていたのである（ebd. : 211）。

ヴェーバーは、質問紙を牧師に配布するという「私的アンケート」で採用した方法を「迂回した方法」と呼んだ。このようなアンケートの方法は、質問紙を、直接、労働者に配布することを断念したという意味では不完全なものであった。けれども、以上のような叙述からも明らかなように、福音社会会議の農業労働調査において、ヴェーバーは、労働者の家計やかれらの「主観的」あるいは心理的社会的な状態にたいする学問的な関心に基づいて、質問紙の内容に大幅な修正を加えた。そして、かれは、正確かつ信頼できる素材を、どのようにして直接かれらから手に入れるかという観点から、質問紙への回答記入者を牧師に決定したばかりでなく、信頼できる素材の収集を妨げる、調査に介入してくる恣意性の排除すなわち調査の倫理にかかわる問題にも慎重な注意をはらったのである。

4　回答報告書の質

調査員の資質

調査の量的結果はともかく、回収された報告書の「質」にたいするヴェーバーの評価は概して高い。かれは、「資料がどのようにして入手されたかを詳細に述べた」大部分の牧師たちの回答報告書の「信頼性」をきわめて高く評価し、この調査の方法的意義を次のように述べた。「目的にかなった綿密な方法、なかんずく、従来、けして試みられたことがなかった多数の労働者の協力を得るというやり方がとられたということは、しっかりと認識しなければならない」。そして調査員としての牧師たちの資質に言及したヴェーバーは、その能力を高く評価して、次のように述べた。「高度な正確さ、具体的な事実的材料にたいする限定、農業経済的経営にたいする実際的な理解は、まったく承認されるのにふさわしく、このような中身の質問をする技工は牧師たちにはないという確信が確実にばかげていることを示した。返送された大多数の報告書は社会政策学会が土地所有者から入手した報告書に比べて、まったく優れたものだった」（ebd.：218）のである。

面接調査

回答報告書を返送した牧師たちは、質問紙と一緒に送付された文書に記された「原則としてもっぱら労働者の回答に基礎をおくように」という指示にしたがって、各地域でかれらを対象とする「面接調査」（Erkundigung）を実施した。教区民のさまざまな状態を「かれらの個々の利害のうえにたって観察」することを要請された地方の牧師たちは、単に「情報提供者」としてではなく、有能な調査員としてアンケートに参加し、労働者に接触して直接かれらから信頼できる正確な素材を獲得することに最善の努力を傾けた。そして、調査に参加した牧師たちは、ヴェーバーによれば、「文化的に永続的な価値をもつモノグラフ」を書いた。有能な調査員としてかれらが執筆した回答報告書は、「専門家の意のままになる数少ない、まったく卓越した資料」だったのである（ebd.：218）。

5　素材の加工と利用

素材の数量的加工

しかし、ヴェーバーは、この時点で、牧師たちが書いた「卓越した資料」を数量的に加工する知識をもちあわせていなかった。牧師たちがよせた回答報告書をまえにして、かれは、次のように述べた。「しかし、確かに、われわれは、それについて解明したことがなく、どのようにそれがとりあつかわれるべきかに直面して、途方にくれている。このような共同作業をだれも経験したことがないし、このような大きな仕事をだれも考えたことがなかった。いずれにせよ、ほんのわずかばかりの数であれ、この点に向かう要求は立てられるべきであろう。たとえ、オリジナルな報告書で読者を喜ばせるところの、実際に表現された新鮮さが圧倒的に失われるとしても。それは、いまや会議と委員会の仕事であり、さしあたっては、加工にたいしてどのような形が適当であるかを検討すべきだろう」（ebd.：219）。福音社会会議が入手した回答報告書は、文書形式の質問にしたがって牧師たちが面接をふまえて記入した記述的な資料であり、ヴェーバーは、そのような「オリジナルな報告書」の価値を、それが有していた読者を喜ばせる「新鮮さ」にみとめた。しかし、ヴェーバーは、さらに、たとえ少ない数であれ、この質的記述的な素材に基づいて労働者を分類する数量的な加工や分析の仕方について思案すべきであると主張し、この仕事を、学問の軌道で検討すべき課題であるとみなした。そして、かれは、当面、それを「私的アンケート」を指導した委員会の仕事、すなわち、調査に着手した人々の「共同作業」と規定したのである。

学位論文の材料

その後、ヴェーバーは、ゲーレと共同で実施した福音社会会議の農業労働調査のアンケートを、ハイデルベルク大学でかれの指導のもとで博士論文を執筆する学位試験の受験者を訓練する材料として役立てた。ヴェーバーは、これらの論文を、かれが共同編集するバーデン州立大学の『国民経済学論集』で出版することを計画し、それを叢書にすることを決意した。『北部ドイツ福音派地域の農業労働者——福音社会会議の調査による個別詳述』(Weber, 1899) というシリーズの最初の二巻が一八九九年に刊行された。第一巻には、ヴェーバーがハイデルベルク大学の「国民経済学ゼミナール」で指導したゴールドシュミット (Goldschmid, Salli) の『ザクセン州、ブラウンシュバイク邦、アンハルト邦における農業労働者』(Goldschmid, 1899) が、第二巻には、グリューネンベルグ (Grunenberg, Andreas) の『シュレヒスビッヒ・ホルシュタイン州、ウィーザ河東方ハノーバー州、リュウベック候国領とブレーメン、ハンブルクそしてリューベックの自由都市とにおける農業労働者』(Grunenberg, 1899) が掲載された。さらに、のちに法律家になり政治家になったクリー (Klee, Arfred, 1875-1943) がヴェーバーの指導のもとで執筆した『下方および中央シュレジェンの農業労働者』(Klee, 1902) が第三巻として一九〇二年に公表された。

しかしながら、エルベ北東からロシア国境までの地域をあつかう第四巻と各地域で選ばれた牧師たちの報告を印刷し、ヴェーバーがその要約を書く予定でいた最終巻は出版されなかった。

発病による中絶

ヴェーバーの発病が、かれの編集活動の続行と調査結果の総括を妨げたのである。なお、北部ドイツの素材に関しては、一九〇二年に、ハイデルベルク大学の学生ゲアハルト (Gerhardt, Felix) の『東部プロイセン州の農業労働者』(Gerhardt, 1902) とブラインリンガー (Breinlinger, Karl Borries) の『ポンメルンン、メクレンブルクの農業労働者』(Breinlinger, 1903) のふたりの学位論文として結実した。しかし、同時期に、ヴェーバーを苦しめた「神経症疾患」は極度に悪化し、ゲアハルトはかれの学位論文の序文で、ヴェーバーは発病のゆえに不十分な指導しかできなかった旨を付言している。

四　社会調査の学問的な受容

学問的な営み

　学問的生涯の「前期」に、ヴェーバーがくりひろげた以上のような社会調査活動に明らかなように、学術活動を開始した当初から、かれは、社会調査の学問的な受容に重大な関心をよせた。ル・プレーやエンゲルが先鞭をつけた直接観察や統計調査が興隆する一八九〇年代のドイツで、学術活動を開始したヴェーバーが、新進気鋭の国民経済学者として最初に着手した社会調査は、実践上の諸問題を討議するための資料づくりを目的に社会政策学会が実施した質問紙を用いる農業労働調査である。同調査にたいするヴェーバーの関与は報告書の執筆のみにかかわる部分的なものであったが、かれは、学会が手にいれた雇用主の回答を、東エルベ・ドイツの農業労働制度の変容する像を明らかにするという、自身の学問的な関心に基づいて分析し、高い学術的価値を有するモノグラフを執筆した。ヴェーバーは、第一に、学問的生涯の「前期」から、同時代の質問紙調査を特定の社会現象の解明に役立つ学問的な営みとして位置づけたのである。

直接観察の擁護

　また、第二に、ヴェーバーは、同時代のゲーレの直接観察を学問的な調査の方法として擁護した。ゲーレの観察は、同時代の労働者問題とむきあうために、偏見をもたずに労働者との意見交換に踏み込んだ現地調査の試みである。ヴェーバーは、これを、「不可量物」すなわち既存の統計数字では表現できない、「心理学的モメント」の生き生きとした描写を可能にする素材を収集するための、学問的な社会調査の方法として擁護したのである。

質問紙調査の改善

　そして、第三に、ヴェーバーは、ゲーレとともに指導した福音社会会議の「私的アンケート」において、社会政策学会が手に入れた雇用主の回答に欠けている農業労働者の家計収支や主観的願望に関する素材を、直接、労働者から手に入れるために、質問紙の問いの内容や回答記入者の変更に着手した。

「私的アンケート」は、複数の「問い」が混在する文章による質問形式を用いたという意味で、ドイツに伝統的な素朴なアンケートの延長線上にあった。また質問紙の記入者を土地所有者から牧師に変更した「私的アンケート」は、それを労働者に直接配布することを断念したという意味で不十分なものであった。しかし、「私的アンケート」において、ヴェーバーがおこなった以上のような変更は、調査の課題はもとより、調査の環境や倫理問題を慎重に考慮して、実現可能な素材収集の方法を模索する適切かつ斬新な学問的な営みだったのである。

学位論文の資料

さらに、第四に、ヴェーバーは、福音社会会議が「私的アンケート」で牧師たちから手に入れた質的記述的な素材の数量的な加工や分析を学問的な仕事として位置づけ、「文化的に永続的な価値をもつモノグラフ」をハイデルベルク大学の学生の学位論文の素材として利用した。社会政策学会の農業労働調査における高い学術的価値を有する報告書の執筆、ゲーレの現地調査の擁護、福音社会会議の私的アンケートにおける質問紙調査の改善、同調査の資料を用いた学位論文の指導に明らかなように、ヴェーバーは、同時代の調査を洗練された学問的営みへと彫琢する熱心な活動をくりひろげたのである。

未完の双書刊行

しかるに、「神経症疾患」の発病は、学生の学位論文の編集やヴェーバー自身による福音社会会議の「私的アンケート」の総括を妨げ、同調査に基づく双書の刊行は未完に終わる。かくして、大学を舞台とするヴェーバーの学術活動は、神経症疾患によって「中断」を余儀なくされ、それと同時に、学問的生涯の「前期」にかれがくりひろげた社会調査活動も一旦休止せざるをえなかったのである。その後、ヴェーバーは、一九〇四年に、社会科学雑誌の編者に就任し、社会調査に関連する活動をふくむ、「中期」の学術活動を再開する。「中期」の学術活動を再開した直後にヴェーバーが着手した社会調査や、自身が編者をつとめる社会科学雑誌を舞台にして、かれがくりひろげる多様な社会調査活動については、章を改めて論じることとする。

第一一章　社会調査をめぐる交流

「著者［ブランク――引用者］が提供した暫定的な数字の材料は、純粋に統計学上の研究を基盤にしては解決できない、ある重要かつ非常に複雑な問題にたいする最初の着手として価値があるように、われわれにはみえる」（Weber, 1905a：550）。

「レーフェンシュタインの資料は一方でそれが、たとえば『仲間』として『お前』と呼んでよいような信仰上の兄弟に向かってなされた陳述であること、他方で、組合であれ、政党であれ、その機関や、あるいは職員が報告を求めたり、または、単に受け取るだけの場合でも、間違いなく生ずるような内容の濾過作用や、鋳型にはめ込むようなことが何ひとつおこなわれていないこと、この点にある」（Weber, 1909a：389-390, 訳：三四〇―三四一）。

一　社会科学雑誌の編者としての活動

社会調査活動の再開

「神経症疾患」で大学を退いたヴェーバーは、かれが編者をつとめる『社会科学・社会政策雑誌』を舞台にして、「中期」の学術活動を再開する。神経症疾患から立ち直る多少の兆しがみえてきた一九〇四年に、ヴェーバーは、かれの経験的研究の代表作のひとつになる「プロテスタンティズムの倫理と資本主義の精神」（以下『倫理』論文と略記）を同雑誌に寄稿する（Weber, 1904-1905）。『倫理』論文は、アメリカ旅行の最中に企てた、同国の教派と資本主義の精神に関するヴェーバーの「人間観察」の契機になった。

同時代の社会調査

またヴェーバーは、自身が編者をつとめる『社会科学・社会政策雑誌』に掲載された、帝国議会選挙で躍進する社会民主党投票者の社会的構成に関するブランクの投票研究の末尾に「覚書」を付与し、独学の労働者のレーフェンシュタインが着手した社会心理学的アンケートにたいする「助言」を同雑誌に寄稿した。このことは、ヴェーバーが、同時代の統計の二次分析や学問の外側でおこなわれた独自の質問紙を駆使する新試行の社会調査に重大な関心をよせ、これに着手した人々と接触し交流したことを示している。

本章では、「中期」の学術活動を再開したヴェーバーが最初に着手した「人間観察」、かれがブランク論文に付与した「覚書」やレーフェンシュタインに付与した「助言」をとりあげ、社会科学雑誌の編者あるいは寄稿者として、かれがくりひろげた社会調査活動はどのようなものであったのかを明らかにする。その際、とくに、社会科学雑誌の編者として、ヴェーバーが重大な関心をよせた同時代のブランクの統計の二次分析やレーフェンシュタインの新試行のアンケートについては、その内容に踏み込んで叙述し、それをふまえて、ヴェーバーが両者とかわした接触や交流が社会調査の学問的な彫琢をめざす活動だったことを明らかにする。

二　「人間観察」

アメリカ旅行

一九〇四年に、ヴェーバーが『社会科学・社会政策雑誌』に寄稿した『倫理』論文は、ヨーロッパに起源がある宗派の禁欲倫理と資本主義の精神の親和的な関係を史的資料に基づいて遡及的に解明した歴史的研究である。同論文は、ヴェーバーがアメリカ旅行で着手した「人間観察」、すなわち特定の社会現象に関与する人々の「言説」や「語り」を現地で収集する直接観察の契機となった。ヴェーバーは、『倫理』論文の第一部を公表した直後の一九〇四年七月から一二月にかけて、フライブルク大学時代のかつての同僚で、当時ハーバード大学に在籍していた心理学者のミュンスターベルク（Münsterberg, Hugo, 1863-1916）に招かれて、セントルイスで開催された国際博覧会に出席するためにアメリカを訪問した。かれは、『倫理』論文第一部の執筆直後におこなったこの旅行を、同時代のアメリカの「教派と資本主義の精神」に関する見聞をひろげる機会として位置づけ、同国のプロテスタンティズムの「教派」と「資本主義の精神」の間に深い関係があることを示す「言説」や「語り」あるいは「事実」を収集する「人間観察」（Weber, 1920：209, 訳：八六）を各地で試みたのである。

言説や語り

たとえば、ヴェーバーは、インデアンの居住地を長旅した際に同じ汽車に乗り合わせた葬具の注文取りをするセールスマンの語り、すなわち「旦那さん、信心しようが信心すまいが、わたしにはどうだっていいことですけれども、どの教会にもいかないような農業家や実業家は、やっぱり五〇セントにもなりませんやね。何も信じていないひとがどうして支払うもんですか」（ebd.：209, 訳：八七）という言説、オハイオ河畔の大都市で開業していたドイツ生まれの耳鼻咽喉科の医師の話、すなわち、「先生、わたしは某々街の某々バプティスト教会に属する者です」（ibid. 209=87）という、鼻の病気や治療とは無関係であるが「診察代はご心配なく」ということを医師に伝える患者の言葉、ノースカロライナ州奥地で農業を営んでいた親戚と列席したバプティスト派の洗礼式での見聞、すなわち、「紳士としての倫理的資格、ことに営業上の資格の絶対的保証をうるために」、寒い日に氷のはった池に入って洗礼を受けた、銀行の開設を予定している男の話（ebd.：209-211, 訳：八七―八八）を収集した。

『教派』論文の経緯

ヴェーバーは、帰国後、アメリカ旅行のおりに試みた「人間観察」で収集したこのような言説や言葉あるいは見聞した数多くの事実に基づいて、「プロテスタンティズムの教派と資本主義の精神」（『教派』論文と略記）を執筆した。同論文は、かれが一九〇六年四月一三日付け『フランクフルト新聞』(Frankfurter Zeitung) に寄稿した「北アメリカにおける『教会』と『教派』」と題する論説、および同年六月一四日および同月二一日付け『キリスト教世界』に寄稿した「教会と教派」と題する論説がもとになっている。そして、『教派』論文は、後に『宗教社会学論文集』の中で、『倫理』論文を補完するものとして、同論文の直後におかれたのである。『倫理』論文は、史的資料に基づく歴史的研究であるが、『教派』論文は、アメリカ旅行のおりに自身の目や耳で直接収集した信頼できる素材に基づいて、同時代の同国の教派と資本主義の精神の関係を解明した調査のモノグラフである。ヴェーバーは、アメリカで試みた現地調査に基づいて、ヨーロッパの「過去」に存在した宗派の禁欲倫理と資本主義の精神の親和関係が当時の同国に存続するあかしをみいだしたのである。

事実確認　またヴェーバーは、同論文において、アメリカの市民的中産階級に属する大多数の人たちがボタン穴のところに、「事前審査と倫理証明」がなされた紳士であることを示す勲章を「彷彿とさせる小さなバッチ」を身につけているという「事実」に着目し、禁欲倫理の「世俗化」(ebd.：212-213, 訳：九〇)、すなわち、「教会離れ」や「教派のクラブ化」が同国においても進行すると予測した。同時代のヨーロッパで進行する資本主義の「脱精神化」(徳永、二〇〇九：四七) を想起しながら、かれは、抗しがたい発展傾向として「アメリカ『社会』のヨーロッパ化」(Weber, 1920：215, 訳：九三) を推測したのである。ヴェーバーは、学問的生涯の「前期」に「不可量物」を収集する学問的な調査の方法としてゲーレの「直接観察」を擁護したが、アメリカで試みた「人間観察」は、かれが、そのような観察にみずからすすんで着手したことを示している。そして、この観察はまた、ヴェーバーにとって、「過去」のヨーロッパとの「比較」に加えてアメリカの「将来」すなわち同国の宗派と資本主義の精神の発展傾向を探求する学問的な営みに正確かつ信頼できる質的記述的な材料を提供する、欠いてはならない素材収集の方法だったのである。

三　ブランクの投票研究

1　統計の二次分析

オッフェンバッハの統計表　ヴェーバーは、『社会科学・社会政策雑誌』に寄稿した『倫理』論文の執筆に際して、同時代の人々が試みた統計の二次分析に重大な関心をよせた。このことは、『倫理』論文の冒頭で、ヴェーバーが門下生のオッフェンバッハ（Offenbacher, Martin）の統計表を引用したことからも明らかである。かれは、同所で、「総じて市民的営利生活向きの学校、たとえば、実業高等学校、実業学校、高等小学校等の課程を修了するものの比率」は、プロテスタントに比べてカトリックで「遙かに小さい」（Weber, 1904-1905：21, 訳：二〇）と指摘した。オッフェンバッハの統計表は、一八九五年のバーデン州の「信仰統計」を再集計した統計の二次分析の成果である。ヴェーバーは、両宗派の学校選択にみいだされる「頻度」の差を、『倫理』論文の問題設定、すなわち資本主義の精神とプロテスタントの禁欲倫理の親和的な関係を過去に遡って究明する「歴史的研究」に、現存する「根拠」があることを示す数字の材料を提供したものとして評価したのである。

選挙統計を利用した研究

また、ヴェーバーは、『社会科学・社会政策雑誌』の編者として、同時代の統計の二次分析に重大な関心をよせた。アメリカから帰国した直後に、同誌に掲載されたブランクの論文すなわち「ドイツの社会民主主義的選挙民の社会的構成」（Blank, 1904/05）にヴェーバーが付与した署名入りの「覚書」は、かれが同時代の統計の二次分析に重大な関心をよせたあかしである。二〇世紀初頭のドイツでは、帝国議会選挙における諸政党の得票数が国民の関心事になり、選挙のあとに新聞は、統計局が公表するデータに基づく選挙結果を公開する記事を掲載した。そして、国民の投票行動に関する統計局のデータを利用した統計学的な研究が開始されており、そのような研究には、ブラウン（Braun, Adolf, 1862-1929）の「一八九八年と一九〇三年の帝国議会選挙」（Braun, 1903）や、前述のブランクの論文があった。前者は、一八九八年と一九〇三年におこなわれた帝国議会選挙の投票結果を単純に記述的に比較したものであったが、ヴェーバーが編者をつとめる『社会科学・社会政策雑誌』二〇巻に収録された後者は、選挙統計を駆使した同時代の統計の二次分析のなかでも、一九〇三年の帝国議会選挙で躍進した社会民主党の得票内容に話題を限定して精密な分析を加えた新試行の学問的な営みだったのである。

2　社会民主党への投票者

非労働者階級投票者の推計

ブランクの論文は、一九〇三年の帝国議会選挙における社会民主党の得票数を、当時の最新のセンサスと組み合わせて統計的に分析したものである。ブランクはまず、一九〇三年の帝国議会選挙で、社会民主党が獲得した三〇一万七七一票が全人口に占める選挙資格を有する産業労働者階級の投票者数二四四万六〇〇〇人を超えたことに注目した（Blank, 1904/05：515-520）。そのうえでブランクは、当時の最新のセンサスから外国人労働者、固定した住居をもたない労働者、選挙資格年齢二五歳以下の労働者を除外して有権者数をわりだし、社会民主党に投票した非労働者階級の数を全投票者数の六分の一すなわち五六万四〇〇〇人と推定した。

投票者の特性

さらにかれは、ドイツ帝国全土を三九の州や大都市に区分し、それぞれの地域ごとに、一八九八年と一九〇三年の選挙における全投票者中に占める社会民主党への投票者の割合、投票人口に占める産業労働者の割合、全人口に占めるカトリック教徒の割合、各地域の人口密度を慎重に計算した（ebd.：512-514, 表11－1）。そして、ブランクは、二八の大都市地域における一八九八年と一九〇三年の社会民主党投票者数を比較して、中産階級の支持者の割合を調べ（ebd.：529, 表11－2）、同地域における一九〇三年の社会民主党投票者に占める中産階級の比率が三割を超えたこと、とくに、ベルリン（四〇・一％）、シャルロッテンブルク（五五・七％）、ステッチン（四七・三％）、アルトナ（四五・四％）、フランクフルト・アン・マイン（四〇・八％）、ニュールンベルク（四六・六％）、ドレスデン（四一・〇％）、ハンブルク（四一・四％）の各都市では、その比率が四割を超えるという事実を明らかにした。またブランクは、社会民主党への投票者の割合が産業労働者の比率の高い地域で高く、カトリック教徒の比率が高い地域で低いことに注目し、カトリック教徒が八割を超えるラシュタット高地、レーゲンスブルク、ローゼンハイム、アーヘン、マインツ、ミュンヘンⅠ、ミュンヘンⅡの七つの地域の同教徒の指示政党を調べ（表11－3）、四つの地域では中央党支持者が半数以上を占めることを明らかにした（ebd.：538）。

表11－1　社会民主党有権者の地理的分布

国土区分名	有効投票総数に占める社会民主党投票者の％（1898年）	有効投票総数に占める社会民主党投票者の％（1903年）	就業者および定職をもたない自営業者の全体に対する産業就業者の％	全人口に占めるカトリック住民の％	人口密度に従った順位
ベルリン市	59.5	66.8	52.9	10.0	1
自由ハンザ都市ハンブルク	62.5	62.2	38.6	4.0	2
ザクセン王国	49.5	58.8	55.0	4.7	8
自由ハンザ都市リューベック	55.3	55.1	37.4	2.3	4
プロイス若家系侯国	58.1	55.1	56.0	1.8	11
シュワルツブルク・ルドルシュタット侯国	48.7	53.6	44.5	0.7	32
ザクセンアルテンブルク大公領	45.5	51.6	45.0	2.4	20
自由ハンザ都市ブレーメン	46.6	51.1	45.4	6.0	3
プロイス老家系侯国	55.1	50.5	66.1	1.5	10
ザクセンコーブルクゴッタ大公領	47.4	46.4	43.1	1.5	21
ブラウンシュバイク大公領	40.0	46.0	41.2	5.2	15
アンハルト大公領	46.1	45.3	39.3	3.7	9
シュレヒスビッヒホルシュタイン地方	39.0	44.3	29.8	2.2	14
ブランデンブルク地方	35.6	43.1	34.2	5.2	12
ザクセンヴァイマール大公国	37.5	43.1	35.0	3.9	26
メクレンブルクシュベリン大公国	38.2	41.3	23.9	1.3	23
ザクセンマイニンゲン大公領	36.8	40.4	44.9	1.7	30
ザクセン地方	34.1	39.3	37.2	7.3	13
シュワルツブルク・ゾンデルシャウセン侯国	38.3	35.7	38.6	1.4	24
ヘッセン大公国	33.9	35.5	35.4	30.5	16
メクレンブルク・シュトレリッツ大公国	29.0	34.1	25.6	1.6	27
シャウムブルク・リッペ侯国	18.1	31.7	40.6	1.8	36
オルデンブルク大公国	22.8	31.4	30.0	21.8	6
ヘッセン・ナッソウ地方	31.0	30.5	35.2	28.0	18
ハノーバー地方	25.6	29.0	31.2	13.1	29
ヴュルテンベルク王国	20.3	27.5	33.1	30.0	25
リッペ侯国	17.9	25.3	32.7	3.7	34
ヴェストファーレン地方	17.7	24.7	50.8	50.7	7
シュレジェン地方	22.4	24.6	36.2	55.0	22
エルザス・ロットリンゲン帝国領	22.7	24.2	33.5	76.2	19
バーデン大公国	19.0	21.9	32.9	60.6	17
バイエルン侯国	18.1	21.7	28.0	70.7	31
ラインラント地方	15.1	20.9	47.9	69.8	5
ヴァルデック侯国	16.4	20.2	26.2	3.2	38
東プロイセン地方	18.3	20.0	17.2	13.5	37
ポンメルン地方	17.3	19.3	24.2	2.3	28
西プロイセン地方	4.9	8.1	20.0	51.2	33
ジグマリンゲン県	2.6	3.8	20.2	94.9	39
ポーセン地方	1.8	2.7	18.7	67.8	35
ドイツ帝国	27.2	31.7	36.1	36.1	

出所　Blank, 1904/05：514, Tabelle I.

表11－2　大都市における社会民主党投票者

都市名	職業区分ABCの被選挙権取得年齢労働者数の計算1）	1903年に投票した労働者数の計算2）	1903年6月16日の社会民主党投票者数3）	社会民主党投票者に占める非労働者%	1898年に投票した労働者数の計算4）	1898年6月16日の社会民主党投票者数5）	社会民主党投票者に占める非労働者%	人口総数に占める1900年の福音派住民%6）
ケーニヒスベルク	13183	9504	14042	32	9320	13522	31	95
ダンチッヒ	10480	6683	6567		6770	3822		68
ベルリン	180611	133110	222386	40	119023	156989	24	89
シャルロッテンブルク	11081	7147	16119	56	6405	9808	35	88
ステッチン	14043	10968	20807	48	9465	10145	7	96
ブレスラウ	36764	26801	33024	19	24264	27897	13	61
マグデブルク	21970	18257	20871	13	18057	20125	10	94
ハーレ	11111	9022	13392	33	9344	9678	3	96
アルトナ	15193	12033	22032	45	11440	19921	43	96
ハノーバー	22601	16702	19234	13	17132	17076	0	90
ドルトムント	15027	13134	9442		12788	5914		53
フランクフルト・アン・マイン	23722	13498	22809	41	15680	20640	24	67
デュセルドルフ	20824	13244	15018	12	13286	8404		28
エーヴェルフェルド	15478	12630	14268	12	12506	12503	0	74
バルメン	15594	12874	13178	0	12943	11935		82
クレフェルド	10108	7490	5884		6944	4520		21
ケルン	35338	23782	22403		19118	13946		18
アーヘン	11082	6682	3705		5386	2536		7
ミュンヘン	43703	28494	46917	39	22420	28444	21	14
ニュールンベルク	18750	14906	27924	47	12900	17435	26	71
ドレスデン	38007	31242	52943	41	29493	30324	0	90
ライプチッヒ	43233	35321	51485	31	33506	37593	11	96
ケムニッツ	18664	15528	24095	36	13513	15099	11	95
シュトットガルト	17266	13502	17551	23	13657	13573	0	84
ブラウンシュバイク	12710	9901	13435	26	8974	10698	16	94
ブレーメン	15690	14717	21209	31	14403	13589		93
ハンブルク	68042	55632	94898	41	49194	78182	37	96
シュトラスブルグ	12221	9740	12110	21	8591	8816	3	47

注1：A－農業経営，園芸，畜産，林業，漁業，B－鉱業，製錬，工業，土木，
　　C－商業，運輸，宿泊業，飲食業。ドイツ帝国統計107巻にある労働者総数。
注2：官庁統計，1903年帝国議会選挙統計2部に基づく。
注3：同左。
注4：1898年帝国議会選挙に関する官庁統計に基づく1899年四半期ドイツ帝国統計Ⅰ補足。
注5：同左。
注6：ドイツ帝国統計，150巻，109頁。
出所　Blank, 1904/05：529, Tabelle III.

表11－3　カトリックの投票行動

投票区名	人口数に占めるカトリックの％	有効投票数に占める中央党投票者の％	有効投票数に占める社会民主党投票者の％
ラシュタット高地	90	69.9	16.3
レーゲンスブルク	94	55.6	13.1
ローゼンハイム	98	56.0	19.2
アーヘン	92	66.0	23.0
マインツ	63	30.5	48.7
ミュンヘンI	80	22.2	22.0
ミュンヘンII	88	23.6	56.2

出所　Blank, 1904/05：526, Tabelle II.

社会民主党の階級的性格　最後に、ブランクは、以上のような分析をふまえて、ドイツ社会民主党が「選挙人の構成からみればもはや階級政党ではありえず」、それが階級的性格を長期にわたって維持することは困難であろうと結論づけた（ebd.：539）。ブランク論文は、社会民主党の大躍進という同時代の「新しい問題」に、選挙統計や職業統計、信仰統計などの官庁統計を駆使して挑戦した当時としては斬新な統計の二次分析だったのである。

3　ヴェーバーの覚書

暫定的な数字の材料　同雑誌の編者であったヴェーバーは、ブランクの論文に続けて四頁にわたる「覚書」（Weber, 1905a）を付与した。同論文の末尾に記された覚書の冒頭で、ヴェーバーは、ブランクの投票研究を「暫定的な数字の材料」と評した。なぜなら、ブランク論文は、ヴェーバーにとって、「ある重要かつ非常に複雑な問題」すなわち「純粋に統計学上の研究を基盤にして解決できない」問題にたいする「最初の着手として価値がある」のである（ebd.：550）。殺風景な統計数字では把握できない「不可量物」の存在は、ヴェーバーにとって自明であったが、かれは、大躍進する社会民主党投票者の社会的構成に統計の二次分析をもって挑戦したブランク論文を、新しい問題の解明にむけた「暫定的」な試みとして位置づけ、「覚書」の大半を、これを端緒としてこれからとりくむべき、統計学上の研究だけでは解決できない「複雑な問題」の解説に費やした。

大量観察の提案

ヴェーバーによれば、統計の二次分析では解決できない複雑な問題には、「非プロレタリア的要素」が社会民主党の「内部的特質におよぼす影響とそれによって生じるその政党の政治的位置」や、その政党に「組織された核」、「政党の能動的な組織者」すなわち「職業政治家や政党職員」と、投票を通じてそれを支持する「大衆」すなわち「受動的な投票者」との関係などがある。そして、ヴェーバーは、これらの問題の解明に際して、特定の立場をとらない社会科学者が政党の内部記録に接近することの困難を指摘しつつも、そのような困難をのりこえて着手すべき「社会民主主義の『社会心理学』にかかわる事実に関する偏りのない大量観察」(ebd.：553)、すなわち、「純粋に客観的な、価値判断自由な観察」(ebd.：551-553) を提案したのである。

ヴェーバーは、かれが編者をつとめる社会科学雑誌に掲載された『客観性』論文において、「新しい科学」は「新しい問題」を「新しい方法」をもって探求するところに成立すると述べた (Weber, 1904：166, 訳：六四―六五)。そして「社会心理学」を「これから創造されるべき」「一体系的科学」(ebd.：189=, 訳：一〇九) とみなしたヴェーバーは、ブランク論文を、「社会民主主義の『社会心理学』」の創出にむけた暫定的な研究として位置づけ、かれの研究を端緒としてなすべき社会調査として、統計数字の二次分析では解決できない「複雑な問題」を解明するための「大量観察」を提案した。オッフェンバッハの統計表やブランクの投票研究に示したヴェーバーの関心に明らかなように、官庁統計を駆使する統計の二次分析は、かれにとって、統計学上の研究のみでは解決できない複雑な問題にたいする「歴史的研究」あるいは新たな「大量観察」に暫定的な数字の材料を提供する学問的な営みである。同時代の統計の二次分析に重大な関心をよせたヴェーバーは、とくに後者の観点にたって、ブランクの投票研究を吟味し、かれの論文の末尾に、同研究を端緒として、さらに複雑な問題の解明に着手する社会心理学的な大量観察を具体的に提言する「覚書」を付与したのである。

四　レーフェンシュタインとの交流

1　アンケートの経緯

社会心理学の創出に直結するアンケート

大量の質問紙の回収に成功したレーフェンシュタインのアンケートは、社会科学雑誌の編者として、ヴェーバーがとくに重大な関心をよせた同時代の社会調査である。ヴェーバーは、政党の外部にたつ独学の労働者のレーフェンシュタインが企てたアンケートを、社会心理学の創出に直結する社会調査として位置づけ、これを「学問の軌道」にのせるという観点から、かれと活発に交流した。学問世界の外部に立つ素人のレーフェンシュタインは、一九〇七年八月から一九一一年四月にかけて、当時の労働者が抱いていた「期待」や「願望」をたずねる八〇〇〇通の質問紙を配布し、およそ五〇〇〇を超える記入済みアンケートを回収する、大きな成功をおさめた。ヴェーバーは、かれが回収したアンケートを、新しい「労働者心理学」の創出に直結する有益な素材として位置づけ、これを「学問の軌道」で加工し分析する仕方をめぐって、かれと活発な交流をくりひろげたのである。

調査のなりたち

調査の経緯からみていけば、レーフェンシュタインがアンケートを思いついたきっかけは、一九〇三年から毎週水曜日に自宅を開放して開催してきた「労働者の夕べ」であった（Levenstein. 1912 : 1）。かれは、数年後、さまざまな種類の多数の労働者が訪れたこの会合を通じて徐々に湧きあがってきた「技術と精神生活の因果関係やそこから生じる結果を可能な限り広範囲に把握したいという願望」から、労働者の意識や態度をたずねる大量のアンケートを思いつき、全部で二六の問いからなる質問紙を単独で開発した（ebd. : 3-4）。このアンケートでレーフェンシュタインが最初に直面した問題は質問紙の配布と回収であった。かれは、労働組合を通じて質問紙を配布したり、集会で一人ひとりにそれを手渡したりしたが、その回収は思うように進まなかった。かれ

表11－4　レーフェンシュタインのアンケートの郵送数・回収数・回収率

労働者	地　域	郵送数	回答者数	回収率
鉱山労働者	ルール地方	1000	810	81.0
	ザール地方	1000	720	72.0
	シュレジェン	1000	554	55.4
	計	3000	2084	69.5
繊維労働者	ベルリン	1000	419	41.9
	フォルスト	1000	734	73.4
	計	2000	1153	57.7
金属労働者	ベルリン	1000	712	71.2
	ゾーリンゲン	1000	696	69.6
	オーバーシュタイン	1000	395	39.5
	計	3000	1803	60.1
総　計		8000	5040	63.0

出所　Levenstein, 1912：9-10 の記述に基づいて筆者が作成。

はあるとき、添え状と質問紙を切手のいらない封筒と一緒に同封してかれの知り合いの労働者に送付するというアンケートの配布方式を思いついた。レーフェンシュタインは、かれの友人が質問紙をかれらの知り合いの労働者に発送し、その労働者はさらに別の知り合いの労働者に郵送するという、いわゆる「雪だるま方式」を思いつき、この方式によるアンケートの配布を、一九〇七年八月二四日の一〇〇〇通の送付から開始した。「質問紙」の郵送数は、その後ときがたつにつれて増加していき、ルール地方、ザール地方とシュレジェン地方の鉱山労働者、ベルリンとフォルストの織物労働者、ならびにベルリン、ゾーリンゲン、オーバーシュタインの金属労働者に送付された。

調査の終結　ベルグ地方の労働者の間でおきたレーフェンシュタインのアンケートにたいする反対キャンペインで調査を終了せざるをえなくなった一九一一年四月一日の時点で、かれが郵送した質問紙の総数はおよそ八〇〇〇通に達した。かれは、質問紙の配布と回収に四年の歳月を費やし、この方式でドイツ国内の七つの地域の、金属労働者、鉱山労働者、繊維労働者の三種類の五〇四〇人（六三％）にのぼる膨大な数の労働者から、記入済み質問紙を回収することに成功したのである（表11‐4）。レーフェンシュタインは、一九一二年に、かれが回収したアンケートに基づく著作『労働者問題』を出版したが、かれはアンケートを開始した直後から、素材の加工や分析の仕方をめぐって助言をえるために同時代の学者たちと接触し、とくにヴェーバーやヤッフェと活発な交流をくりひろげた。

2　アンケートの学術的価値

労働者心理学の宝庫

ヴェーバーは、レーフェンシュタインの著書が出版される五年も前の一九〇八年に、かれが前年に回収し始めたばかりの資料について「語の実践――倫理的、世界観的な意味で、労働者心理学の宝庫」とよび、「わたしがこうしたものについて知っているもののうち、とにかくもっとも価値の多いもの」と評した（Weber, 1908-1909 : 280, 訳：二〇二）。レーフェンシュタインのアンケートの配布と回収が開始された直後の比較的早いこの時期に、かれはどのようにしてその内容を知りえたのであろうか。それは、レーフェンシュタインが、すでに回収していたアンケートの一部、しかも「最優良の回答を含んでいる」素材を学者たちに提示してかれらに助言を求めたからである。レーフェンシュタインの資料にたいするヴェーバーの評価は、かれに提示された資料に基づくものだったのである。

素材の信頼性と直接性

レーフェンシュタインのアンケートにたいして、ヴェーバーは、次のような二つの理由から、高い評価を付与した。第一に、かれが収集した素材の「信頼性」と「直接性」である。ヴェーバーによれば、レーフェンシュタインの資料価値は「一方でそれが、たとえば『仲間』として『お前』と呼んでよいような信仰上の兄弟に向かってなされた陳述であること、他方で、組合であれ、政党であれ、その機関や、あるいは職員が報告を求めたり、または、単に受け取るだけの場合でも、間違いなく生ずるような内容の濾過作用や、鋳型にはめ込むようなことが何ひとつおこなわれていないこと、この点にある」(Weber, 1909a：389-390, 訳：三四〇―三四二)。ヴェーバーは、組合や政党のアンケートが、これらの団体それ自体が主催者であるという理由で調査の「結果」に「歪み」が生じる場合があることを認識していたが、「政党の外部にたつひとりの私人として」独自の道を切り拓いたレーフェンシュタインがアンケートで回収した質問紙を、多数の労働者が、仲間を信頼して直接記入した信憑性の高い資料とみなして、その価値を高く評価したのである。

適切な質問紙

第二に、ヴェーバーは、レーフェンシュタインが使用した「質問紙」にたいして高い評価を付与した。ヴェーバーは、「出生地、父親の職業、以前の自分の職業の数と種類についての質問」が欠如していること、そして「抑圧」という言葉を「肉太文字」で表現した質問、すなわち「何が労働者を抑圧しているか(従属かそれともわずかな賃金か)」をたずねた問二〇が「暗示的」であることを指摘した。しかし、その他の労働や労働状態、経済状態、社会的連帯、職業外の関心、労働者の希望や願望等、レーフェンシュタインが質問紙でたずねた「これらすべての質問は、はなはだ非体系的に出されているが、それでも全体としては適切であり、したがってまた全体としてかなり有益な成果をあげている」(ebd.：391, 訳：三五〇)。ヴェーバーは、レーフェンシュタインが提供した労働者の記入済みアンケートを、かれが使用した質問紙の有益な問いと照合して慎重に吟味し、かれが手に入れた素材の学問的な価値をきわめて高く評価したのである。

3　アンケートをめぐる交流

編者の助言

ヴェーバーによれば、レーフェンシュタインが助言を求めて、一部の学者に提示したアンケートはかれが収集した「資料全体の一二分の一」(ebd.：393, 訳：三四三)であった。その素材の学問的な価値を高く評価したヴェーバーは、『社会科学・社会政策雑誌』の共同編集者であるヤッフェと共に、かれの資料を「学問的な目的のためにいかに利用するかまたいかに利用できるか」(ebd.：391, 訳：三四一）という観点から吟味し、その「資料の利用方法の軌道」を「学問的な要請に応じるような性質」(ebd.：393, 訳：三四三）のものへと転換すべく両者はレーフェンシュタインの資料の数量的な加工や分析の仕方について熱心に思索し、かれが手に入れた素材の価値にふさわしい多くの助言を付与した。

集計作業に関する助言

最初に、ヴェーバーは、レーフェンシュタインが回収した大量の質問紙を出身や職業、年齢および賃金階層ごとに「分類」することを提案し、ヤッフェは、分類ごとに集計したアンケートの「絶対数」をさらに「比例数」に置き換える集計作業を助言した。しかし、アンケートを処理するレーフェンシュタインの作業は不正確で、かれの出した「個々の数字は何度も総計と一致」しなかった。ヴェーバーは、当時人気のあった「痛感」や「体験」こそ「認識の最高裁判所である」という考えにとらわれ、「因果関係の解明への欲求」が不足し、素材を加工し分析する「作業［計算仕事──引用者］の意味と目的について素朴な素人的な観念」を払拭できないでいるレーフェンシュタインにたいして、集計作業については「専門家の指揮」にしたがうか「熟達した専門家による、細目にわたる事後審査」に委ねるようにと勧告した（ebd.：392-395, 訳：三四二─三四五）。ところが、この勧告を一向に受け入れようとしないレーフェンシュタインの態度を、ヴェーバーは、かれが「『発見者としての』利害関心にとらわれすぎている」ためと推測した。すなわち、ヴェーバーは、かれの拒否的な態度を「かれが座している『財宝』を、だれかがかれから奪い取ってしまうのではないかという、何となない不安から、明らかにその資料を吟味に委ねようとしないのだ」(ibid. 394=344）と推測したのである。

事業的関心と学問的関心の葛藤

また、レーフェンシュタインは、仲間の労働者と往復文書をやりとりする過程で、労働者の追憶、信仰告白、道徳についての考察、詩、譜面等の貴重な「階級心理学」的な素材を手に入れた。かれは、一九〇九年にそれらの資料をゲーレやラーデの尽力をえて出版した（Levenstein, 1909abc)。このことをよく知っていたヴェーバーは「事業的な関心と学問的な関心」のどちらの「主人」につかえるかをかれに迫り（Weber, 1909a：398, 訳：三四九)、かれが「学問的な」「醒めた作業」でとりくむべき課題と、どのようにしてそれをおこなうかを短い文書に記してかれとの交流を打ち切ったのである。

動機分析

ヴェーバーが、その短い文書のなかで、レーフェンシュタインにたいしておこなった最後の助言は「動機分析」（Analyse der Motive）である。レーフェンシュタインがアンケートで手に入れた素材は、非体系的な問いにたいして労働者が自由に回答した書き込みをふくむ記述的資料であった。ヴェーバーは、個々の問いにたいする労働者の回答を単に「はい」か「いいえ」かに分けるだけでなく、そこで「述べられた動機」（angegebnen Motive）を「詳細に分類する」必要があると助言した（ebd.：395, 訳：三四五)。そしてさらにヴェーバーは、分類された「動機」の「絶対数を比例数に置き換え」て「相関関係」（Korrelation）を確認することを勧めた。すなわち、ヴェーバーは、「すべての重要な質問については、その度ごとに、質問aにたいしてbと答えた者のx％が質問cにたいしてaと答え、しかも理由g1からy％、理由g2からx％がそうした等」（ebd.：396, 訳：三四六）を確認するようにと、レーフェンシュタインにたいして具体的に指示した。なぜなら、「このようなやり方で、少しも期待していなかった連関がしばしばわかることがある」からである。

類型構成の方法

このように、ヴェーバーは「述べられた動機」に踏み込んで素材を数量的に加工する「動機分析」を助言したが、そこでかれが提案した方法は、質的記述的な素材からいかにして類型をとりだすかを示した経験的な類型構成の方法であった。ヴェーバーは、この経験的な類型構成の方法に関するかれの考えを、さらに次のように述べた。「この資料から『計算可能なもの』すべてが取り出され、相互に関係づけられた後にはじめて、この土台の上にプロレタリアの思考や感情の『型』を、形式的なものも内容的なものも（両者は必ずしも一致しない）、確定する試みがなされうるのである……数字の基礎をもってこの問題にとりかからねばならない……その際、はっきりしない事例は除去され、明白なものは、可能だとわかれば、注意深く『型』（および型の組み合わせ、あるいは、型の間の移行形態）へと編成されねばならない……より範囲の広い私的意見やいろいろな手紙は、その際、当然やはり利用すべきであろう」（ebd.：396-397, 訳：三四七）。質問紙調査で手に入れた記述的資料から「計算可能なもの」をとりだして暫定的な「類型」や「移行類型」を構成し、それらをさらに「組み合わせて」適切な「経験的類型」に到達するという、このようなヴェーバーの考えは、質問紙に記された自由回答を「コード化」して「数量化」する仕方を用いて経験的な類型を構成する現代の社会調査においてもしばしば用いられている方法に通じるものがある。

素材の特質を考慮した助言　レーフェンシュタインのアンケートは、ヴェーバーが認めるように、質的な観点からみれば、その価値は適切な質問紙に労働者が自身の手で記入した素材の「信頼性」にあったが、量の観点からみれば、その価値は、他に類をみない膨大な数の質問紙の回収にあった。素材収集の方法という観点からみて、質的にも量的にも、大きな成果をあげたレーフェンシュタインのアンケートは「労働者心理学の宝庫」であり、この「宝」を新たな「社会心理学」の創出にむけて有効に活用するという観点から、ヴェーバーは、同僚のヤッフェとともに、かれが手に入れた素材の質や量にふさわしい学問的な加工や分析の仕方について思索し、両者が適切と考えた数量化の方法を積極的かつ具体的にかれに提案したのである。

五　レーフェンシュタインの調査結果

1　問いと労働者の分類

『労働者問題』　では、レーフェンシュタインは、大量のアンケートをどのように集計し分析したのだろうか。以下では、一九一二年にレーフェンシュタインが刊行した『労働者問題』（Levenstein, 1912）に基づいて、かれが素材に施した加工や分析の仕方およびその結果について具体的に紹介し、それをふまえて、ヴェーバーがかれとかわした交流の結末がどのようなものであったのかを明らかにする。

質問項目の分類

最初に、レーフェンシュタインは、著書の「序文」において、洗練された一問一答形式の質問紙の問いの項目を次の五つに区分した（ebd.：Inhaltsangabe）。すなわち、A基礎的属性（問一、姓名、問二、年齢、問三、職業、問四、配偶関係、問五、子供数、問六、平均週賃金、問七、労働時間、問八、賃金形態）、B職業労働と労働条件にたいする労働者の精神的関係（問九、賃金形態にたいする好み、問一二、使用機械、問一三、労働が楽しみか否か、問一六、製造品目、問一七、疲労感、問一八、作業中の思索、問二〇、抑圧）、C経済的状態の改善に関する労働者の希望（問一〇、望ましい労働時間、問一五、従事したいと思う仕事、問一一、余暇があればしたいこと、問一四、金があれば何を買いたいか、問二六、希望）、D社会的連帯にたいする労働者の関係（問一九、くつろぐ場、問二二、政治や組合運動にたいする希望、問二三、絶望とその理由）、E職業外の文化ならびに生活問題にたいする労働者の態度（問二一、読んだ書籍、問二四、信仰、問二五、静寂な森で想うこと）の五つである。

回答者の分類

次いでかれは、著書の冒頭で、アンケートに回答をよせた、ベルリン、ルール、ザール、シュレジエン、ゾーリンゲン、フォルスト、オーバーシュタインの金属労働者（一八〇三）、鉱山労働者（二〇八四）、繊維労働者（一一五三）を、地域と労働の種類を組み合わせて八つのグループに分けた（ebd.：8-9）。すなわち、ベルリンの金属労働者（七二二）、ルールの鉱山労働者（八一〇）、ベルリンの繊維労働者（四一九）、ゾーリンゲンの金属労働者（六九六）、ザールの鉱山労働者（七二〇）、そしてフォルストの繊維労働者（七三四）、オーバーシュタインの金属労働者（三九五）、ゾーリンゲンの鉱山労働者（五五四）、の八つである。

直感的な類型化

また、表11－5に示したように、レーフェンシュタインは労働者を四つのタイプの「心理学的諸類型」（psychologische Typen）に分類した（ebd.：13）。かれが「精神的に死んだ層」あるいは「大衆層」（Massenschicht）と呼ぶ第一の類型は回答者全体の六四・一％を占め、かれらは各設問にたいして単純な「は

表11－5　労働者の心理的諸類型

労働者	地　域	N	知識層	瞑想層	歪み層	大衆層
鉱山労働者	ルール地方	810	5.7	14.6	7.0	72.7
	ザール地方	720	1.5	5.8	16.5	76.1
	シュレジェン	554	1.3	3.8	6.9	88.1
	計	2084	3.1	8.7	10.3	78.0
繊維労働者	ベルリン	419	10.0	2.1	24.6	63.2
	フォルスト	734	3.8	11.9	10.4	74.0
	計	1153	6.1	8.3	15.5	70.1
金属労働者	ベルリン	712	14.6	9.6	51.1	24.7
	ゾーリンゲン	696	8.2	20.5	29.3	42.0
	オーバーシュタイン	395	1.3	3.3	12.4	83.0
	計	1803	9.2	12.4	34.2	44.1
総　計		5040	6.0	9.9	20.0	63.9

出所　Levenstein, 1912：13の表に基づいて筆者が作成。

い」もしくは「いいえ」か、あるいは卑猥な言葉で回答した。次にかれが精神的に「歪んだ層」（Verbildete Schicht）と呼ぶ第二の類型は二〇・一％を占め、かれらの回答は「言葉数が多く、理解していない事典から引用した生半可な知識」に満ちていた。またかれが「瞑想層」（Kontemplative Schicht）と呼ぶ第三の類型は、全体の九・九％を占め、かれらはがまんづよいが「仲間から理解されない」労働者のタイプで「哲学的問題」と格闘しているようにみえた。最後に、回答者全体の五・九％を占める「創造的で自発的な諸個人」からなる第四の類型を、かれは「知識層」（Intellectuelle Schicht）と呼んだが、かれらの回答は「若々しい楽観主義」に満ちていた。

このようなレーフェンシュタインの分類は、労働者の回答の仕方にのみ注目したかれの印象に基づく直感的なものである。

そして、続く各章で、かれは、労働者の態度や希望、願望についてたずねたB以降の問いの順序にしたがって、それぞれの設問に鉱山労働者、繊維労働者、金属労働者の三種類の労働者がよせた記述的な回答から、かれが特徴的とみなした「典型的」な回答を二〇前後抜き出して紹介し、八つの労働者グループの回答をさらに基本属性すなわち年齢階層と賃金

表11－6　アンケート回答者の労働者種類別・地域別平均年齢および平均賃金

労働者	地　域	回答者数	平均年齢	平均収入	構成比(％)
金属労働者	ベルリン	712	33.2	30-40M	55.5
鉱山労働者	ルール地方	810	30.2	20-30M	48.0
繊維労働者	ベルリン	419	33.7	20-30M	72.8
金属労働者	ゾーリンゲン	696	35.0	20-30M	63.5
鉱山労働者	ザール地方	720	31.2	20-30M	84.0
繊維労働者	フォルスト	734	31.5	10-20M	56.3
金属労働者	オーバーシュタイン	395	31.8	10-20M	74.4
鉱山労働者	シュレジェン	554	32.3	10-20M	84.7
総　計		5040	32.3	20M	49.5

出所　Levenstein, 1912：14-15の表に基づいて筆者が作成。

階層ごとに数え上げた「表」を提示した。

基本属性

表11－6は、アンケートが回収できた労働者の基本的属性を示したものである。労働者の属性に関していえば、レーフェンシュタインのアンケートに回答をよせた八種類の労働者の年齢や賃金の分布には、若干の差があった。繊維および鉱山労働者は金属労働者に比べて五歳ほど年齢が低く、このグループに属する回答者の約半数は、二五歳から三五歳の間にあった。賃金における差は、はるかに顕著で、地域と労働の種類が重要だった。金属労働者に関していえば、ベルリンの労働者の五五・四％は三〇～四〇マルクの週賃金を獲得しているが、ゾーリンゲンの労働者の六三・五％は週二〇～三〇マルク、オーバーシュタインの労働者の七四・五％の週賃金はさらに低く、一〇～二〇マルクであった。繊維労働者に関していえば、ベルリンの労働者の七二・八％は週二〇～三〇マルクであったが、フォルストの労働者の五六・三％の週賃金はさらに低く、一〇～二〇マルクであった。鉱山労働者に関していえば、ザールの労働者の八四％およびルールの労働者の四八％は週二〇～三〇マルクであったが、ゾーリンゲンの労働者の八四・七％の週賃金は一〇～二〇マルクであった。地域別にみれば、ベルリンとその他の地域の間に、また労働の種類ごとにみれば、金属労働者と繊維および鉱山労働者の間に、と

表11－7　出来高給と時間給のどちらを望むか（問9）

労働者	地　域	回答者数	出来高給	時間給	無関心	無回答	時間/出来高
鉱山労働者	ルール地方	810	109	539	110	52	4.9
	ザール地方	720	48	505	107	60	10.5
	シュレジェン	554	63	261	130	100	4.1
	計	2084	220	1305	347	212	5.9
	%	100.0	10.6	62.6	16.7	10.2	
繊維労働者	ベルリン	419	89	264	47	19	3.0
	フォルスト	734	123	467	44	100	3.8
	計	1153	212	731	91	119	3.4
	%	100.0	18.4	63.4	7.9	10.3	
金属労働者	ベルリン	712	123	570	19	0	4.6
	ゾーリンゲン	696	170	435	91	0	2.6
	オーバーシュタイン	395	48	268	79	0	5.6
	計	1803	341	1273	189	0	3.7
	%	100.0	18.9	70.6	10.5	0.0	
総　計		5040	773	3309	627	331	4.3
%		100.0	15.3	65.7	12.4	6.6	

出所　Levenstein, 1912：23-25, 31-33, 42-44の表に基づいて筆者が作成。

くに大きな週賃金の格差があったことがうかがえる。

2　労働者の意識

時間賃金と出来高賃金

レーフェンシュタインが質問紙を回収できた労働者の基本属性に若干の偏りがあったことは否めないが、かれらの回答には、当時の労働事情を反映する労働者の意識傾向があらわれている。たとえば、出来高賃金と時間賃金の選択をたずねた問九にたいする八つの労働者グループの回答は、おおよそ四対一から六対一の割合で時間賃金に賛成した（表11－7）。またレーフェンシュタインは、労働者が出来高給と時間給に賛成する主要動機（理由）を数え上げて表にした。それによると、時間賃金に賛成した労働者三三〇九人のうち、かれらは「収入が安定する」（三四・〇％）、「健康のためにより良い」（二六・七％）、「労働が穏やかになる」（一〇・六％）、「連帯」（一〇・二％）をその理由としてあげた。他方で出来高賃金に賛成した七七三人のうち、五三・七％が、その理由として「稼ぎが良くなるため」と回答した。

また望ましい労働時間についてたずねた問一〇にたいしては、繊維労働者と金属労働者のほとんどが「八時間」と答え、通常、四時間から六時間で疲労があらわれる鉱山労働者は、一日の労働時間が八時間より短くなるように回答した（ebd.：161, 172）。出来高賃金でしかも一〇時間労働もめずらしくはない当時の労働事情を考慮するなら、時間給や八時間労働制の導入にたいする強い関心がこの時代の労働者の間に広く浸透しはじめていた様子がうかがえる。

仕事にたいする態度

しかし、レーフェンシュタインのアンケートの真骨頂は、当時の労働者の社会心理学的な状態の把握にある。当時の労働者心理学の諸問題は、かれがアンケートでたずねたいくつかの問にたいする回答にあらわれている。たとえば、「労働が楽しみか否か」をたずねた問一三にたいする回答では、全体に八対一の割合で「仕事がきらいだ」という回答が「好きだ」という回答を上回った。週賃金の格差がとくに顕著で、最高賃金グループではその割合は二対一に減少し、最も低い賃金しか得ていない繊維労働者のあいだでは一二対一の割合で「仕事がきらいだ」が多くなっていた（ebd.：59-61, 73-75）。しかし、レーフェンシュタインが実際に抜き出した、次に紹介する労働者の回答に明らかなように、そこには、かれらの心理的な状態が具体的にあらわれていた。

A、二三歳、鉱山労働者
「わたしは働くために生まれてきたのだから、仕事を好きにならなければならない」（ebd.：55）。
B、二六歳、鉱山労働者
「仕事がわたしに喜びを与えてくれるなんてことはまったくない。わたしは死出に赴くおもいで仕事に行く」（ebd.：54）。
C、二九歳、鉱山労働者
「もし十分な金が稼げるなら仕事は好きになれるよ」（ebd.：54）。

D、四七歳、鉱山労働者
「喜び?、否、しかし、わたしの道楽である地質学からみれば、わたしの仕事もおもしろくなる」(ebd.：57)。
E、三九歳、繊維労働者
「わたしは関心をもたざるを得ない。わたしの胃袋がそれを要求するのだから」(ebd.：64)。
F、五二歳、繊維労働者
「土曜日に財布をいっぱいにして家族の待つ家に帰れるのなら仕事も好きさ」(ebd.：65)。
G、五四歳、繊維労働者
「仕事が楽しいこともある。わたしは、きちんと美しく仕立て上げたときは幸福です」(ebd.：65)。
H、五五歳、繊維労働者
「現在のブルジョワ社会のもとでは喜ぶことなんてまったくできない」(ebd.：65)。

文書による回答がよせられたアンケートには、Bのように、「疎外感」を表明するものや、Gのように自分の「生産物」を自慢するものなど、非常に多くの理由が記されている。しかし、レーフェンシュタインのアンケートにおいて、自分の仕事を嫌いと表明した三二五二人のうち、もっとも頻度の高い理由は「仕事が単調だから」(二二・九%)と「賃金が安い」(一七・五%)「資本家を利するだけだから」(一六・四%)であった。また、この問いに肯定的に答えたのは七〇七人だったが、そのうちの大部分は、「仕事をすれば賃金が良くなる」(三三・〇%)ためか「仕事が変化にとんでいる」(一六・七%)ためと回答した。

抑圧および作業中の思索　また、労働者が感じている「抑圧」についてたずねた問二〇は、ヴェーバーによって、示唆的な言葉で偏った回答を引き出すことが危惧されていた。しかし、「雇い主への従属は低賃金よりも苦痛である」とする回答は三分の一に過ぎず、むしろ偏向が危惧されたこの問いにたいしても、当時の労働者の現実的な意識傾向が浮かび上がっている(表11-8)。事実、金属労働者の間では、平均賃金以下のものからより高い賃金を得

表11－8　雇用主への従属を不愉快に思う（問20）（賃金グループ別）

労働者	回答者数	従属的	構成比	10-20M	20-30M	30-40M	40-50M
鉱山労働者	2084	829	39.8	37.1	44.6	31.2	
繊維労働者	1153	431	37.4	31.5	32.9	86.1	
金属労働者	1803	574	31.8	26.7	29.5	35.2	65.4
総　計	5040	1834	36.4	32.6	36.9	38.6	65.4

出所　Levenstein, 1912, : 139-140, 146-147, 153-154の表に基づいて筆者が作成。

ているものへと進むにしたがって、低賃金よりも従属的な状態を嘆くひとの割合が、週三〇マルク以下では二七％、三〇から四〇マルクでは三五％、四〇マルク以上では六五％と規則的に増加した。

「平均賃金」が変数として労働者の態度に影響をおよぼしたことを示す証拠は、「作業中の思索」についてたずねた問一八にたいする回答にもみとめられる。この問にたいして、レーフェンシュタインが抜き出した回答は、次のようである。

A、二〇歳、繊維労働者
「だんな、わたしは若い。打ち明けて言えば、そのときにはガールフレンドについて考える、それ以外にはとくに何もない」（ebd. : 116）。

B、二六歳、鉱山労働者
「わたしは家族のことを考える。そして健康なままで家に帰れればよいと思う」（ebd. : 110）。

C、二九歳、鉱山労働者
「命を守るために決して山から目を離すわけにはいかないから考えることなんて不可能だ」（ebd. : 110）。

D、四九歳、鉱山労働者
「考えることなんてできない。誓って出来ない」（ebd. : 114）。

E、三五歳、鉱山労働者
「わたしは仕事中にしょっちゅう考える。そして本当に疲れたときには、わたしには次のような詩が浮かんでくる。『なんとわたしは疲れたことだろう。墓の下に横たわり永久に眠りについてみたくなる。おー命よ、わたしの命よ、なんじはわれに大きな悲しみをもたらしてい

表11－9　金があれば何に使いたいですか（問14）

労働者	地　域	回答者数	良い衣服	蔵　書	十分食べる	良い住居	庭つき住居（土地）	その他	無回答
金属労働者	ベルリン	712	2.5	19.2	0.0	16.6	36.7	25.0	0.0
鉱山労働者	ルール地方	810	18.8	9.6	1.7	17.2	0.0	52.7	0.0
繊維労働者	ベルリン	419	11.5	3.8	1.9	21.2	17.2	44.4	0.0
金属労働者	ゾーリンゲン	696	5.6	26.9	0.6	8.9	8.3	36.1	13.6
鉱山労働者	ザール地方	720	9.7	11.7	18.9	25.1	0.0	34.6	0.0
繊維労働者	フォルスト	734	20.6	9.5	24.5	8.4	15.7	10.9	10.4
金属労働者	オーバーシュタイン	395	21.3	4.6	15.4	3.5	9.6	18.0	27.6
鉱山労働者	シュレジェン	554	15.9	3.2	30.3	8.5	0.0	42.1	0.0

出所　Levenstein, 1912：187, 198, 213の表に基づいて筆者が作成。

る』」（ebd.：111）。

BとCの「心配」は、Aの「態度」やEの「絶望」とは、まったく反対の回答のように思われるが、レーフェンシュタインは、労働者が作業中に考えている「内容」について、「家族について」「賃金について」「政治的諸問題について」などとひとまとめにし、より高い賃金グループは、「政治的諸問題について」、またより低い賃金グループは「賃金について」思い悩んでいた様子を明らかにした（ebd.：122, 130）。

希望および願望

レーフェンシュタインは、かれのアンケートで当時の労働者が抱いていた「希望」や「期待」を明らかにしようとした。とくに「時間」（余暇）と「金」があれば何をしたいかをたずねた問一一と問一四にたいする回答には、明確なパターンがあらわれている。たとえば、お金についていえば、そのパターンは有名なエンゲルの家計法則を確証しているようにみえる。すなわち労働者グループの平均賃金が減少するにしたがって、そのグループ内部では「もっと十分に食べたい」と答えた人の割合が増加し、逆に賃金が増加するのに伴って、「庭付きの小さな家」を望む人の割合が増加した（表11－9）。とくにベルリンの金属労働者の三七・〇％、すなわち最高賃金を支払われていたグループはこの目標に望みをかけ

表11－10　余暇（時間）があれば何がしたいか（問11）

労働者	地　域	回答者数	絵を描く	家族に捧げる	十分に眠る	自然の中を歩く	自身を教育する	政党や組合の宣伝	その他	無回答
金属労働者	ベルリン	712	9.7	24.9	0.0	7.9	36.0	15.2	6.5	0.0
鉱山労働者	ルール地方	810	0.2	6.7	5.9	19.9	27.2	14.2	25.9	0.0
繊維労働者	ベルリン	419	11.9	14.1	0.0	14.6	43.9	9.5	6.0	0.0
金属労働者	ゾーリンゲン	696	6.6	13.1	0.0	5.7	27.9	8.9	24.1	13.6
鉱山労働者	ザール地方	720	0.0	16.1	2.9	9.7	21.1	12.5	37.6	0.0
繊維労働者	フォルスト	734	5.0	11.4	0.0	20.2	21.8	9.7	21.5	10.4
金属労働者	オーバーシュタイン	395	0.5	37.5	0.0	3.0	9.9	1.8	19.7	27.6
鉱山労働者	シュレジェン	554	0.2	27.3	14.8	2.5	11.0	6.9	37.4	0.0

出所　Levenstein, 1912：187, 198, 212の表に基づいて筆者が作成。

ていた。

また余暇時間については、平均賃金が増加するのにしたがって、「わたしは、さらに自分自身を教育したい」と答えた人の割合が増加し、もっとも高く支払われていたグループでは四人に一人がそのように回答した（表11－10）。また「もっと家族のために時間を使う」や「自然の中を動き回る」といった回答は、すべてのグループに共通していた。「好ましい仕事」をたずねた問一五では、現在の自身の仕事を「好ましい」と回答する人は極端に少なく、「最高の金を稼げる仕事」と回答したものが一九・二％を占め、その他に「独立した仕事」（二六・六％）、「農業労働」（一一・九％）、「自由な仕事」（八・六％）などをあげたものがあった（表11－11）。

その他の発見　社会的連帯にたいする労働者の関心や職業外の文化ならびに生活問題にたいするかれらの態度に関する設問では、政治運動や組合運動にたいする期待をたずねた問二二や書籍に関する問二一にたいする回答が興味深い。書籍に関する設問では、繊維労働者と金属労働者の四〇％以上の人々が社会主義的な書物や労働組合の印刷物を読んでいたことがわかる（ebd.：391-392, 397-398, 402-403）。また、政治や組合運動にたいする「期待」をたずねた問二二の回答では、これらの運動によって運命は徐々に改善されていくだ

表11－11　好ましい仕事（問15）

労働者	地　域	回答者数	現在の仕事	社会的仕事	学問的な仕事	独立した仕事	政党の仕事	農業労働者	日中の仕事	大金を稼げる仕事	自由な仕事	その他	無回答
金属労働者	ベルリン	712	10.0	5.3	8.7	20.2	2.0	9.7	0.0	18.0	2.5	10.7	12.9
鉱山労働者	ルール地方	810	8.4	0.0	4.2	9.4	4.2	13.3	5.1	22.1	7.5	11.7	14.1
鉱山労働者	ザール地方	720	2.2	0.0	1.1	18.2	1.9	13.5	3.9	16.1	21.1	11.1	10.8
繊維労働者	ベルリン	419	2.9	12.2	4.8	16.9	7.4	9.5	0.0	33.2	0.0	1.9	18.4
金属労働者	ゾーリンゲン	696	7.6	2.4	6.6	20.1	4.0	7.2	0.0	12.9	8.8	22.6	7.8
繊維労働者	フォルスト	734	12.1	4.0	6.9	18.8	6.5	13.1	0.0	20.2	0.0	7.9	6.4
金属労働者	オーバーシュタイン	395	3.5	2.3	1.0	17.2	1.0	20.8	0.0	29.9	5.1	12.9	6.3
鉱山労働者	シュレジェン	554	18.4	0.0	0.5	12.1	0.5	10.5	13.0	8.7	21.7	2.9	11.7
総　計		5040	8.4	2.9	4.5	16.6	3.5	11.9	2.8	19.2	8.6	10.7	11.0

出所　Levenstein, 1912：161, 166, 172-173の表に基づいて筆者が作成。

ろうと期待する人々（一二九〇人）が、改善をまったく期待しない人々（九六八人）と比べて数の上でまさっていた（ebd.：298-299, 310-311, 321-323）。レーフェンシュタインのアンケートは、当時の労働者が、社会の急進的な革命というよりも、漸次的な事態の改善に大きな期待をよせていたことを明らかにしたとみることができる。

交流の結末

以上のようなレーフェンシュタインの集計結果に明らかなように、ヴェーバーとヤッフェの助言にしたがって、かれは、各設問にたいする回答者の数を年齢階級や賃金階級に分けて熱心に数え上げ、これを比例数に置き換える作業に熱中した。しかしながら、レーフェンシュタインが「典型的」なものとして抜き出した回答に明らかなように、労働者が質問紙に記した自由回答を分類する仕方は、いまだ素朴かつ直感的なものである。なぜなら、ヴェーバーが助言した暫定的な「経験的類型」を順に構成していくやり方は、年齢や賃金などの属性ばかりでなく、意識や態度をたずねる問に記された自由回答を分類し、個々の設問どうしのクロス表を作成するというさらに入念な分析作業を前提とするからである。しかし、レーフェンシュタインのモノグラフでは、そのような分類や表の作成を試みた痕跡はみとめられない。ヴェーバーがレーフェンシュタインとくりひろげた両者の共同的な営みは、素材の帰属あるいは共有問題もあって、みちなかばで中絶する。しかし、ヴェーバーがレーフェンシュタインに付与した最後の「助言」は、かれが入手した素材の加工や分析をめぐって、「学問の軌道」で数量化の方法を駆使してなすべき「動機分析」や「類型構成」の方法を具体的に提案した重要な提言だったのである。

六　新試行の社会調査

現地探訪

ヴェーバーが「中期」の学術活動を再開して最初に着手した「人間観察」と、かれが、社会科学雑誌の編者として、ブランクの投票研究やレーフェンシュタインのアンケートを媒介にして、両者とくりひろげた交流がどのようなものであったのかを明らかにしてきた。一九〇四年のアメリカ旅行の最中に、ヴェーバーが企てた「人間観察」は、かれが質的調査に着手した証左である。ヴェーバーは、学問的生涯の「前期」に、現地に滞在して「自身の目や耳」を用いてゲーレがおこなった「直接観察」を、学問的な素材収集の方法として擁護した。アメリカ旅行を同国の教派と資本主義の精神の関係に関する質的記述的な観察素材を収集する絶好の機会として位置づけたヴェーバーは、同様の観点から、数量化が困難な、問題の当事者や関係者の「言説」や「語り」あるいは「事実」を収集する、今日なら「現地探訪」と呼ぶであろう「人間観察」に着手した。そして、『倫理』論文を補完するものとして、のちにヴェーバーが執筆した『教派』論文は、この人間観察に基づく調査のモノグラフだったのである。

「社会心理学」の創出に直結する調査

次いで、ヴェーバーは、社会科学雑誌の編者として、同時代のブランクの投票研究やレーフェンシュタインのアンケートを「社会心理学」の創出に直結する学問的な営みとして評価し、かれらの研究や調査を出発点として「学問」の世界でなすべき調査の課題を提示した。ヴェーバーは、帝国議会選挙で躍進する社会民主党投票者に占める中産階級の増加を官庁統計の加工を駆使して明らかにしたブランクの投票研究を「社会民主主義の社会心理学」に「数字の材料」を提供する「暫定的」な試みとして位置づけ、純粋に統計学上の研究のみでは解決できない「複雑な問題」すなわち「非プロレタリア的要素」が社会民主党の内部的特質や政治的位置におよぼす影響を政党の内部記録に立ち入って調べる新たな「大量観察」を提案したのである。

素材分析の方法に関する提案　また、ヴェーバーは、一問一答形式の洗練された質問紙を用いて、レーフェンシュタインが直接労働者から回収したアンケートを「労働者心理学の宝庫」と呼び、自由回答をふくむ質的記述的な大量の質問紙を「学問の軌道」にのせるという観点から、同僚のヤッフェとともに、数量化の方法を駆使する素材の加工や分析の仕方を助言した。そして、相関関係や動機分析あるいは類型構成の方法に関するヴェーバーの提案に明らかなように、質的記述的な回答の数量的な加工や分析の方法に関するかれの認識は、「前期」の「私的アンケート」で示した不確かなものからより確かなものへと前進した。レーフェンシュタインとの交流は、素材の帰属あるいは共有問題もあって中絶するが、かれが回収した質的記述的な素材の数量的な加工や分析の仕方に関するヴェーバーの提案は、自由回答の集計作業で現代人が駆使する手法に通じるものだったのである。

その他の新試行の調査　ブランクの統計の二次分析やレーフェンシュタインのアンケートに付与した「覚書」や「助言」は、「前期」にヴェーバーが企てたゲーレとの交流を想起させる。学問的生涯の「中期」に入って、ヴェーバーは同時代の新試行の社会調査に着手した人々と、さらに活発に交流したのである。ヴェーバーが関心をよせた同時代の新試行の社会調査は、これにとどまらない。同時代のドイツで、クレペリン（Krapelin, E., 1895, 1902, 1903）がおこなった作業曲線に関する精神物理学的な「実験」やアッベ（Ernst Carl Abbe 1840-1905）が試みた労働時間の短縮に関する「工場実験」に触発されたヴェーバーは織物労働調査に着手し、その成果を自身が編者をつとめる社会科学雑誌に寄稿した。同調査については、次章で明らかにする。

第一二章　織物労働調査

「わたしはいかなる応用が、たとえば工業労働の特定の諸条件の研究領域において特定の実験心理学的研究によってなされえるかを、近い将来において研究すべき機会を望んでいる（Weber, 1908a：392-393, 訳：二二八）

「これから書く論文の目的は、……1さまざまな諸学科による『原理的には』可能な、ある共同研究が、さしあたってはまだほとんど実現していないという事情から生ずるさまざまな不都合さを理解させるということ、2いかなる意味で、またどの程度将来このような共同研究が可能となるであろうかを問題としてみること、の二つである」（Weber, 1908-1909：62, 訳：八〇）。

一　調査の背景と経緯

1　「精神物理学」論文

論文構成

織物労働調査は、学問的生涯の「中期」にヴェーバーがくりひろげた社会調査活動のなかでも、とくに調査の設計から素材の収集および加工や分析、そしてモノグラフの執筆にいたる調査の全過程にまったく単独で着手した特筆すべき社会調査である。ヴェーバーは、一九〇八年九月半ばと一九〇九年一月に、ヴェストファーレン州エーリングハウゼンの従兄弟が経営する織物工場に滞在し、同工場で、織布工の労働能率に関する現地調査に着手した。そしてかれは、一九〇八年一一月から一九〇九年九月にかけて、「工場労働の精神物理学について」（以下、『精神物理学』と略記）と題する長大な「論文」を、自身が編者をつとめる『社会科学・社会政策雑誌』に四回に分けて連載し、同論文に織物労働調査のモノグラフを収録した。同論文の最初の部分は、クレペリンが実験室でつくりあげた「作業曲線」の軌跡に影響をおよぼす「疲労」や「練習」などの「概念」の検討にあてられたが、論文の大部分をしめるのは織物労働調査のモノグラフである。

調査の目的　織物労働調査において、ヴェーバーは、当時の織布労働の労働能率の変動に関する詳細な事例分析に着手したが、同時代の自然諸科学と社会諸科学の「共同研究が、いかなる意味で、またどの程度将来可能になるか」(Weber, 1908-1909 : 62, 訳：八〇) をみきわめるという副次的な目的を同調査に込めた。本章では、学問的生涯の「中期」に、ヴェーバーが熱中した織物労働調査をとりあげ、かれをして、このような調査へとむかわしめたものは何か、またかれが全く単独で着手した同調査の経過と結果、すなわち、その副次的な目的をふくめて、同調査がどのような成果をあげたのかを明らかにする。

2　クレペリンの実験

「作業曲線」研究　ヴェーバーをして織物労働調査へとかりたてたものは、第一に、その当時、労働研究の分野で目覚しい成果をあげたクレペリンの自然科学的な実験的研究およびアッベの労働時間短縮に関する工場実験であった。クレペリンの実験的な研究からみていけば、一八九一年にハイデルベルク大学の精神医学教授に就任したかれは、一九〇三年にミュンヘン大学に転出するまで、同大学に開設した心理学実験室で門下生と共に精神作業の「作業曲線」に影響をおよぼす「疲労」や「回復」などの諸概念に関する研究に着手した (Kraepelin, 1895, 1902, 1903)。クレペリンとその弟子たちは、大学の実験室で特定の作業に従事する被験者の「労働給付」を適当な機械装置を用いて測定し、その結果を座標軸に書き込んだ不規則に変動する「作業曲線」に影響をおよぼす要因を探求する入念な研究に、およそ一〇年の歳月を費やした。ハイデルベルク大学の実験室においてクレペリンの指導のもとにおこなわれた研究には、「疲労」と「回復」に関するボールトン (Bolton, Thaddeus Lincoln) の実験、精神的・

肉体的作業の影響に関するベートマン（Bettmann, Siegfried）の実験、筋仕事量の測定に着手したオゼルツコウスキ（Oseretzkowski, Alexis）の実験、精神的な作業能率の変動に関するホス（Voss, Georg）の実験、作業の偏奇と慣れや労働の組み合わせに関するフォークト（Vogt, Ragnar）の実験、労働の転換に関するヴィーガント（Weygand, Wilhelm）の実験、労働の中断や休止の影響に関するフォイマン（Heümann, Gustaf）の実験などがある。これらの実験においては、「偶然」の影響を排除する実験室で、厳しい生活規制を伴った平均して四名程度の被験者が数週間から数か月間かけて着手した単純作業について測定した資料を用いて精神物理学的概念の因果関係を適合的に再現するテストがおこなわれた。

仮説作出的価値　ヴェーバーは、一八九七年の春にハイデルベルク大学に赴任し、クレペリンがミュンヘン大学に転出する一九〇三年までの七年間、同じ大学の同僚として過ごした。ヴェーバーは、統制された実験室でクレペリンとその弟子たちがつくりだした「疲労」「回復」「練習」「単調と慣れ」等の諸概念に、実際の工場で日常的におこなわれる労働の「能率曲線」が示す不規則な変動を「説明」するのに役立つであろう「仮説策出的な価値」（Weber, 1908-1909：113, 訳：一四一）に注目し、『精神物理学』論文の最初の部分で、個々の概念の検討に着手したのである。

3　アッベの工場実験

労働時間の短縮実験　また父親が働いていたツアイス光学工場から奨学金を受けて大学で物理学を修め、のちにその工場の経営者になったアッベは、社会政策的な問題の解決に強い関心を抱いた開明的な経営者であった。かれは、一九〇一年に労働時間の短縮問題ととりくみ、八時間労働制にたいして生産費の上昇を懸念する経営者と賃金低下を心配する労働者の疑念を慎重に考慮し、労働者の同意をとりつけて、よく計画された工場実験を試みた（Abbe, 1906）。実験に際して、かれは工場で働く健康でかつ四年以上の経験をつんだ出来高給で働く労働者二三三人を選び出し、最初の四週間かれらは一日九時間働き、次の四週間、かれらの労働時間は一日八時間に変更された。八週間後、かれは、実験に参加した労働者の年齢や仕事の種類別に平均賃金を計算し、電力消費量などの経費を詳しく分析した。そしてアッベは、一日八時間制が導入された四週間の労働者の賃金が例外なく上昇し、機械の集中的な利用で生産費も減少したことを明らかにした。

「自動的適応」

このような実験結果に基づいて、アッベは八時間労働への移行が可能であることを確信し、次のように書いた。「わたしは、この問題を最終的に解決しうると考えている。なぜなら、労働の速度が労働時間数に適応する際に、動機づけや善意、それにたいする利己的な動機はそれにともなっていないからである。しかも、たとえある種の悪意があると思われていた場合においてさえ、この適応は自動的におこるのである」（ebd.：211）。ヴェーバーは、アッベが発見した労働の「自動的な適応」が生じるという事実を「精神物理学的装置」のはたらきとして説明可能な「十分意味のあるもの」と指摘し、かれの経験は「長時間労働は収益的ではないという企業主の経験」と合致する重要な発見であると評価したのである（Weber, 1908-1909：139-143, 訳：一七三―一七六）。

アッベが工場実験でみいだした「精神物理学的装置」のはたらきは、大学の実験室でクレペリンがつくった精神物理学の概念を実際に稼動する工場内での労働作業の「経験的分析」に応用することが可能であることを示唆した。ヴェーバーをして、織物工場の現地調査へとかりたてた第一の要因は、大学の実験室から工場内での実験的研究へと展開していく、当時の自然科学の分野で進展する労働研究のめざましい発展だったのである。

4　ブレンターノ批判

精神物理学の法則と経済学の関係

ヴェーバーをして織物労働調査へとかりたてた第二の要因は、国民経済学の基礎を精神物理学の法則に求めたブレンターノの次のような見解にたいする批判である（Brentano, 1908）。ブレンターノは、経済学の限界効用学説と実験心理学における「ヴェーバー・フェヒナー法則」との間にみいだされる「外形的類似」もしくは両者の「平行関係」を根拠にして、後者を前者の「特殊な場合」とみなした。ヴェーバーは、ブレンターノのこのような見解を「コントの形式に倣う科学の『ハイアラキー』のすべての試みのごとく無用のものである」（Weber, 1908a : 393, 訳：二二八）と批判し、自然科学の基礎の上に社会科学を打ちたてようとするあらゆる「理論的な」企てに強い疑念を抱いていた。しかし、同論文でかれは、「経験的な」分析レベルで自然科学の方法と成果を応用する可能性を示唆する次のような見解を述べた。「経済生活の経験的分析の探求の範囲において、いわゆる自然科学（及びその他の多くの科学）が確立する事実が、非常に重要なものとなりえざる点がひとつもないとは、もちろんいえない………わたしはいかなる応用が、たとえば工業労働の特定諸条件の研究領域において特定の実験心理学的研究によってなされ得るかを、近い将来において研究すべき機会をもつことを望んでいる」（ebd. : 392-393, 訳：二二八）。

精神物理学の方法と成果の応用

このように、ヴェーバーは、経済生活の「経験的」分析に自然科学の方法と成果を応用することが諸科学を分類する「理論的」な企てとは別次元の問題であることを指摘し、特定の実験心理学的研究すなわちクレペリンの「作業曲線」に関する実験室での研究成果と方法を、工業労働の特定諸条件の研究領域すなわち織物工場の織布工の労働能率に関する研究領域において「応用」することがいかにしてまたどの程度可能になるかを「事実」に基づいて検討する機会をもつことを予告したのである。

5　調査の概要

個人調査

かくして、実際に稼働する織物工場の現地調査を決意したヴェーバーは、最初に、実験室とは異なって、統制することが困難な異質かつ多義的な多数の要因が混入する工場労働を対象とする、当面の調査が採用すべき素材収集の方法について慎重に考慮した。かれによれば、複雑な問題をとりあつかわねばならない実際の工場労働の能率曲線を探求する調査の「方法的に重要な問題」は、「労働者の一人ひとりの能率曲線および出来高稼得賃金曲線の可能な限りでの最大限を、できる限り包括して因果的に分析するか、それとも、たとえあらましであろうと、できるかぎり多くの数字的資料から、大体の平均的な資料を得るか、そのどちらが労働能率の諸条件についての知識をより確実に促進するかである」(Weber, 1908-1909：133, 訳：一六四)。そして、かれは、前者の「個人調査」(individuellen Untersuchung) を、当面の調査の必然的な第一段階として決定した。なぜなら、個人を単位とする調査は、種々雑多な構成要素が個別の労働者の作業能率におよぼす直接の影響を明らかにすることができ、個々の労働者の能率曲線がどのようにしてできあがるかを正確に知ることができるからである。すなわち、「慎重に選び出して、次に『偶然的なもの』をすべて拭い去って、一日当たりの出来高稼得賃金の高さを一日ごと、一週ごと、一月ごとに……通算して、さらに一つひとつの事例において最良の事情通、特に経営管理者、またもしそれが可能であれば、労働者とも普段に打ち合わせながら、因果的に分析された二、三ダースの作業曲線の方が……平均数字で加工した、非常に大きな大数統計よりもはるかに教えることが多い」(ebd.：134, 訳：一六四―一六五) のである。ヴェーバーは、経営管理者および技術者や職長などの事情通、可能であれば労働者にも協力をあおいで個人を単位としておこなう調査の意義をこのように強調した。ヴェーバーが指摘するように、「日常的な工場労働」が、「実験室の観察の基礎となっている作業」に比べて、はるかに複雑であるばかりでなく、実験室とは関係のない、食糧事情や住宅事情および飲酒の慣習など、一連のまったく粗笨な条件のもとにおかれている (ebd.：118-119, 訳：一四六―一四七)。個人を単位とする調査は、かれにとって、統制できない複合的な要因が混入する当面の調査課題の複雑さを考慮すれば、それに対応する実際的な調査の戦略として方法的に適切かつ妥当なものだった。そして、実験心理学がつくりだした概念装置の応用を問題にしたヴェーバーは、現地調査において、「日常労働」に関する、「実験室の中での試みと同じように精密な加工のための、質的に等しい資料」(ebd.: 118, 訳：一四六) の獲得に重大な関心をよせたのである。

現地調査

以上のような個人を単位とする調査の方法的な戦略に基づいて、ヴェーバーが着手した現地調査の経緯は、次のようである。かれは、一九〇八年九月半ばから一定期間、同工場に滞在し、経営管理者や職員に協力を求めて、織布工の名簿や賃金帳簿などの労働者の属性や、実験室と同様の「労働能率」の精密な加工や分析に役立つ素材の収集に着手した (Weber, Marianne, 1926: 398, 訳：三〇一)。またかれは、翌年の一九〇九年一月に再度そこに滞在し、工場が保存する織布工の機械の利用程度を記録した精密な織機能率に関する新たな素材を収集した。なぜなら、収益性に関する「産業経営の諸経験」に加えて、「出来高稼得賃金」や「『有用的効果』(Nutzeffect) すなわち一定の労働者が与えられた生産の課題を遂行するにあたっての機械の利用の程度を算定する目的のためになされる計算は、現在われわれを実験心理学者の測定方法から隔てているところの懸隔を、われわれの方法の側から次第に狭めるように働きかけるために使うことができる仕組みのうちで、もっとも価値の高いもの」(Weber, 1908-1909: 131, 訳：一六二) だからである。

調査倫理に配慮した素材の数量的な加工

かくして、労働者が獲得する「粉飾のない」出来高賃金に関する資料や労働者が使用する精密な織機能率の記録を同工場で収集したヴェーバーは、「工場管理者」や「使用人」と討議しながら素材の加工に着手し、実際の原数字を比較可能な「指数」や「比率」に換算する膨大な計算仕事に従事した。ヴェーバーは、原数字を数量化の方法をもちいて加工し分析する仕事に没頭したが、そのような計算には、「競争者によって、この経営の自己費用をその数値から逆算されるような危惧を締め出す」(ebd.: 135, 訳：一六七) こと、すなわち調査で協力を得た経営にたいして調査者が遵守すべき、いまひとつ別の調査の倫理にたいする配慮がはたらいていたのである。

二　織布工の労働能率分析

1　原資料の数量的加工

数量的な加工に熱中した証左

以上のような現地調査に基づいて、ヴェーバーがおこなった織布労働者の労働能率の分析は、どのようなものであったのだろうか。以下では、『精神物理学』論文に収録されたモノグラフの部分に基づいて、ヴェーバーが原資料にほどこした加工の仕方をふくめて、現地調査で獲得した素材を用いてかれがどのような分析を試みたのかを明らかにする。表12－1は、二三名の織布工の一三ヶ月の出来高賃金の記録に基づいてヴェーバーが計算することができた「賃金曲線」(Lohonkurve) である (ebd.: 177, 訳：二二〇―二二一)。また表12－2は、偶然にも一〇ヶ月の長期にわたって記録が保存されていた一人の織布工 (表12－1のC) の織機の利用程度を測定した記録をもとにして、ヴェーバーが計算することができた「能率曲線」(Leistungkurve) である (ebd.: 197, 訳：二四八―二四九)。これらの表は、ヴェーバーが、原資料の数量的な加工に熱中した証左である。

労働曲線の作成と分析

ヴェーバーは、『精神物理学』論文のモノグラフ部分において、さらにたくさんの労働曲線すなわち「賃金曲線」や「能率曲線」を提示して、それらがどのようにしてできあがったかを、湿度や温度、粗悪な原料、労働者が操作する織機の技術的な特質、ドイツの織布業に特徴的な頻繁に生じる製品種類の転換、労働者の性や年齢、家族状態や日常生活の過ごし方、さらには景気変動など、実際の作業曲線を規定したであろう諸条件を慎重に考慮しながら、「特異なもの」を「一般的なもの」から区別する「平均数字」の「利点」をいかした事例分析に着手した (ebd.: 134, 訳：一六五)。そして、ヴェーバーは、自身が作成した織布労働者の

表12－1　月平均一人当り出来高稼得賃金（標準稼得賃金＝100とした場合の比率）

性　別	織機別	対象	8月	9月	10月	11月	12月	1月	2月	3月
男子織布工	織機Ⅰ型 広幅織機	a	95.3	95.1	94.0	99.3	96.0	88.0	56.6	90.6
		b	105.0	103.0	97.0	95.0	93.6	88.0	85.6	94.1
		c	96.0	110.0	99.8	108.5	98.0	127.0	100.3	
		d	116.0	109.3	107.3	104.0	104.6	111.0	114.5	97.1
		e	70.3	74.0	76.6	77.6	63.3	61.3	75.6	74.0
		f							54.0	57.1
	最初Ⅰ型 以降Ⅱ型	g	99.3	93.0	99.0	67.0	77.3	118.0	97.0	78.3
		h	92.6	95.5	84.0	82.6	77.1	86.6	83.0	82.6
		I	83.3	86.0	87.3	88.6	82.0	76.8	78.3	88.3
	織機Ⅱ型 小幅織機	k	84.3	87.3	87.3	84.3	80.0	121.6	77.6	82.5
		l	79.3	56.3	80.0	69.3	65.5	74.6	56.6	65.3
		m	74.6	64.1	89.6	69.6	74.5	77.8	67.8	80.5
		n	63.3	78.0	83.6	67.6	68.6	60.3	82.1	86.0
		o	92.3	99.0	94.3	101.0	92.0	92.6	88.6	93.5
		p	67.3	65.5	59.8	77.3	78.3	77.6	58.1	70.1
	織機Ⅲ型	q	75.3	73.0	58.8	68.0	68.3	66.6	65.0	55.0
女子織布工	織機Ⅲ型 タオル織機	r	102.6	103.0	102.1	101.3	90.3	83.3	99.5	106.1
		s			84.3	101.8	76.8	88.0	90.1	100.6
		t	73.0	74.6	61.6	79.3	76.1	73.0	66.1	77.8
		u	45.3	68.6	46.6	56.0	53.3	48.8	64.3	67.6
		v	70.6	79.3	64.5	64.0	43.0	51.1	51.1	59.6
	Ⅲ→Ⅱ型	w			81.0	69.3	67.3	64.0	68.3	70.6
	織機Ⅱ型 小幅織機	x				70.6	78.0	82.6	87.6	84.6

性　別	織機別	対象	4月	5月	6月	7月	8月	平均	年齢
男子織布工	織機Ⅰ型 広幅織機	a	79.6	80.0	91.6	85.5	88.3	87.7	30
		b	97.6	99.0	96.8	94.8	84.3	94.9	48
		c	110.0	89.6	102.3	99.1	114.6	104.5	37
		d	113.0	117.3	105.3	128.6	111.6	110.7	28
		e	80.5	85.0	101.3	104.3	110.8	81.1	40
		f	82.3	69.0	83.6	84.0		71.7	24
	最初Ⅰ型 以降Ⅱ型	g	93.6	83.0	87.6	109.0	87.1	91.5	33
		h	117.6	76.0	96.0	92.0	89.0	96.5	28
		I	94.1	79.0	103.3	93.8	86.6	86.4	19
	織機Ⅱ型 小幅織機	k	83.8	78.3	82.6	84.5	83.0	83.8	37
		l	102.5	80.6	83.0	64.6	75.6	74.1	32
		m	85.6	83.8	66.8	67.0	67.0	74.5	33
		n	84.0	78.3	78.1	76.0	51.1	73.6	32
		o	83.3	96.0	76.0	80.3	92.1	90.9	44
		p	66.8	79.6	84.0	61.1	73.6	70.7	31
	織機Ⅲ型	q	77.0	77.6	87.8	82.0	81.3	71.9	18
女子織布工	織機Ⅲ型 タオル織機	r	95.3	101.0	104.1	98.0	88.0	99.6	27
		s	96.6	99.6	98.8	102.3	102.0	98.6	24
		t	93.3	87.0	85.8	80.0	77.6	77.3	23
		u	69.8	77.3	68.8	73.3	69.6	62.2	22
		v	67.8	54.0	61.3	61.8	57.3	60.4	19
	Ⅲ→Ⅱ型	w	64.6	62.0	72.0	81.5	55.3	68.7	31
	織機Ⅱ型 小幅織機	x	82.0	74.1	68.1	61.6	76.3	76.5	37

出所　Weber, 1908-1909：177，訳：220-221の表Ⅰ。

表12－2　10カ月間の能率が示されている織布工の能率（広幅織機１台を操作）

年度	月	日	週	月曜日	火曜日	水曜日	木曜日	金曜日	土曜日	週平均
1907年	11	1－3	1					102.9	96.7	100.7
		4－10	2	95.5	102.4	102.2	102.2	100.3	107.6	101.2
		11-17	3	107.4	82.4	102.9	85.0	92.8	96.4	94.6
		18-24	4	101.9	99.0		93.8	96.9	112.3	100.9
		25- 1	5	109.2	107.1			105.2	101.1	105.6
	12	2－8	6	91.6	97.3	99.2	110.3	99.2	96.1	99.1
		9－15	7	98.2	99.1	100.0		88.1	96.0	96.3
		16-22	8	84.4	114.7	110.4	92.8	117.6		104.2
		23-29	9					§71.6	59.1	65.6
		30- 5	10	87.1			91.6	79.5	92.1	87.6
1908年	1	6－12	11	79.1	92.4	101.9	114.5			96.4
		13-19	12			120.4	109.1	96.4	124.3	113.5
		20-26	13	99.1	111.8	100.7	93.9	78.0	106.7	98.3
		27- 2	14	109.8	89.8	108.3	114.2	115.9	110.3	108.6
	2	3－9	15	110.3	109.7	110.3	110.3	112.6	111.2	110.9
		10-16	16	84.5	97.7	83.0	97.1	94.6		88.6
		17-23	17		§108.2	88.5	82.1	90.0	79.0	89.6
		1－24	18	84.0	95.9	113.4	87.2	91.6	106.1	96.4
	3	2－8	19		77.2	91.6	102.2	116.1		96.5
		9－15	20	105.3	92.1	99.7				99.2
		16-23								
		24-31								
	4	1－7								
		8－12	21			*86.5	92.9	105.3	83.8	88.5
		13-19	22	101.2	97.4	100.6	108.0			101.7
		20-26	23		79.3	92.9	98.7	83.4	101.4	90.8
		3－27	24	79.3	115.3	119.2	110.0	123.0	119.2	110.9
	5	4－10	25	104.5	109.5	115.5	103.7	93.7		105.3
		11-17	28	107.9	115.8					111.7
		18-24	27	†71.9	82.1	68.6	106.6	117.9	110.2	92.8
		25-31	28	105.1	105.5	118.8		116.2	110.0	111.1
	6	1－7	29	96.0	106.0	88.1		88.4	86.7	93.0
		8－14	30		96.0	116.4	115.4	99.5	109.5	107.5
		15-21	31	100.8	108.3	114.6	106.6	97.6	103.2	105.1
		22-28	32	113.1	89.4	89.4	76.7	109.1	99.3	96.1
		29- 5	33	91.1	97.4	105.4	96.9	103.2	99.8	98.3
	7	6－12	34	84.8	84.8	93.7	93.7	106.4	87.3	91.8
		13-19	35			§62.7	82.8	102.5	78.8	73.1
		20-26	36	101.5	102.0	114.3	103.8	109.2	99.7	105.1
		27- 2	37	105.7	110.5	119.5	102.7	85.8	103.7	104.6
	8	3－9	38	107.1	106.1	111.3	111.1	110.8		109.3
		10-16	39	96.8	103.3	109.5	72.5			95.5
		17-23	40		§110.3	101.3	96.3	100.3	111.5	103.9
		24-30	41	92.5	96.7	107.2	112.0	96.4	105.1	101.6
		31	42	100.3						

§新しい製品種類，＊新しいたて糸（製品種類は同じ），†織機の転換（出来高率の変更）
出所　Weber, 1908-1909：190-191，訳：248-249の表Ⅲをもとにして筆者が作成。

表12－3　週能率曲線

項　目	月曜日	火曜日	水曜日	木曜日	金曜日	土曜日
各曜日の平均能率	93.61	96.45	100	96.79	98.64	99.54
週最高能率日の数	10.9	14.1	29.3	15.2	14.1	16.4
能率の増減度数	42.3	66.6	68	38.8	56.3	48.8
	－57.7	－33.3	－32	－62.2	－43.7	－51.2
＊各曜日の平均能率	92.69	95.61	100	96.91	99.67	99.18

＊印の数値は，一台の織機での労働だけを取り上げた数値
出所　Weber, 1908-1909：147-148，訳：182-183の叙述をもとに筆者が作成。

労働曲線にみいだされる「規則性」や「傾向」の探求に着手し、「週能率曲線」のパターン、織布工の「適応」事例、すなわち熟練労働者や不熟練労働者の「技能の型」や「賃金獲得の型」、あるいは「淘汰」された織布工すなわち「緩怠」する労働者の事例を分析した。織物労働調査において、ヴェーバーが独自の計算方法を用いて作成した表や、その表の分析を通じて、かれが獲得した当時の織布工の労働能率の変動に関する経験的知識について、次に詳しくみていくことにする。

2　週能率曲線の分析

曜日ごとの変動

第一に、ヴェーバーは、織布工の「週能率曲線」を熱心に計算し、そこに特定のパターンがあることを発見した（ebd.：147-149，訳：一八一－一八五）。ヴェーバーは、一日当たりの能率の高さが示す変動と各仕事日との関係をさぐるために、若干の男子織布工の一〇〇をこえる労働週を対象に「各曜日の平均能率」（最大の能率を示す仕事日の平均能率を一〇〇とする割合に換算、均等に分布していれば、各仕事日は一六・六％ずつになる）、「能率の増減度数」（各日ごとにその前日にたいする増減度数を数え全体を一〇〇とする割合に換算、増加度数＋、減少度数－）をそれぞれ計算した。表12－3は、ヴェーバーの計算結果を示したものであるが、これでみると、週は、月曜日から水曜日までの「急な上昇カーブ」と木曜日から土曜日までの「ゆるやかな上昇カーブ」とを示し、「水曜日と木曜日との間の低下によって二分されている」。ヴェーバーは、労働日としての水曜日のすぐれ

た位置を明らかにしたのである。

賃金制度の影響

またヴェーバーは、土曜日の能率に注目する。「週最高能率日の数」でみると、土曜日は水曜日を除く他のすべての仕事日よりも上である。反面「能率の増減度数」では、減少が増加を上回る。最低労働日としての土曜日のこの一見矛盾した動きは、ヴェーバーによれば、この経営の「賃金制度」と関連する。最低保障つきの出来高払い賃金というこの経営の賃金制度のもとでは、最後の一時間半ないし二時間一五分を機械の手入れのために使う土曜日のやや短い織布時間を、一方で稼得賃金を得ようと集約的に利用する労働者がいる反面、他方には最低賃金が保証されていることを意識して、すでにある程度休日気分に支配され始めている労働者がいるというのである。

3　熟練労働者と不熟練労働者の達成能率

技能の存在形態

第二に、ヴェーバーは、熟練労働者と不熟練労働者の達成「能率」を比較し、熟練度に対応する技能の存在形態を明らかにした（ebd.：208-215，訳：二六三―二七〇）。個別労働者の能率曲線は、各自の「熟練の差」（Unterschides der Geübtheit）」に応じて変化し、とくに熟練労働者の能率曲線は、かれの高度な熟練に対応する特殊な「型」（Typus）を構成する。この点を明らかにするためにヴェーバーは、熟練労働者と不熟練労働者の能率を比較する（表12-4）。事例の典型性を慎重に考慮したヴェーバーは、分析対象として、とくに有能で器用な安定した労働意欲の旺盛な二九歳の熟練労働者と労働に就いてから三年にならない、一年と九カ月ほど出来高で働いている、一九歳の不熟練労働者の二人を抽出した。両者はいずれも織布工で、同じ時期に二台の織機を使用して作業していた。ただし、熟練労働者の場合には、測定期間中、織機Aでは同じたて糸が続けて織られていたが、織機Bでは、前半で「中位の厚さ」の製品種類が、後半では上等の二五％ほど厚い製品種類が織られていた。また測定

表12－4　熟練労働者および不熟練労働者の能率

項目	熟練労働者		不熟練労働者	
	第１期	第２期	第１期	第２期
	（25日間）	（25日間）	（14日間）	（25日間）
相殺作用日数	3	7	5	9
織機Ａの能率の変動の平均	5.96	6.99	23	11
織機Ｂの能率の変動の平均	7.36	7.36	16.1	16.4
二台合わせた能率の変動の平均	6.11	6.93	14.3	11.2

出所　Weber, 1908-1909：209-216，訳：263-272の叙述をもとに筆者が作成。

期間中、不熟練労働者が作った製品種類は、主として軽い品質の物で、かれの労働は、熟練労働者のそれに比べて、著しく容易であった。

熟練度の比較

二台の織機を操作する二人の労働者の労働能率の違いを把握するために、ヴェーバーはまず、熟練労働者の労働内容に大きな変化（たて糸の転換）が認められる前半（第一期）と後半（第二期）の二つの時期に分け、連続する二日間の能率の差を織機ごとに計算して、「変動の振幅」を観察した。ヴェーバーのみるところ、「同時に二つの異なる製品種類を平行して織り始める」熟練労働者の労働能率の「変動の振幅」は、若い方の不熟練労働者のそれに比べて小さく、そこにはある種の規則性を認めることができる。すなわち、熟練労働者はまず「二つの製品種類を最大限の努力を払って交互に生産し始める。そうすると最初に一方の織機で能率が間欠的に上昇し、次にこの織機での能率が静止するか、あるいはゆるやかに低下する間に、他方の織機でまったく同じような（間欠的な）上昇が起こる」のである。二人の労働者の織機ごとの変動の振幅に、はっきりとした違いがあることを観察したヴェーバーは、さらに、「二人の労働者の熟練の差」を客観的に測定する指標として、「変動の相殺作用日数」、各織機の「変動の（振幅の）平均」、「二台合わせた能率の変動の平均」を計算した。表12－4に示したヴェーバーの計算結果をみると、両者の差は顕著である。若い方の不熟練労働者の労働は、熟練労働者のそれに比べて著しく容易であったにもかかわらず、「変動の振幅」や「変動の相殺作用日数」は、年長の熟練労働者のそれよりも「はなはだしく上下に変動」する。これに比べて、熟練労働者の「変動の振幅」は小さく、「変動の相殺作用日数」も少なくて、その能率は「安定的」である。しかも、熟練労働者の「二台合わせた能率の変動の平均」は小さく、かれの「二台の織機」は「釣合のとれた動き」をする。このように、織布労働者の「熟練度」を測定する三つの指標に即して二人の労働者の労働能率の違いを客観的に比較したヴェーバーは、熟練労働者の能率曲線の以上のような特徴をかれの「高い熟練度」のあかしとして説明する。すなわち、「二台の織機をできるだけ完全に利用しつくすことにより一層集中」したこの熟練労働者は、「その高い熟練度によってはるかにそれに成功することができた」というのである。

4　熟練労働者の賃金算定への適応

才能ある労働者の事例

第三に、ヴェーバーは、熟練労働者の賃金算定への「適応」を分析する。当時の経営管理者の経験によれば、「もっとも才能に恵まれた」労働者はまた「もっとも賃金算定に適応することを知っている労働者」であった。このような経験的知識が正しいとするならば、自己の稼得のチャンスを「正しく」計算する熟練労働者の賃金曲線がある種の規則生を示すことは、十分考えられる。この点を確かめるために、ヴェーバーは、熟練労働者の賃金曲線を観察し、賃金計算へのかれの「適応過程が、どの程度まで事実において」確認できるかを詳しく分析する。分析対象として、ヴェーバーは、出来高率で約七・五％（労働の困難度の指標）の開きのある違った製品種類を二台の織機で四ケ月半平行して織っていた、とくに有能で労働意欲の旺盛な労働組合員である二九歳の男子熟練労働者の賃金曲線をとりあげた（ebd.: 215-217, 訳：二七一―二七四）。ヴェーバーは、まず、この労働者の織機ごとの稼得高に注目する。なぜなら、熟練労働者が高度な技能を駆使して自己の金銭的利益を追求し「可能な最高の賃金」を獲得しようとするならば、出来高率の格差を「正しく」計算するはずだからである。表12

表12－5　熟練労働者の稼得高の増減

月	1ヶ月		2ヶ月		3ヶ月		4ヶ月		
期　間（半月）	1	2	3	4	5	6	7	8	9
織機Bでの稼得高を100とした織機Aでの稼得高の増減	14	−8.5	18.7	−13.8	14.7	9.2	12.5	5.2	3.9
平地（1ヶ月半）	13.73			12.57			7.3		

※織機A＝出来高率の高い織機。織機B＝出来高率の低い織機。

出所　Weber, 1908-1909：217, 訳：274.

－5は、この労働者の織機ごとの稼得賃金について、ヴェーバーが求めた「出来高率の低い方の稼得賃金を一〇〇とした場合の他方の織機での稼得高の増減」である。ここで注目すべきは下段の一ケ月半ごとの「平均」である。表12－5をみると、最初の三分の一の期間の一日当り能率の「平均」の差は、一三・七％もの大きな開きがある。しかし最後の三分の一の期間の一日当り平均の差は七・三％に縮小し、二台の織機での能率の偏差は、出来高率の格差で表現された労働の困難度に近づいている。このような事実をヴェーバーは、熟練労働者の「動機」、すなわちかれが自己の稼得のチャンスを正しく「計算」した結果と解釈する。「出来高率の異なる製品種類を平行して織り始める」熟練労働者は、「相対的な賃金収利性」を「検討しつくし」たあげく、「最適量」を、すなわち「正しい」出来高計算によって「二台の織機の双方で同額のものを稼ぐように、その能率を二台にふり分けることを、次第におぼえる」のである。

少女の事例

二台の織機の双方で熟練労働者が同額のものを稼ぐようになるこの傾向をさらに確認するためにヴェーバーは「出来高率で一七・六％の差がつけられた製品種類を五カ月間生産する特別に能力のすぐれたある少女」の賃金曲線を分析する（ebd.：217-218, 訳：二七四―二七六）。この少女の二台の織機での稼得賃金をもとにヴェーバーが計算した出来高率の低い方の稼得賃金を一〇〇とした場合の他方の織機での稼得高を表12－6でみると、出来高率の低い織機での生産能率は、最後の第三期には、第一期のそれよりも低く、出来高率の高い織機での生産能率も第三期には第一期のそれよりも低くなる。しかもこの女子労働者の第三期の能率は「中位

表12－6　少女の獲得高

月	1ヶ月		2ヶ月		3ヶ月		4ヶ月		5ヶ月	
期　間（半月）	1	2	3	4	5	6	7	8	9	10
織機Bでの稼得高を100とした織機Aでの稼得高の増減	262	155	120	96	86.2	93	86.9	101.5	100	100.6
平地（1ケ月半）	146			90.5			100.7			

※織機A＝出来高率の高い織機。織機B＝出来高率の低い織機。
出所　Weber, 1908-1909：217, 訳：274.

の線」へと一種の均等化が生じており、この労働者が二台の織機の双方で同額のものを稼いでいる様子を確認することができる。

熟練資格の「傾向」

男女二人の優秀な熟練資格をもつ労働者の賃金曲線を以上のように分析したヴェーバーは、その中に次のような「傾向（Tendenz）」を発見している。すなわち「労働者が熟練しており」、自己の稼得のチャンスの「計算が正しければ」、「生産量」で表現された一人の労働者が使用する二台の織機の能率は、「品種別の出来高賃率に反比例する傾向をもつ」のである。熟練労働者の労働能率に認められるこのような「傾向」は、「模範労働者」の「労働適正」を示すものである。このように、ヴェーバーは一方で、織布業に「適応」する労働者の事例を熱心に分析し、そこにみいだされる「規則性」や「傾向」を明らかにしたが、他方でかれは、経営から「淘汰」された労働者の事例にも重大な関心をはらい、「緩怠」を理由にして解雇された一人の織布工の達成能率を詳しく分析した。

三　緩怠労働者の事例分析

1　「淘汰」の事例

達成能率

ヴェーバーは、モノグラフの後半で、紛争の中で組織的な緩怠を遂行し、それを理由に解雇されたひとりの労働者を「淘汰」の事例としてとりあげ、緩怠の事実と程度を測定するために、かれの達成能率に関する、一六カ月の長期におよぶ詳細な表を作成して、この労働者の労働能率の変動を分析した（ebd.：229-

232, 訳：二八九―二九六)。経営管理者から入手した素材をもとにヴェーバーが、事例分析のために工夫をこらして作成し、分析に用いたのが表12-7である。この表をヴェーバーがどのように分析したかをみる前に、表中のいくつかの指標についてあらかじめ説明しておく。

出来高賃率

まず、表の左端の「出来高賃率」は、この労働者の一六カ月間の労働内容、すなわち、二台の織機を操作してかれがおこなった作業の技術的・経済的条件の推移を観察することができる複合的な意味が付与された指標である。ヴェーバーによれば、製品種類ごとに、その加工に使用される織機の技術的装備や原料の質等を考慮して経営者が決める出来高賃率は、まず、経営者が労働者に要求する製品種類ごとの「労働強度(Arbeitsintensitat)」の指標となる。だが、二台の織機を操作して二種類の製品を交互に加工する労働者からみれば、出来高賃率は、製品種類ごとにかれがおこなわねばならない技術的な「労働の『困難さ』(»Schwierigkeit« der Arbeit)」を示し、経済的には、かれの賃金「稼得のチャンス(Verdienstchancen)」の指標となる。ヴェーバーは、さらに、計算を開始した当初の一方の織機を基準に、そこからこの労働者の労働の困難度および賃金稼得のチャンスがどのように推移したかを知るために、一九〇六年一〇月以降の各織機での出来高賃率を最初の月の一方の織機(a)の賃率を一〇〇とする指数値で表示している。また、粗悪な原料による加工とならんで頻繁におこなわれた製品種類の転換(たて糸の転換をふくむ)は、当時の織布業でよく知られていた、労働能率の変動に大きく影響する二大要因である。この二大要因の影響を判断できるようにするために、ヴェーバーは、まず、前者については、不良な原料にたいする「特別割増金」が支給されたか否かを「織機別稼得賃金」欄にカッコで記載し、後者については、表中の出来高賃率のまえに＊印をつけて、製品種類の転換があったことを示した。

総稼得賃金

「総稼得賃金」は、労働者が二台の織機の双方で稼いだ賃金総額の中から、性別手当や割増し等を控除した「粉飾のない」出来高賃金を求め、実働日数でこれを叙した「一日当り出来高稼得賃金」を男

表12－7　二台の織機を操作する織布工（「緩怠」を行った労働組合員）の総稼得賃金と織機別種得賃金

年	月	1．出来高賃率，織機aの最初の品質の賃率＝100として，小数点以下切り捨て		2．出来高賃金で稼働した日数		3．責任標準賃金を100とする1日当たり総出来高稼得賃の比率			織機別稼得賃金（カッコ内は特別割増金を含む）最初の稼働賃金を100として小数点以下切り捨て	
		織機a	織機b	織機a	織機b	半月	1ヶ月	3ヶ月	織機a	織機b
	10	100	112	13.6	13.5	80.3			100	100
	11	100	112	13.0	11.6	95.0			125	119
1906年		100＊107	112	12.0	12.0	96.6	95.6		103	154
	12	107	112	13.0	10.0	88.6			107	138
		107	126	10.0	10.0	94.3	91.3		104	149
	1	107＊100	126	11.0	12.0	94.1			98	163
		100	126＊170	13.1	6.2	103.3	98.6	95.3	123	125
	2	100	170	9.2	9.0	107.1			110	180
		＊107	170	11.0	11.0	117.6	112.3		123	180
	3	107	170	11.0	13.0	98.6			125	155
		107	170	10.0	10.0	125.6	112.0		149	194
	4	107＊100	170	10.5	12.0	107.0			131	164
		100	170	12.7	12.7	132.0	119.1	114.3	153	204
	5	100	#＊153＊135	12.0	7.5	77.6			85	124
1907年		110	135	12.5	12.5	105.3	91.3		117	159
	6	110	135	13.0	13.0	85.3			110	115(135)
		110	135	12.5	12.5	89.3	87.3		115	121(138)
	7	＊128	135	11.6	12.0	87.0			106	124(143)
		128	135	13.0	10.3	89.6	88.3	89.0	120	116(147)
	8	＊128	135	25.2	27.0		97.0		118	142
	9	128	135	23.7	24.0		94.6		104	148(163)
	10	128	＊135	27.0	24.6		93.6	94.0	115(138)	138
	11	128＊100	135	20.6	24.6		90.3		117(123)	114
	12	100	135	18.2	19.8		101.3		126	148
1908年	1	97	135＊130	21.2	20.4		86.6	92.6		

＊印：たて糸，品種の転換。#印：出来高賃率の引き下げを伴う織機の軽換。

出所　Weber, 1908-1909：228-229，訳：290-291の表Vをもとに筆者が作成。ただし，表の見やすさを考えて原表とは縦横逆に表示した。

子労働者の標準稼得賃金を一〇〇とする指数値に換算したものである。引き渡された製品の分量に応じて計算された半月ごとの結果が「ただみせかけだけの変動を示す」ことに留意しつつ、ヴェーバーは、一カ月さらには三カ月ごとの集計を試み、織布工の熟練度と労働能率の変動を観察するための指標として用いている。

2　労働能率の変動

高度な熟練資格

さて、以上のように、さまざまな工夫が施された表に即して、ヴェーバーは、この織布工の一六カ月の長期におよぶ労働能率の変動をどのように分析したのであろうか。ヴェーバーが、表に即して最初に注目するのは、労働者の高度な熟練資格である。製品種類の転換による織布業に特有の作業能率の低下をのぞけば、計算を開始した一九〇六年一〇月から翌年の四月の後半にかけての労働者の稼得賃金は、著しい上昇を示す。とくに一カ月あるいは三カ月ごとの集計に認められるリズミカルな上昇が示すように、この労働者の「総体としての能率の上昇は、まったく明瞭」である。一九〇七年四月の一日当りの出来高稼得賃金の月平均を前年の一〇月の最初の稼得賃金と比べると、ほとんど五〇％近くの上昇を示す。ヴェーバーによれば、「このような能率の上昇は、この労働者の織布工としての普遍的な熟練資格の表現である」。ヴェーバーは、まず、この織布工が、傑出した素質と能力をもつ、この経営の中で稼得のチャンスに適応できる最優秀の熟練労働者であることを確認しているのである。

五月の能率低下

だが、続く五月には急激な低下が生じ、この低下から、この労働者の能率は、再び回復していない。この五月の労働能率の急激な低下の原因は何か。ここで、ヴェーバーが注目するのは、一方の織機（b）での、出来高賃率の改変を伴う製品種類の転換と粗悪な原料である。だが、出来高賃率の引き下げは、通常、労働をより容易にする。この引き下げが「より難しい労働からより容易な労働への移行を示す」とするならば、ここで注目すべきは後者であろう。六月以降のこの織機（b）での稼得賃金に粗悪な原料による稼ぎを「補償」する

「特別割増」が支払われていることにヴェーバーは注目する。この労働者の五月の急激な労働能率の低下の原因は、この粗悪な原料である。ヴェーバーによれば、この粗悪なたて糸それ自体が、この労働者の「低下する能率、低下する稼得賃金」の原因をつくりだしていたのである。

意識的な緩怠の影響　かれの職長の報告によれば、労働組合運動が活発になった一九〇七年七月以降、この労働者は緩怠を始めた。労働者の意識的な緩怠の事実は、確認することができるであろうか。ヴェーバーのみるところ、労働者の七月以降の能率は、それに先立つ九ケ月間の労働者の熟練資格の上昇で測って完全に緊張した場合にかれがあげられる能率よりも一五％、またかれの稼得賃金は、かれにとって楽々と稼げるそれを一〇％は十分下回っていた。またこの労働者が最高の稼得賃金を得ようとして能率が非常に高かった時期と比べると緩怠がおこなわれた時の能率の変動は、はるかに小さく「安定的」であり、その能率は「最低保障賃金」以下に抑えられているようにみえる。

3　動機づけの経過

心理的態度　しかし、この労働者の意識的な緩怠の影響を正確に測定することはできるだろうか。この点について、ヴェーバーは、さらに、経営の中で最優秀の熟練労働者に属するこの織布工が意識的な緩怠にむかった「動機づけの経過（Motivationsablaufen）」に関心をよせた。なぜなら、「はじめに粗悪なたて糸の材質によって引き起こされた好ましくない気分状態が急速に意識的な反抗に変わったとすれば、それは通例の現象ではない」からである。粗悪な原料が引き起こした好ましくない気分状態を意識的な緩怠に変化せしめた要因は何であろうか。ヴェーバーによれば、それは「労働者が、かれの習慣からすると異常で、また意外と手間がかかって重荷になるので、なにか特別の『奸計』があるのではないかと感ずる」「心理的態度（psychischen Habitus）」である。

緩怠測定の難点

当時の織布業では粗悪な原料にたいする特別割増の率をめぐって職長にたいする労働者の不信が高かったこと、また労働組合の交渉委員として特別割増の問題をふくむ労働協約の締結にこの織布工が努力していたことをヴェーバーは、よく知っていた。このことを考え合わせると、先の心理的態度についてのヴェーバーの推定は、妥当な仮説であった。「作業能力と作業意欲による労働者の格差を強調」し、労働者の内部に「賃金稼得機会をめぐる競争（Bewerbung um Arbeitslohnverdienstchancen）」をつくりだす出来高賃金制度は、常に、「労働組合の連帯の原理に逆襲」する。労働者の連帯を常に意識する労働組合の交渉委員の一人でもあったこの労働者が、当時の敵対的な雰囲気のなかで、粗悪な原料を前に職長の作意を感じとるひとつの根拠はここにある。いずれにせよ、目的を意識した組織的な緩怠といえども、そこにはいつも企業主にむけられた労働者の複雑な「感情状態（Gefuhlslage）」がからみついている。ヴェーバーは、「気分状態」による「精神物理学的」理由と「合理的な」理由が区別しがたいことを指摘したのである。

緩怠の増大

慎重に加工された詳細な表をもとに、解雇された労働者の労働能率の変動を注意深く分析したヴェーバーは、さらに、緩怠の事実と程度を「確実に測る」ことの困難を指摘した。ヴェーバーによれば、一人ひとりの労働者について、合理的な理由に基づく目的意識的な緩怠がおよぼす影響を「幾分なりとも確実に測るということは、困難なことである」。なぜなら、粗悪な原料による気分状態や企業主にむけられた感情が同時に介在するこの労働者の五月以降の労働能率の低下から、かれの意図的な緩怠そのものの影響をとりだして厳密に測定することはきわめて困難なことだからである。そこから、ヴェーバーは、緩怠が労働者にとって有利な戦術であることを強調する。しかも、労働者が多少の生計費をきりつめるだけですむ緩怠は、組織と資金を必要とするストライキに比べて、より有利な戦術だというのである。このような認識をふまえて、ヴェーバーは、緩怠の増大を予見する。敵対的な労使関係を背景に避け難い紛争形態として発生する緩怠は、労働者にとって、ストライキに変わるより有利な戦術としてますます「増大傾向」にあると予見したのである。

四　織物労働調査がもたらしたもの

現地調査の成果

ヴェーバーが調査の全過程に単独で着手した織物労働調査は、研究者が工場に滞在して観察と素材の収集や分析をおこなう現地調査であった。クレペリンの精神物理学的実験とアッベの工場実験に触発されて同調査に着手したヴェーバーは、同時代の実験心理学がつくりだした概念装置を「応用」するという観点から、工場内に滞在して、実験室の試みと同様の「精密な加工」がおこなえる「出来高賃金」や「織機能率」に関する数字を収集し、これらの原数字を「比率」や「指数」に換算しなおした多数の「賃金曲線」や「能率曲線」を作成した。厳密に測定したこれらの労働曲線を用いて、ヴェーバーが企てた織布工の労働能率の変動に関する詳細な事例分析は、当時の織布労働に関する経験的知識や、実験による観察と日常的な工場労働の観察のあいだに存在する調査の方法的な問題に関する有益な知見を、かれにもたらした。

経験的知識

織物労働調査がヴェーバーにもたらしたものは、第一に、当時の織布作業の労働能率の変動に関する経験的知識である。織物労働調査において、ヴェーバーは、特異なものを一般的なものから区別する「平均値」の「利点」を考慮して、「週能率曲線」が示す「規則的な変化」を探求した。またヴェーバーは、労働態度や労働強度の観点から織布工の労働能率に接近するという「仮説」にもとづいて、個人を単位とする、「適応」する熟練もしくは不熟練労働者および「緩怠」を理由に解雇された労働者の「達成能率」を分析し、そこにみいだされる「技能の型」や「賃金稼得の型」あるいは「動機づけの経過」を明らかにした。そして、とくに「緩怠」を理由に解雇された織布工の「賃金曲線」を「動機づけの経過」に着目して詳しく分析したヴェーバーは、「緩怠」の事実と程度を「確実に測る」ことの難しさを指摘し、出来高賃金制度のもとで、それがストライキにかわる有利な戦術として増大傾向にあると推測したのである。

大量観察あるいは集団調査の可能性

織物労働調査は、第二に、「実験室の観察」と社会科学の「大量観察」(Massenbeobachtung)もしくは「集団調査」(Massenuntersuschung)のあいだで口をあけている「間隙」について考察するのに役立つ知見をヴェーバーにもたらした。複合的な要因が統制されている自然諸科学の「実験による観察」と、観察者がそれらの要因を「調整」し「監理」することが困難な社会科学の「大量観察」もしくは「集団調査」のあいだには容易に架橋しがたい「間隙」(Lücke)がある。ヴェーバーによれば、「実験室の試み」と、織物労働調査でかれが試みた「不確かな、手探りの大ざっぱな計算との間の間隙は、最初は測り知れないほど大きい」(ebd.: 239, 訳：三〇三)。しかし、織物労働調査は「きわめて非合理的な動きをみせている数字の列が、十分長くとられた期間と十分に多い数とについて総括された場合、……数字の列そのものよりもはるかに非合理の度の少ない平均を生み出したということ、しかも平均を出すための資料をより多くあつめることができればそれだけ、非合理さもなくなることを示したのである」(ebd.: 236-237, 訳：三〇〇―三〇一)。織物労働調査で獲得したこのような知見をふまえて、ヴェーバーは、個人あるいは少数の被験者を単位とする自然諸科学の「実験による観察」と日常的な工場労働に従事する多数の労働者を単位とする社会科学の「大量観察」あるいは「集団調査」のあいだで口をあけている「間隙」を埋める「通路」をみいだすことは、将来的に不可能ではないと結論づけたのである。

実験心理学の成果の応用

そして、織物労働調査は、第三に、日常的な工場労働の社会科学的な研究に実験心理学の成果を応用する可能性を示唆する知見を、ヴェーバーにもたらした。同調査で、ヴェーバーが試みた織布工の賃金曲線や能率曲線に関する詳細な事例分析は、その不規則にみえる変動を「一部は技術的に機械や原料から、一部は人間的に労働者から、そして最後には一部は合理的に、一部は非合理的に規定された複合的な要因構成の混合から説明すること」が「原理的に」可能であるとする知見をもたらした。織布工の労働能率に関する「事例研究」は、実際に稼働する工場内の「日常的な労働」においても、「目的合理的な理由と心理学的精神物理学的理由」を区別して、「実験室の実験で知られるようになった能率の精神物理学的な諸条件」へとすすむことは可能であるという知見をかれにもたらしたのである（ebd.：239, 訳：三〇二―三〇三）。

調査の副次的な目的

織物労働調査は、演繹的な推論にもとづいて、実験心理学を経済学の基礎と主張するブレンターノの「理論的」見解を「無用のもの」としてしりぞけたヴェーバーが、クレペリンの「実験」やアッベの「工場実験」の研究成果を社会科学の世界で「応用」することが可能かどうかを経験的に検証するために、まったく単独で着手した調査である。同調査がもたらした、自然諸科学の実験による観察と社会科学の大量観察の間で口をあけている「間隙」を架橋する「絆」をみいだすこと、そして実験心理学がつくりだす概念を応用することが可能であるとする知見は、社会調査の学術化をめざすヴェーバーにとって、自然諸科学と社会科学の学際的な共同研究の可能性を示唆するきわめて重要な発見だったのである。ヴェーバーが織物労働調査で掲げた自然諸科学と社会科学の共同作業の可能性を追求するという副次的な目的は、同調査の直前にかれが執筆した社会政策学会の工業労働調査の「作業説明書」に記された自然諸科学の代表者にたいする学際的な共同研究の呼びかけとかかわっている。この点については、学問的生涯の「中期」に入って、ヴェーバーの社会調査活動の重要な舞台となった社会政策学会とドイツ社会学会におけるかれの学会活動をとりあげる次章で明らかにする。

第一三章　社会調査を基軸とする学会活動

「問題はもっぱら、事実（Tatsache）を即事象的に、客観的に確認することと、大工業の存在の諸条件とその労働者の特質のうちに横たわる事実の諸根拠を調査すること（Ermittlung）に限られる」（Weber, 1908b：2, 訳：四）。

「この学会は、その創設の本来の意味にしたがいますと、純粋に客観的な学問的性格をもつべきはずのものであります。このことからしましても、実践的な目的や理想のために学会の内部で、また学会の名を使っておこなわれるあらゆる種類の政治的、社会政策的、社会倫理的な宣伝もしくはその他のいかなる宣伝もすべて排除されなければなりません。この学会は諸事実とこれらの連関を研究することに役立ちさえすればよいのであります」（ヴェーバー、一九八九：七三）。

一　社会政策学会の工業労働調査

1　「中期」の学会活動

二つの学会活動

学問的生涯の「中期」に入って、ヴェーバーが社会調査に関連する活動をくりひろげる舞台となったの、社会政策学会と同学会から分離独立して発足するドイツ社会学会である。同時代の直接観察や質問紙調査に精通していたヴェーバーは、社会政策学会が一九〇八年から一九一五年にかけて実施した工業労働調査のための「作業説明書」を執筆した。そして、かれは、一九〇九年に発足するドイツ社会学会の設立時に、新学会への「勧誘状」の執筆や、同学会の最初の事業となる新聞調査の企画を立案し、その実現にむけた活動を精力的にくりひろげたのである。

学会を舞台とする社会調査活動

本章ではまず、社会政策学会の工業労働調査、すなわち、同調査の経緯、これを容易ならしめることを企図してヴェーバーが執筆した「作業説明書」の内容、同調査で現地調査に着手した若手研究者の調査活動をとりあげ、次いで、ドイツ社会学会設立時の学会活動すなわちかれが同学会に提案した調査のテーマや、かれが設計した新聞調査の内容、その実現にむけた活動をとりあげる。本章では、学問的生涯の「中期」に入って、ヴェーバーが二つの所属学会を舞台にして精力的にくりひろげた社会調査を基軸にすえる学会活動がどのようなものであったのかを明らかにする。

2　工業労働調査の経緯

調査の提案

最初に、「大工業諸部門の労働者の淘汰と適応（職業選択と職業運命）に関する調査」という公式タイトルをもつ社会政策学会の工業労働調査の経緯からみていけば、調査の提案者は、ヴェーバー兄弟である。社会政策学会は、一九〇七年九月に開催した「常任委員会」（Ausschuss）において、次期大会の研究テーマについて論議し、弟のアルフレット（Weber, Alfred, 1868-1958）は「大工業労働者の職業運命」を、兄のマックスは「大工業労働者の精神労働」を提案した。同会議では、工業労働調査の実施が決議され、学会は慣例にしたがって、ビュッヒャー（Bücher, Karl, 1847-1930）、ヘルクナー、アルフレットの三人が委員をつとめる「小委員会」（Unterausschuss）を設置し、アンケートの計画と準備を委託した。アルフレットは、同委員会の公式委員として、兄のマックスとも論議しながら「質問紙」（Fragebogen）と「作業計画」（Arbeisplan）を起草し、一九〇八年八月一三日の正式の委員会で討論に付した。同年一〇月一一日、小委員会は、ベルリンで第二回会議を開催し、前述の工業労働調査の公式タイトルと、二七の調査項目を箇条書きにした「作業計画」および職業移動に関する集計用紙を添付した二七の質問文からなる「質問紙」を決議した。また同委員会では、工業労働調査の実施段階での指導をヘルクナー、シュモラー、アルフレットの三人で構成する「専門委員会」（Komitee）に委ねるという提案がなされた。これらの決議や提案は、翌日の一〇月一二日に開催された「常任委員会」で承認された。

「作業説明書」

調査の準備段階における以上のような経緯で、とくに注意すべき点は、兄のマックスが執筆した有名な「閉鎖的大工業労働者の淘汰と適応（職業選択と職業運命）に関する社会政策学会の調査のための方法的序説」（Weber, 1908b）と題する文書の存在である。ヴェーバーによれば、この文書は、弟が一九〇八年八月の「小委員会」に提出した「質問紙」と「作業計画」を、調査の『実践的な』実現可能性」の観点から補足する、工業労働調査のための「作業説明書」（Arbeitsanweisung）であった。ヴェーバーは、これを八月半ばに書き上げたが、そこには、当時の「小委員会」で意見の一致をみるのが難しい「遺伝問題」のあつかいをめぐる論議が含まれていた。ヴェーバーは「調査の自然科学上の諸問題」と題する「作業説明書」の第二章でこの問題をとりあげたが、当時の「小委員会」では意見の一致をみるのが難しく、同委員会は、これを調査の正式文書としてとりあげなかったのである。ヴェーバーは、この「多分のりこえられない」困難に遭遇して、調査の指導を弟に委ねて同調査からみをひき、前章で明らかにしたように、かれ自身は、自然諸科学との共同研究の可能性を追求する織物労働調査にまったく単独で着手したのである。したがって、ヴェーバーが単独で署名した「作業説明書」は、非公式の私的文書であったが、「小委員会」で宙にまったかれの「暫定的な資料」を再度、学会のアンケートの軌道にのせるのに一役かったのは、シュモラーである。学会の代表をつとめていたシュモラーは、一九〇八年一〇月一二日に開催した常任委員会の席でヴェーバーの「価値の高い覚書」を学会の費用で印刷し、それをアンケートの共同研究者や委員会の全構成員、学会会員のなかの「学者」に送付すべきであると助言した。ヴェーバーの「作業説明書」は、「学会の依頼もしくはその名で起草された、なんらかの標準的な『助言』」ではなかったが、「学会の委員会が複写するのが得策だ」というシュモラーの「提案」（Anregung）で工業労働調査の関連文書につけくわえられることになったのである。

アンケートを指導する「専門委員会」の正式責任者に就任したヘルクナーは、一九〇八年一〇月、シュモラーが人選していた各大学の「国民経済学ゼミナール」の担当者すなわち教授たちにむけて、小委員会が作成した「質問紙」と「作業計画」を送付し、それに添えた「回状」でかれは、「そのほかに〔小委員会が決議した「質問紙」と「作業計画」以外に――引用者〕、マックス・ヴェーバー氏が起草した覚書が送付されるだろう」と「予告」した。ヴェーバーは、前述のタイトルを付与した「作業説明書」を一〇月から一一月初旬にかけて改訂し、それはただちに印刷に付されて共同研究者に送付されたのである。

現地調査の報告書

社会政策学会の工業労働調査の実施段階で、実際に現地調査をおこない、報告書を執筆したのは、各大学のゼミナールで活躍する総勢一四人の若手研究者であった。社会政策学会は、この一四人の若手の共同研究者が執筆した一五のモノグラフを、一九一〇年から一九一五年にかけて、同学会の機関紙の一三三巻（一九一〇年）、一三四巻（一九一〇年）、一三五巻（一九一一〜一九一二年）、一五三巻（一九一五年）の四巻で公表した。報告書の中には、学会の調査プランから逸脱する「異色」と思われるモノグラフもふくまれているが、ヘルクナーは、一五三巻を刊行した一九一五年三月に開催された社会政策学会の「常任委員会」でこの調査の完結を公式に表明した。

以上のような工業労働調査の経緯に明らかなように、この調査にたいするヴェーバーの関与は、その準備段階に限られた非公式かつ部分的なものであった。しかしながら、かれが執筆した「作業説明書」は、次に詳しくみるように、社会政策学会の工業労働調査の性格を従来の「社会政策的なもの」から「社会科学的なもの」へと転換し、同時にこの調査に参加する若手研究者の現地調査を可能ならしめることを企図したものだったのである。

3　社会科学的な社会調査

調査の課題

社会政策学会の工業労働調査を「社会科学的なもの」へと転換するために、ヴェーバーは、「作業説明書」の冒頭において、この調査の課題を次のように定式化した。「当面の調査は、次のことを確認しようと試みる。一方では、封鎖的大工業は、その労働者の人格的特質、職業的生涯および職業外の『生活様式』にどのように影響するか、どのような肉体的な、また心理的な質をかれらのうちに発達させるか、したがってこうした質が労働者の生活態度のすべてにどのようにあらわれるか、——他方では、大工業の側からみて、大工業の発達の可能性と方向とが、労働者の民族的、社会的、文化的出自や伝統および生活諸条件によってつくられたかれらの一定の質に、どの程度まで結びついているか、ということである」(Weber, 1908b : 1-2, 訳 : 三)。この有名な冒頭の一節は、学会の調査を「学問的目的に奉仕する仕事の領域」に限定するという観点から、ヴェーバーが調査で確認すべき「事実」を明確に規定したものである。

調査の目的

また工業労働調査を学問の軌道にのせるというかれの決意は、この一節に続く調査の「目的」に関する次のような文章にあらわれている。ヴェーバーは、この調査に忍び込んでくる「実践的な『社会政策的』なすべての意図」を明確にしりぞけた。すなわち、「大工業における社会的諸関係がいかに『判定』されねばならないかとか、とくに近代の封鎖的大経営がそこに労働者をおいているところの状態が好ましいものであるのかどうか、その状態の、ある好ましくない面について誰かに『責任』があるのかどうか、また万一あるとすれば誰にあるのかとか、そこで何が改良されねばならないのか、あるいは果たして改良できるのかどうか、できるとすればどのような方法でか、とかいうようなことはいっさい取り上げない。問題はもっぱら、事実を即事的に、客観的に確認すること、大工業の存在諸条件とその労働者の特質のうちに横たわる事実の諸根拠を調査することにかぎられる……今回の調査によって、学会の従来の多くの調査がそうであり、またそうでなければならなかったようなやり方で、なんらかの実践上の諸問題を討議するということは、学会の意図するところではない」(ebd.：2, 訳：五) というのである。ヴェーバーは、工業労働調査を「『理論的』目的」を追求する「純粋に『社会科学的』なもの」と規定し、この調査に参加する共同研究者の調査活動の目的を「事実」の即事象的・客観的な確認とその根拠の探求に厳しく制限したのである。

観察態度　さらに、ヴェーバーは、学問的な性格を有する調査に参加する若手研究者が現地調査で遭遇する「労働者の訴え」や「企業家の興奮した発言」を例にあげながら、そのような場合に、かれらがとるべき態度について、次のように述べた。ヴェーバーによれば、そのような両者の訴えや発言は「当面の調査の意味からして──批判的な態度をとらなければならないような実践上の『問題』の徴候としてかれに立ち向かってくるのではなくて、かれにとっては、まったく一定の (技術的、経済的、心理学的な) 変形形態の随伴現象として観察されなければならない」(ebd.：3, 訳：五)。かれは、労働者や企業家の興奮した発言や訴えを「発展途上の摩擦の徴候として確認し、場合によってはこれを分析する」という冷静な観察態度を若手研究者に求めたのである。第一章の残りの部分で、ヴェーバーは、前述のかれが定式化した複雑な調査のテーマをさらに具体的に労働者の「職業的『人間的』適性」、「労働者の出自や職業経歴」、「労働行為にたいする主観的な態度」、「労働者の職業外の生活様式」の四つに分解し、個々の課題に即して共同研究者が冷静な観察態度で探求しなければならない問題を順にとりあげて解説した。

遺伝学説のとりあつかい　続く第二章で、ヴェーバーは、実験心理学や生理学、医学や精神医学などの自然諸科学の精密な研究を引き合いにだしながら、労働研究の分野における「調査の自然科学上の問題」に言及した。労働者の職業的人間的適性を課題として掲げる工業労働調査の「作業説明書」において、ヴェーバーは、同調査で究明すべき究極の問題として「遺伝」の影響をとりあげたが、同時代の「遺伝学説」のとりあつかいをめぐるかれの意見は、きわめて慎重なものであった。なぜなら、ヴェーバーは、「労働適性の偏差の根拠を分析する」場合の研究順序として「経歴」すなわち「社会的、文化的出自、教育や伝統の影響の吟味をまず第一に試み、どこであろうと可能なかぎりはこの解明のための原理で押し通す」べきだと「勧告」したからである（ebd.：31, 訳：三六）。また、ヴェーバーは、「作業説明書」の直後に執筆した織物労働調査のモノグラフを収録する『精神物理学』論文において、当時の生物学者の見解に「一体何が遺伝によってよびさまされた『素質』の客体を決めるのか」をめぐる合意がないことを理由にして、「遺伝諸学説の論争を視野の外におくように」と主張した（Weber, 1908-1909, 365, 訳：三〇八―三〇九）。労働者の「地理的、文化的、社会的、職業的な出自」や「経歴」、かれらの「両親の祖先の職業」が労働者の「労働適性」におよぼす具体的な影響、すなわち「ある世代が一定の種類の職業の熟練を身につけたとすると、その次の世代がこの職業労働にたいして同程度の大きさの偏差のある熟練資格をつねにもつというような結果が生じるか」どうかは、ヴェーバーにとって、遺伝学説をめぐる論争とは別に、社会科学がその観察手段すなわち質問紙調査をもってその事実を直接労働者にたずねて確認すべき問題だったのである。

自然諸科学への協力要請

しかしながら、労働研究の分野における自然諸科学と社会諸科学の学際的な共同研究の将来にたいするヴェーバーの見解は、その可能性を追求する方向にあった。なぜなら、かれは、「作業説明書」の第二章の末尾に「社会政策学会は、必ずしもただ経済学を学んだ調査者にたいしてだけでなく、自然科学の諸学科の代表者にたいしてひとしく共同研究を要請するものである」（Weber, 1908b：36, 訳：四二）と記したからである。前章で明らかにしたように、ヴェーバーは、「作業説明書」の執筆直後に着手した織物労働調査の副次的な目的として、労働研究をめぐる自然諸科学の専門家との学際的な共同研究の可能性をさぐることをかかげ、社会科学的な社会調査において、自然諸科学とくに精神物理学の実験による観察とこれが提供する概念の応用が、両者の共同研究を通じて、将来、可能になるとする知見を獲得した。ヴェーバーは、織物労働調査でくりかえし「労働者の個人差の意味」に言及したが、自然諸科学との学際的な共同研究を促進して、そのような問題の解明に着手する工業労働調査の持続的な展開を社会政策学会に期待したのである。

4　工業労働調査の方法

現地調査の設計

工業労働調査の実現可能性の観点からヴェーバーが執筆した「作業説明書」の最後の第三章は、若手研究者がこの調査で採用すべき社会調査の方法に関する具体的な解説にあてられている。ヴェーバーによれば、学会の調査に参加する共同研究者が採用すべき「調査方法」に「二つの違った型」がある。すなわち、個別経営を単位としておこなう「経営管理者および使用人からの情報にもとづく調査」（第一の型の調査）と、労働組合や労働集団に質問紙を発送しておこなう質問紙調査（第二の型の調査）である。まず「第一の型の調査」について、ヴェーバーは次のように述べた。「それはまず最初に各範疇別労働者の内部編成、つまり一定の機械に使用され、一定の大きさの技術単位に必要な一定種類の労働力にたいする需要を数量的に確認し、その次に賃金制度を、それがどのような前提のもとに成立し、どのように作用しているかを確認する。さらに進んでこの種の調査は在籍者名簿、またできれば賃金帳簿を分析しようとするであろう。さらに経営管理者とその使用人の経験、また労働者にたいする機械の方からの要請の最近の発展を知っている専門技術者の経験を利用し、しかるのちにその結果をその経営の労働者について自分で調査することによってできるだけ補完するであろう。たとえば、こうした調査にあって、質問紙を労働者の地方的な組織にむけて提出する場合には、同時に未組織労働者のおそらくは非常に異なっている状態について、できるかぎり個人的に調査してみる必要があろう」（ebd.：51，訳：五八）。このように、「第一の型の調査」は、個別の経営を単位に、研究者が現地に滞在して素材収集と直接観察を試みる、今日のことばでいえば「フィールド・ワーク」の方法であった。

現地調査の条件

ヴェーバーは、「第一の型の調査」を可能にする条件に言及し、調査にたいする使用者の側の「同意」を得ること、そして信頼を獲得した研究者が「職員にむかって個人的に秩序正しく、また詳細に質問する」「技量」が重要だとを指摘した（ebd.：47，訳：五四）。そして、かれは、経営の職員に「信頼」された「調査者」ならたいした困難もなくできることとして「在籍者名簿を閲覧し、書き抜きをつくる許可を得る」ことを勧告した（ebd.：48，訳：五八）。なぜなら、労働者の生年月日、出生地、現住所、性、年齢、住居の種類、家族状態、信仰に関する申告などが確認できるこの資料は、現在のかれの就業や、場合によっては、同一経営内における労働世襲の頻度を追及することを可能にする、調査にとって有益な資料となるからである。むろん、使用者あるいはその使用人の側から得られる資料は「労働者への質問」と結びつけられなければならない。しかし、ヴェーバーのみるところ、「第一の型の調査」は、この点で「おそろしく著しい原理的、方法論的な困難さが生じる」。「この難点は、おそらく労働者自身の側からの情報を得ることにあるのではない。労働者の諸組織は、かれら自身の刊行物であれ、公的、私的な、ときによっては種々異なった調査においてであれ、調査の科学的価値を確信するときには、いつでも非常に乗り気でその調査を歓迎するだけでなく、その成員が統計をとるための質問紙に正しい回答をよせるという、必ずしもそう簡単ではない技術にもしばしばよく上達することを示した。難点はむしろ企業者の側から得られた資料とひとつに組み合わせることのできるような資料を労働者の側から得ることにある。………経営管理者が、労働者と直接に折衝したり、かれらに質問紙を直接配布したりすることを許可するに当たって、考えられるかぎりでの歓迎を示す場合であっても、労働者の側でこの経営管理者から許容され、支持されている調査にたいして、多かれ少なかれ拒否的な態度をとらないということは必ずしも保障されていない。わたしの経験によれば、質問紙に被調査者の氏名を記入しないことという、たいていの場合になされるはっきりした申し出があっても、また双方の側から提出される資料は、もっぱらそれを取り上げて利用する学問的な調査者（wissenschaftliche Bearbeiteren）によって扱われるのだというはっきりした保証があっても、このような不信は必ずしも克服されるとはかぎらない」(ebd.：49-50, 訳：五五―五六)。ヴェーバーは、過去の調査の経験を通じて、調査にたいする労働者の「拒否的な態度」や「不信感」の克服が調査の成否を左右する重要な条件となることを熟知していたのである。

質問紙調査

こうして「第二の型の調査」が必要になる。質問紙を労働者組織に発送しておこなう「第二の型の調査」では、その素材の価値は回収された質問紙の数とともに高まる。この点を強調したヴェーバーは、宛名が印刷され切手が貼られている返信用封筒を同封した質問紙を全国に支部をおく中央機関に郵送して、地方組織への仲介を依頼するようにと指図した(ebd.：51-52, 訳：五八)。またこの「第二の型の調査」では、たくさんの計算をやりとげねばならないが、ヴェーバーは「調査者が自ら統計技術を習得しているか、それとも熟練した統計家の不断の助力」が不可欠であること、そして「各範疇の労働者を、さらにその出自と年齢階層によって区分して、地域、経営別に集計した数字を表で示すこと……この問題こそが、たいていの場合、調査の関心の核心をなす問題に属している」と指摘した(ebd.：56-57, 訳：六三―六五)。またかれは、とくに各範疇の労働者の「職業経歴」や、「両親の出身地、父親、祖父、兄弟および成人したその子弟の職業、学校教育や徒弟教育の類別」などをすべて「表にして示すべき」であり、細心かつ詳細に吟味しつつなすべき「職務を基にして、最終的に基準となるような労働者の分類をつくるという困難な仕事がある」と指摘した(ebd.：56-57, 訳：六四)。ヴェーバーが提示した互いに異なる二種類の調査方法は、労使が激しく対立する当時の敵対的な労使関係から生じる調査にたいする労働者の「不信感」を克服することを考慮した適切な提案であったが、後者の統計をとるための質問紙の集計について、かれは、とくに表にして示すことを強調したのである。

調査の理想

「第一の型の調査」が直面する困難が、労働者と個人的に感情を疎通させることの難しさにあることを的確に指摘しつつも、ヴェーバーは、あえてその困難を克服することを共同研究者に要請した。なぜなら、かれは、この調査の「理想」(Ideal) を「一方では、もちろん在籍者名簿や賃金帳簿の結果の分析と、使用者やその職員の報告に手を加えて、できるだけ多くの経営を詳細に研究することであり、かつ他方では、同じ経営の全労働者にたいして地方的、民族的、社会的、文化的出自、職業的生涯、労働者の位置およびこの調査の観察の対象となるあらゆる客観的、主観的事実について徹底的になされた質問を詳しく研究することである」と強調したからである。そしてかれは、調査に参加する若手研究者にむかって「とにかく、このことが遂行できるところでは、たとえそれがたったひとつの (もちろん、十分な大きさをもった) 経営であったとしても、なにはともあれそれをやることに努力すべきである」(ebd.: 49, 訳：五五—五六) と督励したのである。

ヴェーバーが記した「作業説明書」は、このように、社会政策学会が主催する工業労働調査を社会科学的なものへと転換するという明確な意図をもって、その目的や課題について解説し、当時の厳しい調査環境すなわち敵対的な労使関係を考慮して実現可能な調査の方法を具体的に提示した、調査のための手引きである。では、このような手引きは、工業労働調査に直接着手した若手研究者の調査活動に、どのような影響をおよぼしたのであろうか。

二　若手研究者の現地調査

1　現地調査の模範

ヘルクナーの報告

社会政策学会の工業労働調査を指導したヘルクナーは、一九〇九年七月におこなわれた学会常任委員会の席で、ヴェーバー兄弟の指導の下で、工場内に一定期間滞在して観察と労働者への質問をくりかえしアンケートの回収にも成功したベルナイス (Bernays, Marie, 1883-1939) の現地調査を引き合いにだしながら、学会調査の途中経過を次のように報告した。「質問紙の回収は、ひとつの事例においてその十分な成果を達成したかのようにみえる。ベルナイス女史は、………ミュンヘン‐グラッドバッハ紡績工場の労働者集団のなかで信頼できる一三〇〇通を獲得し、そしてとくに出身と賃金の両者に関する価値の高い資料を手に入れた」。そしてヘルクナーは、調査の成果と結びつく「決定的な条件」として「雇用主と労働者の好意的かつ献身的な支援と数ヶ月を完全に事実に捧げる可能性」を指摘し、「マリー・ベルナイス博士の仕事は、多分それをかなり完全に実現した功績であり、あるいは、広範な調査にたいするある種の典型（Typus）をつくりだしたのかもしれない」と高い評価を付与した（Herkner, Schmoller und Weber, A., 1910：xv）。

ベルナイスの調査

ベルナイスの調査にたいする高い評価は、彼女の次のような現地調査の試みに起因する（Bernays, 1910：xvi-xvii）。一九〇八年九月、ベルナイスは「誰にも悟られずに『グラッドバッハ紡績』で仕事をみつけようと試みた」。そして、糸巻き工として雇われた彼女は、同じ工場で働く女工を「もっと近くで観察し、彼女らとまったく同様の女工の生活とせわしない状況を共有する絶好の機会を二、三週間もつことができた」（ebd.：xvi）。完全な参与者として調査を開始した彼女は、やがて「工場の一員」として受け入れられた頃合をみて、工場の管理者ブッシュター（Buschhüter, August）に自身の「素性と計画を打ち明けた」。ブッシュターは、彼女の「異例の実験に好意的な理解を示し」、「質問紙を顔なじみの労働者や女工さんに提示したい」という彼女の「願望」を受け入れて、続く四ヶ月間グラッドバッハに滞在してアンケートに着手することを許したばかりでなく、「工場の賃金帳簿からの自由な抜粋を許可した（ebd.：xvi）。工場への自由な立ち入りを許可された彼女は、工場内のあらゆる場所を訪れて自由な観察を試みたばかりでなく、工場の技術者ドイッセン（Deussen, D.）から調査に「不可欠な織機とその機能に関する正確な知識」を獲得した。彼女流のやり方で、グラッドバッハ紡績工場の工場管理者や技術者、多数の労働者の信頼を獲得したベルナイスは、こうして工場滞在期間中に彼女自身がなした労働者への個人的な質問や、工場内での観察、織機の技術的な特色に関する知識など、彼女の研究に必要な素材を獲得した。そして彼女は、独自に試みた彼女自身の現地調査のやり方が、被調査者の信頼を獲得して成果をあげるのに有効な方法であると確信し、「もし、人が任意のやり方で労働者の信頼を獲得したなら、そのときはむろん確かに時間のかかるこの方法を首尾よく使用すべきである」(ebd.：xvi-xvii) と主張した。

ベルナイスは、他の誰よりも早く四七一頁におよぶ大部の報告書を執筆した。そして彼女は、その研究の一部でハイデルベルク大学哲学部から博士の学位を取得した。また彼女は、新たな工場での調査に着手した。ライン上部のある織物工場の管理者ジッペン (Sippen, Osker von) の「許可」を獲得した彼女は、「一九一〇年の最後の数ヶ月」をその工場で過ごした。その工場で彼女は「女工たちを管理するための能率」に関する素材を収集し、「労働者への質問によって必要な材料を集めること」(Bernays, 1911：157-158) に成功したのである。

2　模範的な現地調査に追従する調査

ソレールの調査　ベルナイスの現地調査は、他の共同研究者の見習うべき「模範的な仕事」となった。たとえば、オーストリーの国民経済学者ソレール (Sorer, Richard, 1883-1914) は、一九〇九年の秋に社会政策学会が提案した調査への参加を決意し、知人の「旋盤工」の示唆もあって、ウィーンの機械工場で調査を試みた。ソレールは、同地の工業団体会長の仲介で調査対象と決めた経営の首脳部から、工場への自由な立ち入りとあらゆる情報の提供、労働者への質問にたいする許可を獲得した。調査に二ヶ月を費やしたソレールは、オーストリー労働組合常任委員会の書記長の協力もあって、一九〇九年一二月三一日時点でかれが調査の対象にすえた工場に在籍する全労働者一三八人のうち九四・二%を占める一三〇人から質問紙を回収した (Sorer, 1911：157-159)。

モルゲンシュタインの調査　またフライブルグ大学のモルゲンシュタイン (Morgenstein, Max) は、ベルナイスの現地調査を模範としてオッフェンバッハの皮革製造工場で調査を試みた。調査に際して、工場への滞在や賃金帳簿からの抜粋を許可してくれた工場主や統計的な材料を提供してくれた同地の商工会議所や労働組合の代表、福祉事務所の職員から「非常に多くの好意的な親切」を受けたかれは、調査の成否が多くの人々の「個人的な好意」にかかっていることを確信した。労働者との直接面接を重視したモルゲンシュタインは、「労働者との私的会話」(privater Unterhaltung mit Arbeiterrn)、すなわち、仕事をおえて居酒屋でくつろぐ労働者との個人的な接触を試み、そのやり方でおよそ一〇〇人の労働者との会話に成功した。そして直接質問にたいする労働者の「不信」を克服することが可能であることを確信したかれは、ある経営者が工場の作業室での労働者との面接を許可したとき、面接を組み合わせた質問紙調査を試み、ひとりの拒否に出会うことなく全労働者二四七人から質問紙を回収することができた(Morgenstein, 1911：29-30)。

ケックの調査

バーデンの化学器具工場労働者の調査に着手したケック(Keck, Karl)もまた、現地調査で労働者からの質問紙の回収に成功した研究者のひとりである。同工場の管理者ホフマン(Hoffmann, Otto)の「好意」で数ヶ月間工場に滞在したかれは、そこで多数の経営職員の援助をうることができた。そしてかれは、そこで労働者への質問を試み、質問紙の回収に成功したのである(Keck, 1911：83)。

3　労働者の不信に遭遇した調査

ヘルマンの調査

もちろん、現地調査の段階で労働者の不信に遭遇し多大の困難に直面した共同研究者もいる。リュッケンベルガーの毛織物工場を調査したヘルマン(Hermann, Elise)は、二人の工場所有者から二ヶ月間の工場への滞在を許可され、労働者や職長の労働時間中の活動を観察した。組織された労働者への質問が組織の指導部との事前の合意なしに不可能だと考えた彼女は、質問紙にたいする回答を依頼するために二つの組合支部幹部との会合を別々に開催したが、調査にたいする「労働者の不信やその結果としての回答拒否に遭遇した」。彼女は、ひとつの工場のアンケートを断念し、もうひとつの工場に関心を集中した。そして彼女は、男性工員一〇二名と女性工員一二二名の合計二二四名の質問紙を回収した（Hermann, 1912 : 4-5）。

シューマンの調査

またヴェーバーの仲介でダイムラー・モーター商会を対象とする自動車工場労働者の調査に着手したシューマン（Schumann, Fritz）は、現地調査でかれが直面した困難を記録した。かれは、一九〇九年九月半ばから月末にかけて、同社が一九〇八年三月に開設した「労働者登録事務所」（Arbeitermeldbureau）において、事務所が管理していた労働者カードから「一九〇八年以降に雇用された四五〇人の労働者について、かれらの職場配置、部分的に宗派、兵役、家族状態に関する知識を獲得した」（Schumann, 1911 : 7）。続いてかれは、「ドイツ金属労働組合」シュトットガルト支部の支援を受けて、質問紙調査を開始した。この組合支部は、シューマンの表現によれば、「乗り気で質問紙の配布と回収を引き受けた」が、その結果にかれは失望した。一九〇九年一二月、かれはダイムラー・モーター商会の代議員大会で、労働者の質問紙への回答を要請するために、調査の目標と有用性に関する短時間の講演をおこなった。しかし、労働者の強い不信感に遭遇して成果はあがらなかった。シューマンは、その理由についてかれが遭遇した次のようなエピソードを紹介している。当時、社会民主党の強力な反対を押し切ってルール地方で創設された労働紹介に組合が直接従事するという制度を、ヴィッテンベルグ金属労働組合も開始するという「うわさ」が労働者の間に流れ、かれらは、シューマンの調査に「それと一緒に不吉なリストをつくるという別の目的がないのか」（ebd. : 7）という疑念を抱いたというのである。シューマンは「多少遺憾ながらダイムラー・モーター商会の労働者の経営会議を訪問し、再び講演することを決心した」（ebd. : 7）。質問紙は、その会場に出席した三五〇人の労働者に配布され、その場でおよそ三分の一が回収されたが、かれが最終的に獲得したその数は一七三にとどまった。

ハイスとドイッチの調査

アンケートの回収で困難に直面した共同研究者にハイス（Heiss, Clemens）とドイッチ（Deutsch, Julius, 1884-1968）がいる。ベルリンの機械工業労働者の調査に着手したハイスは、ドイツ金属労働組合や、多くの機械技師と労働者が所属する「ヒルシュ・ダンケルク同業者組合」の協力をとりつけ、三五〇〇の質問紙の配布と回収をこれらの団体に依頼したが、かれの手元に届いた質問紙の数は、自由労働組合の一〇四をふくむわずか一五六にとどまった（Heiss, 1910：111-112）。またウィーンのジーメンス－シュッケルト－ベルケンの労働者を対象とする調査に着手したドイッチは、オーストリー金属労働組合の仲介で接触した労働組合の代議員に当該経営内の総数一三八七人の従業員への質問紙の配布と回収を依頼したが、回収できた「使用できるデータ」は、男性労働者二三〇人に女性労働者一三人の合計二四三人にとどまった（Deutsch, 1910：251）。社会政策学会のアンケートは、経営者やその団体、労働組合やその他の団体によっておおむね受諾されたが、ヴェーバーが危惧したように、経営者によって許容されたアンケートにたいする労働者の不信感は、実際に現地調査に着手した若手研究者の前に立ちふさがり、容易に克服しがたい大きな障壁となったのである。

4　異色モノグラフ

ケンプの調査

また、社会政策学会が公表した報告書のなかには、学会の調査プランから逸脱する「異色」と思われるモノグラフもふくまれている。たとえば、ミュンヘンの若年女工の生活に関して現地調査を試みたケンプ（Kemp, Rosa）は、実際に数多くの少女たちを訪問し、彼女らの食事や献立や衣服の目録を調べ、工場や家庭での彼女らの生活を詳細に記録した。けれども、ケンプの調査は、かつて「社会改良協会」（Die Gesellschaft für Sozialreform）が『社会的実践』（Sozial Praxis）紙で告知した「勤労男性ならびに女性・青少年の状態」に関する「調査プラン」を下敷きにしたものであり、学会が提示したアンケートの構想と大きくかけ離れていた（Kemp, 1911：viv）。

ヴァッテロートの調査

学会の調査プランから逸脱したいまひとつのモノグラフに、エルフルトの製靴工場で現地調査をおこなったヴァッテロート（Watteroth, Richrd, 1889-1914）の調査報告書がある。

ヴァッテロートの報告書は、第一次世界大戦に従軍してかれが戦死した翌年の一九一五年、ヘルクナーが「新シリーズ」と題して編集した一五三巻に掲載された。ヴァッテロートの調査をゼミナールで指導したビュッヒャーは、その巻にかれの死を追悼する短文をよせた（Watteroth, 1915：1-2）。そのなかでビュッヒャーは、この研究でかれが博士の学位を取得したいきさつを懐古的に述べ、かれの研究が学会のアンケートの構想に込められた「根本的な理念と内的に対決」し、それに「自立的にたちむかった」成果であると評した。学会が提示した工業労働調査の理念は「マックス・ヴェーバーの思想サークルの中で生まれた」とみるヴァッテロートは、自己の調査に先立ってその「適用可能性」を吟味し、「工業労働者の心理学的、性格学的特質のなかに、工業労働がおよぼす心理学的、組織論的、経済的影響の沈殿物を探求する」ことを求める「マックス・ヴェーバーのテーゼは拒否すべきである」と主張した（ebd.：6-10）。またかれは、ヘルクナーの熟練、半熟練、不熟練の労働区分は製靴労働者の分類には役立たず、アルフレットの労働者の職業運命に関する仮説も、かれが依拠したひとつの職業、すなわちミュンヘン‐グラッドバッハやマンハイムの織布業から導かれたものにすぎず、それを製靴労働者に広げることは不可能であると批判した（ebd.：11-14）。そしてかれは、「労働者の運命」や「淘汰と適応」は、「労働者の心理学的特質のなかにある何かではなく、組織と技術に関する出来事のなかに探求すべきである」（ebd.：10）と主張し、かかる観点からエルフルトの製靴工場労働者を対象にする独自の現地調査に着手したのである。

作業説明書の役割

このような異色モノグラフは、工業労働調査に着手した若手研究者のなかに、「作業説明書」において、ヴェーバーが提示した調査の問題設定を共有しない若干の人々がいたことを示している。しかし、工業労働調査に参加する調査者が順守すべき観察態度をふくめて、調査の環境や倫理に配慮した実現可能な調査の方法を具体的に提示したかれの「作業説明書」は、同調査に参加した総勢一四人の若手研究者の現地調査の手引きとして重要な役割をはたした。かれらは、調査にたいする労働者の不信感に直面しつつも、おおむね学会の調査プランにしたがって、個別の経営を単位とする観察と質問紙調査を併用する現地調査に着手し、当時の労働者の「労働生活と職業運命」に関する一五の報告書を執筆したのである（塚本、二〇〇六）。そして、工業労働調査の正式な責任者をつとめたヘルクナーは、ヴェーバーの工業労働調査のプランを批判したヴァッテロートの異色モノグラフを収録する最後の報告書を編纂した一九一五年に、社会政策学会の理事会で同調査の終結を公式に表明したのである。

三　社会学会の設立と新聞調査

1　社会学会の性格

新学会の設立経緯

社会政策学会の工業労働調査が進行中だった一九〇九年の初頭、ヴェーバーは、他方でドイツ社会学会の設立に関与し、社会調査を基軸にすえる新学会の設立を企図した積極的な活動を活発に展開した。同学会設立の起点は、一九〇九年一月三日にベルリンで開催された同学会の「設立準備会」（die konstituierende Sitzung）にある。この会議では、会の名称や規約、設立総会の発起人依頼が論議され、理事としてヘルクナー、ジンメル（Simmel, Georg, 1858-1918）、テンニース（Tönnies, Ferdinand, 1855-1936）、フィアカント（Vierkant, Alfred Ferdinand, 1867-1953）が、事務担当理事としてベルリン大学のベック（Beck, Hermann）が選任された。同年三月七日、新学会の「設立総会」（Eröffnungsversammlungen）がベルリンで開催され、地区学会の形成、学問研究への援助、書籍の出版、研究費の助成といった学会の活動内容が承認された。またこの会議で、ヴェーバーは、暫定的処置として運営委員会の委員長（Ausschssvorsitzender）に就任し、他の誰よりも熱心に、社会調査を基軸にすえる学会活動を精力的に展開したのである。

設立目的

新学会の大会運営委員会の委員長に就任したヴェーバーは、ただちに「ドイツ社会学会の会員になりうる方々への勧誘状」（ヴェーバー、一九八九）を執筆し、同年六月に発送した。この勧誘状は、かれが新学会になにを期待したかがわかる貴重な資料である。その中でかれは新学会の性格について、次のように述べた。「この学会は、その創設の本来の意味にしたがいますと、純粋に客観的な学問的性格をもつべきはずのものであります。このことからしましても、実践的な目的や理想のために学会の内部で、また学会の名を使っておこなわれるあらゆる種類の政治的、社会政策的、社会倫理的な宣伝もしくはその他のいかなる宣伝もすべて排除されなければなりません。この学会は諸事実とこれらの連関を研究することに役立ちさえすればよいのであります」（同訳：七三）。このような主張はその当時「価値自由（Vertfreiheit）の原則」と呼ばれ、ヴェーバーが堅持していた持論であったが、かれはこの原則に依拠して、新学会の「純粋に客観的な学問的性格」を強調し、その活動を事実とその連関の研究に厳しく限定した。またヴェーバーは、新学会が社会政策学会の活動に見習うべき「模範」として「広範囲な調査」に依拠した「継続的な各種刊行物」の出版を強調した。「なわばり根性」に凝り固まった「名士の集団」たる既存学会の「旧態依然」とした体質に批判的だったヴェーバーは、これとはまったく「無縁」な、事実とその連関の研究に専念する社会調査を中心にすえた学術機関の誕生を願っていたのである。

　このような、ヴェーバーの願望は、翌年の一九一〇年に施工されたドイツ社会学会の規約第一条に盛り込まれた。社会学会の設立目的を記した規約第一条は、その目的について「純粋に学問的な研究および調査を行うこと」（Deutsche Soziologische Gesellschat, 1910 : v, 訳：六七）と明記した。社会調査は、名実ともに新学会の学問的かつ組織的な活動目的の中心に位置づけられることになったのである。

時宜にかなった社会調査

ヴェーバーが執筆した「勧誘状」でいまひとつ注目すべき点は、かれが、その中で新学会がとりくむべき社会調査の課題を具体的に提示したことである。ヴェーバーは、正式な「委員会による討議と承認を必要とする、いまだ未決の企画」とことわりながらも、「社会学」の名をもつ新学会にふさわしい社会調査として、新聞調査、団体調査、心理学や工学の専門家と実務家団体の協力が不可欠な技術の発展と文化の関連に関する調査、医学とくに神経学や精神病理学との共同が不可欠な心身の衰弱に関する調査の四つを提示した（ヴェーバー、一九八九：七四―七五）。ヴェーバーにとって、技術の発展と文化の関連は、技術の進歩が文化発展の一因であるとする見解が「どこまで当たっているか」を技術者に協力を求めて調査すべき比較文化史がとりくまなければならない大問題であった。また、ヴェーバーは、同時代の医師や精神科医たちの、アルコール摂取の影響、疲労、職業集団や労働作業と神経症や精神病の関連、非行や犯罪に関する調査を念頭におきながら、心身の衰弱を「医学、とくに神経学や精神病学」との共同作業を必要とする新学会の従事すべき社会調査の主題として提案したのである。

そして、ヴェーバーは、ドイツ社会学会第一回大会のおりにおこなった「事業報告」（Weber, 1910b）において、団体の社会学に言及し、国や市町村、公教会などの公的な組織と家族などの自然成長的な共同社会の「中間」に位置する、社交的なクラブや「政党、宗教・芸術・文学などのセクト」といった「特殊な資格をもった人々の結集体」を対象にする社会学の一分野を創出するという観点から、新学会が主催する社会調査として、結社の構成員の地理的、種族的、社会的な出自、また経済と政治の指導者、科学、文学、芸術の指導者、聖職者、官吏、教師、企業家等々の選抜の問題に関する包括的調査、および「結集体」がもっとも発達しているアメリカとドイツを比べる国際比較調査を提案したのである（ebd.：441-447, 訳：二二三―二三二）。新学会設立時の「勧誘状」や「事業報告」で述べたヴェーバーの以上のような提案に明らかなように、かれは、ドイツ社会学会の設立を、同時代の実務家や専門家を組織して時宜にかなった大規模な社会調査を実現する機会として位置づけ、同時代の社会的現実が提起する新たな問題の中から、「社会学」の名を冠した新学会にふさわしい調査の課題を具体的に提案したのである。

2　新聞調査の主題と方法

調査プラン

その中でも、とくにドイツ社会学会が最初に着手すべき社会調査は、ヴェーバーにとって、新聞調査であった。一九一〇年一〇月一九日に開催された第一回ドイツ社会学会大会の前日におこなわれた理事会に、「新聞の社会学に関する調査のための『覚書』」（ヴェーバー、一九九六、以下『新聞の社会学』と略記する）を提出した。『新聞の社会学』は、同大会のおりにかれがおこなった「事業報告」（Weber, 1910a）とともに、ヴェーバーが構想した新聞調査がどのようなものだったのかを知ることができる資料である。ヴェーバーによれば、「新聞にかんする調査は、究極的には、現代の大きな文化問題の上において設定されたものでなければならない」（ヴェーバー、一九九六：二七一）。そして、この究極的な問題について、かれは「事業報告」のなかで次のように述べた。「第一に、新聞は現代の人間にその特徴をきざみつけるのにいかなる寄与をなすのか。第二に、客観的な超個人的な文化財はいかに影響されるのか。そのどこが変わるのか。また大衆の信念、大衆の希望のなにが否定され、なにが新しくつくり出されるのか。今日いうところの『生活感情』のなにが、なんらかの可能な態度決定のなにが、永久に否定され、なにが新しくつくり出されるのか。これらがわれわれが提出しなければならない究極の問題なのです」（Weber, 1910a: 441, 訳：二三二）。当時のドイツでは、資本主義的な私的企業として巨大な発展を遂げた「購読者」と「広告主」という二様の「顧客」をもつ新聞社から政党新聞や業界新聞など多様な新聞事業が隆盛しつあったが、ヴェーバーは、そのような事業が大衆の信念や希望、現代人の生活感情や態度、世論や文化財におよぼす影響に重大な関心を払っていたのである。

しかし、ヴェーバー自身が認めるように、この「究極の問題」に「答えを出すまでには遥かな道のり」が「横たわっている」（ebd.: 441, 訳：二三二）。そこでかれは、新学会がこの調査で最初にとりあげなければならない「問い」の焦点を「新聞はいかなる状態にあるのか、なぜいまのこの状態になったのか、いかなる歴史的・社会的根拠からか」を「はっきりさせる」点におき（ebd.: 432, 訳：二一〇）、「新聞事業に関する営業的、形式的、量的な」研究から出発して、「新聞の質的な発展傾向の研究」へと移行していく独自の調査プランを提示した（ヴェーバー、一九九六：二七八）。

新聞調査の予備的問題

『新聞の社会学』において、ヴェーバーは、新聞調査の主題を、［A］新聞事業と、［B］新聞社の基本的な立場の二つに分け、1新聞の所有者（社主）、大新聞などにおけるこの一〇年の変化、2新聞需要における資本需要と資本回転、3新聞の現在の大まかな生産費、4ニュースソースの獲得方法（通信社との関係、営業的な分析、内部の業務とニュースの割付方法、広告業務をふくむ）、5新聞社の収入、6新聞業界における競争と独占、7新聞とジャーナリズム（近代的ジャーナリストへの質的要求、ジャーナリストの職業内外における生活チャンス、新聞社とジャーナリストとの利害関係をふくむ）、8その他の社員と職能組合の創設のチャンスの八つを、前者の事業調査で追求しなければならない課題として列挙する（同訳：二七三—二七八）。ヴェーバーによれば、以上の八つの課題は、いずれも新聞調査の究極的な問題にアプローチするのに必要な「予備的問題」である。

新聞調査の課題

ヴェーバーによれば、次に、新聞調査は［B］新聞の基本的な立場、すなわち「新聞の質的な発展傾向の研究」へと移行しなければならない。かれは、その主題を「Ⅰ新聞社の基本的な立場の創造」、「Ⅱ新聞社の基本的立場への外からの影響」、「Ⅲ新聞による世論の創出」の三つの項目に区分し、項目ごとに調査すべき課題を次のように列挙した（同訳：二七八—二八一）。まず「立場の創造」について、ヴェーバーは、個々の新聞社が「新聞の内容編成」をする際の考え方に加えて、「新聞の匿名性」とそれが営業上の理由、政治的な理由、社会的な理由、文化的な理由のいずれの理由に由来するかを詳しく調べるよう指示した。次にヴェーバーは、「外からの影響」について、とくに「形式上自由な新聞」と「社会民主主義新聞」「市民的な受益者新聞」などを区別してとりあげること、そして「形式上『自由な』新聞と政党との関係」にも注意をむける必要があると指示した。最後に

「世論の創出」について、ヴェーバーは、新聞記事の種類の比較はもとより、新聞が読者の「表現＝思考方法の外面的な変化」や「日常語におよぼす影響」、「性、職業そして社会層ごとの新聞の内容にたいする要求の種類」、「新聞の公開性と『公のモラル』」についてとりあげるようにと指摘した。このようなかれの指摘に明らかなように、新聞調査は、新聞事業の存立諸条件の解明から出発し、新聞がおよぼす「近代人の感情状態と思考習慣への影響、政治的、文化的、芸術的経営への影響、大衆の判断と大衆の信仰の形成と解体への影響」を順に明らかにすることが重要な課題だったのである。

現地調査と質問紙調査の併用　またヴェーバーは、『新聞の社会学』のなかで、新聞調査が採用すべき調査の方法について具体的に論究した。第一に、かれは「大新聞社の社史」や「商業登記簿」の収集を指示した（同訳：二七二―二七三）。なぜなら、これらは「社主、大株主、給料支払い者」の「主義主張」を知ることができる有益な資料だからである。第二に、かれは新聞事業の費用と収入の構成に関する「正確な計数的な情報」の入手を指示し、その際に「新聞事業における経験豊かな人物」、「職務に精通した専門家」に協力を求めておこなう現地調査を強調した（同訳：二七二）。第三に、かれは、新聞事業に従事するジャーナリストやその他の職員の資質、かれらの淘汰と適応、職業内外における生活チャンスについては、「質問紙調査」を指示した（同訳：二七七）。経営を単位とする現地調査や従業員を対象にすえる質問紙調査に精通していたヴェーバーは、自身の経験に即して、両者を組み合わせる独自の調査プランを提示したのである。

内容分析　そして第四に、ヴェーバーは、一九一〇年の「事業報告」で、新聞そのものを素材として用いる次のような「内容分析」を提示した。「われわれは、はっきりいうなら、新聞の内容が、量的な見地からこの三〇年間にどのように変わったかということを、はさみを使いコンパスを使って測定することからはじめねばならない。広告欄だけではない、文芸欄だけではない、さらに文芸欄と社説との関係につき、新聞の内容がどのように変わったのか、それを測定することからはじめねばならない。……その点を確認しようとする研究の端緒は現れていますが、しかし端緒でしかありません。そしてこの量的確定から、次にわれわれは質的確定へと移行することになりましょう。われわれは、新聞記事の書きかた、おなじ問題が新聞の内外で論じられる場合のありかた、いつも新聞の独自性の根拠となる扇情的なことがらを新聞に掲載することの表面的な抑制、そのような諸問題を追及しなければなりません」（Weber, 1910a : 441, 訳：二二二―二二三）。

当時のドイツでは、新聞そのものを素材として用いる内容分析の方法が開始されていた。ヴェーバーは、レーブル（Löble, Emil, 1863-1942）の『文化と新聞』（Löble, 1903）や『一般国家学雑誌』（Zeitschrift für die gesamte Staatswissenschaft）に掲載されたストックローサ（Stoklossa, Paul）の論文「新聞の内容」（Stoklossa, 1910）を念頭において、かれらが使用した新しい方法をさらに発展させるようにと指示したのである。

3　新聞調査の組織化

信頼関係の確立

さらに、ヴェーバーは、『新聞の社会学』の末尾で、新聞調査の成否が「新聞発行者と新聞関係者そしてジャーナリストのきわめて好意的な、信頼ある理解」（ヴェーバー、一九九一：二八二）にかかっていることを強調し、一九一〇年の「事業報告」では、この点について、次のように述べた。新聞の社会学は「あきらかに途方もないテーマです。その準備作業に莫大な財源が必要なばかりではありません。新聞関係者の指導層が、この問題にたいするわれわれの客観的な迫り方に充分の信頼をよせ、好意を示してくれないかぎり、実相に即した取り扱いは不可能です。学会が（新聞の）現状になにか道徳的な立場から批判を加えるなど、思いもよらぬことです。われわれが新聞業界の代表者やジャーナリストに不信感をもたれるならば、十二分の材料がこの人々から提供されないなら、目標の達成はとうてい不可能です」（Weber, 1910a : 434, 訳：二一二―二一三）。そして、新聞調査にたいする関係者の信頼が同調査の成否を左右すると確信したヴェーバーは、この点についてさらに次のように述べた。「新聞の社会学のために構成されるべき委員会がまず手がけるべきことは、新聞の専門家の協力をとりつけることです。専門家とは、片や新聞に関する理論家です。今日すでにきわめて多くの理論家がおりますし、周知のとおりすでにこの分野で好著が出版されております。専門家とは、片や新聞の実務家です。予備折衝をおこなった結果、大新聞社とそれから新聞の発行人および新聞編集者の団体に近日中に協力方を申し入れるならば――そういうことになると思いますが――、われわれは好意をもって迎えられると予想されます」（ebd.：434，訳：一二一三）。

当事者参加型委員会

かくして、ヴェーバーは「新聞関係者」の幅広い協力を得ることに全力を注ぎ、翌年の一九一一年三月にハイデルベルクのホテル「ヴィクトリア」で開催された「学会総会」までに、総勢三二人で構成された「学者グループ」「社主・新聞協会グループ」「実務家・編集者グループ」の三つのグループからなる「当事者参加型」とでも呼ぶべき大規模な委員会を組織した。問題の当事者や関係者、実務者や研究者の信頼と協力、共同作業は、ヴェーバーにとって、時宜にかなった社会調査の成否を左右する重要な条件であり、これを実現するためにかれは調査の組織化に熱心に着手したのである（米沢、一九九一：五二―五三）。またヴェーバーは、ハイデルベルク科学アカデミーやフランクフルト公共福祉研究所、その他の個人からの寄付をふくむ総額三万マルクにのぼる、新聞調査に必要な財源を集めた。ドイツ社会学会が主催する新聞調査は、「新聞の社会学」の創出を企図してヴェーバーが立案した調査の企画や、その実現にむけたかれの熱心な活動もあって、順調なたちあがりをみせたのである。

四　経験的社会学の創出

社会調査の設計者

社会政策学会の工業労働調査のための「作業説明書」やドイツ社会学会の最初の事業となる「新聞の社会学のための覚書」に明らかなように、ヴェーバーは、学問的生涯の「中期」に、二つの所属学会を舞台にして、同時代の社会的現実にたちむかう時宜にかなった大規模な学問的な社会調査を企画立案する調査の設計者として活動した。社会調査を企画立案するヴェーバーの活動は、「前期」の福音社会会議の「私的アンケート」を端緒とする。続く「中期」に、ヴェーバーは、社会政策学会と同学会から分離独立するドイツ社会学会を舞台にして、時宜にかなった大規模な学問的な社会調査を企画立案し、その実現にむけた学会活動を精力的にくりひろげたのである。

工業労働調査の「作業説明書」

ヴェーバー兄弟が提案した社会政策学会の工業労働調査において、兄のマックスは、同調査を「社会科学的なもの」へと転換するという明確な意図をもって、弟の手になる「質問紙」と「作業計画」を補足する「作業説明書」を執筆し、その目的を「事実」の確認とその「根拠」を探求する学問的な営みに限定した。また「作業説明書」において、ヴェーバーは、同調査を実現可能なものへとみちびくという観点から、調査の目的や課題、調査の環境や倫理に配慮した、現地調査と質問紙調査を併用する、素材収集の方法を具体的に提示し、同調査の持続的な展開を期待して、自然諸科学の代表者との学際的な共同作業を提案した。ヴェーバーが提案した、遺伝問題のとりあつかいをふくむ学際的な共同研究は、工業労働調査を公式に指導する当時の小委員会において合意することが難しく、同調査にたいするかれの関与は非公式あるいは部分的なものにとどまった。しかし、ヴェーバーが執筆した「作業説明書」は、若手研究者の調査の手引きとして有効に活用されたのである。

新学会設立時の学会活動

そして、ヴェーバーは、一九〇九年に誕生するドイツ社会学会に、「断固たる決意」をもって参画し、時宜にかなった大規模な社会調査の持続的な展開に着手する新学会の設立にむけて奔走した。同学会の設立時に、暫定的に大会運営委員会の委員長に就任したヴェーバーは、新学会の目的を、社会調査に基づく「事実」の確認とその「連関」を探求する学問的な営みに限定し、新学会のとりあげるべき社会調査のテーマを具体的に提案した。そして、ヴェーバーは、新学会の最初の事業となる『新聞の社会学』を執筆し、新聞の「内容分析」をふくむ、新聞事業に関する量的な研究から新聞の質的な発展傾向の研究へと移行していく、かれ自身が立案した調査の構想を具体的に提示すると同時に、その実現にむけた当事者参加型の委員会の設置や調査に必要な財源の確保に奔走したのである。

経験的社会学の生成

かくして、学問的生涯の「前期」から「中期」にかけて、ヴェーバーがくりひろげた、同時代の社会調査の方法的な問題にたいする思索や改善、新試行の調査に着手した人々との交流や共同作業、そして社会調査を基軸にすえる社会政策学会を舞台とする学会活動は、ドイツ社会学会設立時の、社会調査を受容した経験的社会学の創出を企図する学会活動へとむすびついていく。ヴェーバーにとって、経験的社会学は、学問的な関心に基づく、時宜にかなった大規模な社会調査をもって同時代の複雑な社会的現実がもたらす「新しい問題」にたちむかう社会学、すなわち、特定の問題設定に基づく正確かつ信頼できる素材の収集と、その特質を考慮した適切かつ妥当な素材の加工や分析の方法を用いて、「事実」の客観的な確認とその「連関」を探求する社会学にほかならない。ドイツ社会学会設立時のヴェーバーの学会活動は、「なわばり根性」にこりかたまった「名士の集団」たる旧来の学会体質をきっぱりと拒否して、経験的社会学の仕事に専念する永続的な調査研究機関の設立をめざす大胆かつ画期的な学問的営みだったのである。

第一四章　社会調査の進展を阻むもの

「われわれは、社会政策学会と対立する、新しいと称する国民経済学の方法の自称創設者たちが、自分を売り込もうとする、その愚かしい思い上がりに、それは商売上の宣伝（Geschaftsreklame）以外の何ものでもないという烙印を押すつもりだからであります」（Weber, 1912a：198, 訳：三三六）。

「民族生物学者に期待することは、そして――プレーツ博士と博士の友人のお仕事から私が信じて疑わないところですが――いつかかならず民族生物学者の業績としてわれわれが受け取るであろうことは、特定の個別的な連関の精密な立証であります。つまり、具体的な遺伝的素質が、社会生活の個別的事象にとって有する決定的重要性の立証であります。皆さん、これは今までなされていない仕事です」（Weber, 1912b：462, 訳：二五〇）。

一　社会政策学会の討議

1　学会活動をとりまく軋轢

工業労働調査をめぐる討議　学問的生涯の「中期」に、工業労働調査の持続的な展開を企図したヴェーバーの社会政策学会を舞台とする活動は、その進展を阻む軋轢に遭遇する。それは、社会政策学会が、一九一一年一〇月のニュールンベルク大会で催した工業労働調査の成果に関する討議の席で明らかになった。「労働者心理学の諸問題」と題する社会政策学会の討議は、工業労働調査が採用した素材収集の方法をめぐる論議や、若手研究者が使用した素材分析の方法をめぐるヴェーバーとボルトケビッツの論争を通じて、同学会が、大規模な社会調査の学問的な彫琢にむけてとりくむべき調査の方法的な問題が浮上する、特筆すべき出来事である。

軋轢と障壁

しかし、同討議の席ではまた、ヴェーバーが社会政策学会に期待した工業労働調査の持続的な展開を阻む出来事が露出し、翌年の一九一二年一〇月にドイツ社会学会がベルリン商科大学で開催した第二回大会でヴェーバーがおこなった「決算報告」において、新聞調査の進展を阻む深刻な問題が浮上する。二つの学会を舞台にしてヴェーバーがくりひろげた社会調査活動を阻害する軋轢や障壁が顕在化するのである。

学会調査の課題と軋轢

本章では、まず社会政策学会の討議の席でおこなわれた調査の主催者や共同研究者の報告、若手研究者の報告書をめぐるヴェーバーとボルトケビッツの論争をとりあげ、当時の大規模な工業労働調査が直面した方法的な問題がどのようなものだったのかを明らかにする。次いで、社会政策学会やドイツ社会学会の討議の席で顕在化する、社会調査を基軸にすえるヴェーバーの学会活動を妨げた軋轢や障壁はどのようなものだったのかを明らかにする。

2　調査の主催者および共同研究者の報告

討議経過

社会政策学会が催した工業労働調査の成果に関する討議の経過は次の通りである。この討議では、冒頭で、調査全体を指導したヘルクナーが基調報告をおこない、次いで、ベルナイスとアルフレットが調査の成果について報告した。その後、学会があらかじめ討論者に指定していたボルトケビッツが、統計学の立場から若手研究者の素材の加工や分析の仕方を批判し、ヴェーバーがこれに応酬する激しい論議がおこなわれた。

ヘルクナーの基調報告

討議の冒頭でヘルクナーがおこなった基調報告からみていけば、それは次の通りである（Herkner, 1912）。最初にかれは、学会の工業労働調査を「労働者心理学」に属するものとして位置づけ、これを「社会科学的調査の新しいたくさんの期待できる領域」（ebd.：122）と規定した。そしてヘルクナーは、発言の大部分を、学会のアンケートの他に、多数の労働者問題に関する文献の紹介、およびかれの個人的な研究成果の披露に費やした。労働者問題にたいする文献に立ち入ったヘルクナーは、ヴェーバーの精神物理学に関する研究を、実験心理学の確実な成果とくにクレペリンの仕事を介して国民経済学の永続的な持ち場を明らかにしたものと評し、学会のアンケートにたいするかれの功績を評価した（ebd.：119）。しかし、ヘルクナーは報告の大部分を、当時、かれが強い関心を抱いていた「プロレタリアートの社会的分化」に関する話題に費やし、その結論部分で「われわれの調査は、マルクス主義の意味での単純な階級分化ではなく、労働者階級内部では、はるかに増加する分化があらわれており、……労働者の内部に個人的な私的生活にたいするチャンスが増大している」（ebd.：138）と述べた。この報告でヘルクナーは、学会の調査があたかも終盤にむかいつつあるかのように、そして、その報告の大部分があたかも学会の調査結果に依拠しているかのように表現したが、かれが報告したプロレタリアートの社会的分化に関する証明で利用した資料は、学会の調査結果というよりも、その研究のためにかれが個人的に集めた職業統計だったのである。

ベルナイスの報告

続いて事前に報告が予定されていた、調査の共同研究者のひとりであるベルナイスは、「織物労働（textilarbeit）の精神物理学」（Bernays, 1911）にたいする新たな関心に基づいて、彼女自身が試みた織布女工の「週労働のまたは労働日のなかの労働強度の変動」に関する現地調査の結果（Bernays, 1912a）について報告した。ベルナイスは、ライン上部の綿糸紡績工場で、経営管理者の許可を得て、「自動計測装置の報告を決められた時間に記録するというやり方」で「リング紡織機とフライヤー紡織機に従事する一人前の女工」の「二六〇の労働週」をふくむ織布女工の労働強度に関する新たな素材を手に入れ、資料に基づいて織布女工たちの平均能率を個々の曜日ごとに集計した「週能率」と、午前と午後を別々に集計した「半日能率」、そして四分の一日ごとに集計した「日能率」を明らかにした。ベルナイスの報告は、討議の直前に完成していた彼女自身の新たな調査の報告書に基づくものだったのである。

討議の当日、ベルナイスは、かつてヴェーバーが織物労働調査で使用したのと同様の手順を用いて集計した「週能率」「半日能率」「日能率」に関する三枚の「表」を用いて、そこに彼女がみいだしたいくつかの傾向について報告した。ベルナイスは、まず、リング紡糸女工の八七週の平均能率を曜日ごとに計算した結果に基づいて、彼女らの作業能率が、月曜日から火曜日にかけて上昇し、最高の段階に達する水曜日から木曜日にかけて徐々に下降し、金曜日と土曜日にはさらに下降することを明らかにした（Bernays, 1912b：140）。また、ベルナイスは、「半日能率」の分析結果に基づいて「リング女工の場合、水曜日と木曜日の午後で、細糸フライヤー紡糸女工の場合には、火曜日と木曜の午後、太糸フライヤー紡糸女工では、月曜日と火曜日の午後」が「最高の能率を示す」こと、そして、「日曲線」についても類似した傾向が認められることを明らかにした（ebd.：141-144）。ベルナイスは、結局、彼女が作成した「能率曲線」の中に、かつてヴェーバーが発見したのと「類似した傾向」をみいだし、それが「同じ練習の型を備えていること」、そしてそれが精神物理学的な「練習」や「疲労」の概念を用いて証明可能であることを明らかにしたのである（ebd.：144）。

アルフレットの報告

三人目の報告者として登壇したのは、事前に報告者として予定されていたアルフレット・ヴェーバーである。アルフレットは、学会の労働者のアンケートの中にかれがみいだしうると信じていたところの「工業労働者の職業運命」について発言した（Weber, A., 1912a）。アルフレットは、ヘルクナーが強調した労働者内部の多様な階層分化をまったく別のやり方で解釈した。プロレタリア化の運命を生の経過の観点からとりあげたかれは、「生のリズムと職業リズムの平衡」を問題にし、結局、両者がいわば逆方向の状態にあると指摘した（ebd.：156）。すなわち、労働者の職業運命は、年齢と結びついた上昇線を少しも示さず、かれらは「通例、それから二〇年生きるにもかかわらず、迅速に作動する機械に縛りつけられた人間が、その狭い関係において、実際、まったく十分に有能な高度の適性は、大部分、四〇代で停止する」（ebd.：148）と言うのである。そして、かれは、それをさらに、社会保険の改革にたいする大胆な要求と結びつけた。すなわち、労働者から賃金の一部を差し引き、それを後にかれの収入が減少した際に支払う強制貯金制度の設立を提案したのである。この提案は、当時、多くの同僚の強い反対にあったが、かれはその提案をさらに裏付けるために、翌年の一九一二年に「工業労働者の職業運命」（Weber, A. 1912b）と題する小論文を書いた。

社会政策学会が催した工業労働調査の討議の前半で、調査の主催者や共同研究者がおこなった報告内容は、互いに異なった色彩を帯びている。色合いの異なる以上のような報告は、工業労働調査に関与した人々の同調査の成果にたいする認識に一致した見解がなかったことを示している。

3　素材収集の方法をめぐる論議

質問紙にむけられた批判　社会政策学会の討議で、さらに注目すべきは、同討議の席でおこなわれた学会の大規模なアンケートの方法を問題にする活発な論議である。前章で紹介した若手研究者の調査活動に明らかなように、社会政策学会の工業労働調査は、工場の経営者や管理者、労働団体の指導者によっておおむね受諾され、かれらは現地調査に協力したが、学会が使用した「質問紙」については、当時の新聞紙上で酷評された。この点については、ヘルクナーが基調講演の中で引き合いにだした、『新時代』（Die Neue Zeit）紙に掲載されたエス・エル党員カールスキ（Karski, Isetor）の「ベルリンの金属労働者の社会的状態に関する研究」（Karski, 1911）と題する記事に明らかである。その中でかれは、学会の「質問は、労働者の間に不満やペシミズムをよび起こさざるをえず、それによって工場労働者の苦痛にたいする自覚がもたらされる」とし、さらに「教授たちは、専門分野にのっけてくだらないことを作り出す」と酷評した。ヘルクナーは、学会のアンケートが世間の厳しい批判の目にさらされていたこと、質問紙にふくまれている一部の問いに強い反感をもつ人々がいたことを指摘したのである。

また、学会の「質問紙」については、個々の「問い」の表現について、討論の席で率直な疑問や批判が提示された。

たとえば、当日、討議に招かれたドイツ金属労働組合の幹部で同時に社会民主党員でもあったハルトマン（Hartmann, Gustav, 1861-?）は、学会の「質問紙」の最後の設問、すなわち「問二七、あなたはどんな人生の目的を達成したいと望んでいますか、老年になったらあなたはどんな生活をしたいと考えていますか」に、大半の労働者が「食うこと」「飲むこと」といった若干の回答を除いて、まったく回答をよせなかった点に着目し、その理由をかれらが設問の意図するところを十分にイメージできなかったためと推測した（Hartmann, 1912：164-168）。ハルトマンは、このような設問の表現に強い疑問を抱いていたのである。

質問紙のとりあつかい

ヘルクナーはまた、基調報告のなかで、学会のアンケートの回収率に言及し、「労働者の信頼を獲得することに成功したごくわずかな研究者」としてベルナイス、ケンプ、ソレール、モルゲンシュタインの名をあげ、反対に、「ごく一部」のアンケートしか回収しえなかった人としてハイス、シューマン、ドイッチの名をあげた（Herkner, 1912：121）。そしてかれは、ボルフィック工場の四〇〇〇の労働者に質問紙を配布したダルムシュッタットのある博士がわずかに一〇〇を回収しただけで仕事を断念したことを重視し、その原因について、そこには、見過ごすことができないある「本質的な事情」があると述べた。ヘルクナーによれば、「実際、その質問紙は、まったく労働者自身に手渡されるべきではなかった！　質問紙はかれらによって回答されるべきではなく、個人的に親密な労働者の発言から獲得した事実を共同研究者が記入すべきであった」（ebd.：122）というのである。そして、それに続けてかれは「共同研究者の第一の任務は、指導者の意見に従って、労働者との心のこもった個人的な接触を獲得すること、そして、まずかれらの信頼感を徐々に獲得した後、その感情状態を通じてあらゆる体系的な質問にとりかかることである」（ebd.：122）と述べた。

ここでヘルクナーが強調する「指導者の意見」というのは、調査の関連文書に同封した「添え状」に「専門委員会」の代表者としてかれが記した次のような通告をさす。同文書でかれは、「質問紙への書き込みは、労働者自身によるものではなく、面接の際にその記録者によってなされることに注意されたい。もし質問紙調査を労働者に依頼したいと思うなら、アンケートの指導者と協力して、さらに明白なアンケート用紙を作成しなければならない」（Herkner, Schmoller und Weber, A., 1910：xiv）と記した。ヘルクナーは、学会のアンケートの低い回収率に慨嘆したが、その原因のひとつを共同研究者の一部にみいだされる委員会の通告を無視した質問紙の不注意なとりあつかいに求めたのである。このことは、この調査の実施段階で調査の指導者と実際に現地調査に着手した共同研究者の間に質問紙のあつかいをめぐって齟齬があったことを示唆する。

二　若手研究者の素材分析をめぐる論争

1　ボルトケビッツの「私的統計」批判

確率論に依拠する統計家

また社会政策学会は、工業労働調査で現地調査に着手した若手研究者が素材に加えた加工や分析の方法とその成果を、討議の主題としてとりあげた。この点については、討議の後半でボルトケビッツとヴェーバーがくりひろげた活発な論議に明らかである。事前に討論者として指定されていたボルトケビッツは、聖ペテルスブルグ生まれのロシア人である。かれは、最初シュトラスブルクでクナップの学生となり、続いて、大衆行動の研究に数学的モデルを導入した『大衆行動の理論』（一八七七）の執筆者として知られるゲッチンゲンのレキシス（Lexis, Wilhelm, 1837-1914）のもとで確率論に依拠した統計学を学んだ。シュトラスブルグとベルリン大学の教授資格を取得したかれは、当時ベルリン大学に在籍する員外教授であり、レキシスの「誤差過剰」の理論を手本に確率計算の方法を「小さい数」のデータ、すなわち馬にけられて死んだ兵士の数や自殺統計に適用して、いわゆる「小数の法則」（Bortkiewicz, 1898）を数学的に導いた統計学者として、また、確率論の導入を厳禁したマイヤーの社会統計学に強く反対した統計学者としてよく知られていた。学会討議の予定討論者に指名されたボルトケビッツは、社会政策学会誌ですでに公表されていた若手研究者のモノグラフを「統計的な方法がそこでどのように使用されたのか」(Bortkiewicz, 1912 : 168) という観点から吟味し、統計学の規則に違反するとかれがみなした若手研究者の誤りを、学問的ではあるが、誰よりも厳しい口調で率直に批判した。

私的統計の問題

発言の冒頭で、ボルトケビッツはまず学会のアンケートを国家や地方公共団体がおこなう「官庁統計」と区別して「私的統計」に分類し、その「長所」として「個々の出来事の近くでさらにその内部に深く入り込むこと」、また「入手できた材料を、その時々の学問的な問題に正確に適合させる」ことが可能な点にあると指摘した (ebd. : 168-169)。しかし、かれのみるところ、原資料の収集、それにもとづく表の作成、表の計算を一手に引き受けた学会の若手研究者は、熟練した統計家と一緒に仕事をしなかったために、統計学の規則に違反するたくさんの過ちを犯している。ボルトケビッツによれば、学会の若手研究者は、計算作業で「大数の法則」、すなわち「さらにたくさんの事例を要約するならば、偶然の作用が排除されるだろうという確信」(ebd. : 169) に依拠しなかったばかりか、「小さい数からの推論」で生じる次の三つの「危険」を「回避」しえなかったというのである。

私的統計が直面する危険について、ボルトケビッツは、第一に、私的統計の結果に許されない一般化の危険、第二に、統計が把握しえない出来事を研究対象にしようと誘惑される危険（統計それ自体に引かれる境界を飛び越える越権）、第三に、一般統計だけが満足のいくやり方で教えることができる点に研究を拡張しようという危険（私的統計に引かれる境界を飛び越える越権）、の三つがあることを指摘した (ebd. : 169)。そして、ボルトケビッツは、この三つの危険に抵触するとかれがみなしたモノグラフの該当個所を引き合いにだしながら、若手研究者がなした計算作業の誤りを具体的に批判した。予定討論者として事前に指名されていたボルトケビッツは、当日までにすでに公表されていた報告書の大部分をあらかじめ読み込み、万全の準備をしてこの討議に出席していたわけである。

一般化の危険

ボルトケビッツは、私的統計に「許されない一般化」の「危険」が生じる「根拠」について、まず「研究したその部分の代表性が保持されていない」場合と、「観察された事例」が「より小さい数の場合を区別し、さらに前者については「当該研究がただひとつの経営だけを対象にしたのか……それとも……ひとつの工業部門全体を、もしくはさまざまな経営や産業部門に属する選び出された数の労働者を対象にしたのかという事態」(ibid. 170) との関連で代表性に関する検査方法が異なることを指摘した。そしてボルトケビッツは、たったひとつのケーブル工場だけを対象にした技師ビエンコウスキ (Bieńkowski, Stanislaw von.) の「労働者の出自の研究」(Bieńkowski. v. 1910) を引き合いにだし、データの代表性をまったく考慮せずに「割合計算」を試みたかれの研究の「学問的な価値は乏しい」と批判し、代表性を検定するための方法としてノルウェーの統計学者キエール (Kiaer, A. N.) が提唱した「代表的方法」があることを紹介した。これに続けてボルトケビッツは、逆にひとつの工業部門全体を対象に「その職業の特定の特性を説明する」ことに徹した印刷業界をとりあげたヒンケの研究 (Hinke, 1910) や機械工業を対象にしたランデ (Landé, Dora) の研究 (Landé, 1910) を好意的に評価し、とくに「クルップの労働者家族」、とくに三世代が同じ工場で働く労働者家族をとりあげて個別経営を単位として「典型的なもの」の確認を試みたエーレンベルク (Ehrenberg. Richard, 1857-1921) の調査 (Ehrenberg und Racine, 1912) をもちだし、社会政策学会と敵対する、かれのこの研究に高い評価を付与した。ここで、ボルトケビッツは「巨大企業は、それが何か典型的なものを示す限りで、その限りでだけ、ひとつのそのような関心を提供するのであり、わたし自身は、また学会調査にたいするかれの計画書の中にある観点に価値をもたらしている、その点に関して、徹頭徹尾、マックス・ヴェーバー教授に共感することができる」(Bortkiewicz, 1912 : 172) と述べた。だが、ヴェーバーが執筆した「作業説明書」を一見してもちあげたかのようにみえるこの発言は、社会科学の創設者を自称する不誠実な研究者を激しく攻撃する、ヴェーバーの発言を、のちに誘発することになる根拠になった。

次にボルトケビッツは、観察された事例の数がより小さい場合に話題を移し、「観察された事例」の数が「より小さい」にもかかわらず不適切な「操作」がなされた例としてシューマンのモノグラフに掲載された多数の「表を参照するように指示」した。シューマンは「基礎となった絶対数」が小さい数にもかかわらず、たくさんの「割合」計算を試みた表を作成したが、ボルトケビッツは、そのような場合には「表にまとめるのを思いとどまるか」あるいは「数理統計学の方法を利用すべきであり」、その際にはウェスターゴードの統計学の教科書が役立つことを教示した(ebd.：172–173)。

統計学の越権

ボルトケビッツの発言は、その後、社会政策学会の私的統計が回避し得ていないとかれがみなした第二、第三の「危険」に進んだが、「統計学がそもそも把握しえない事柄に人が歩みよる第二の危険」について、かれは、シューマンやベルナイスが試みた「職業選択の理由に関する研究」を引き合いにだした。ボルトケビッツは、ここで、職業選択の理由に関する設問、すなわち「問一〇、いかなる理由からこの職業を選びましたか」にたいして疑問を呈し、この問いはさらに二つの問い、すなわち第一に「どんな理由から、かれはとくにその職業に到達したのか?……、第二に、なぜかれは、まさにその工場に入ったのか？　あるいは、なぜ、かれはその職業を選んだのか」に区別する必要があると指摘した(ebd.：173-174)。そして、本人がその職業に到達した客観的経過と職業選択の際の本人の動機を明確に区別しなかった不適切な問いで得られた回答について、かれは、統計的な加工に委ねる前に、その質的な回答をさらに慎重に吟味すべきであると主張したのである。

私的統計の越権

そして、ボルトケビッツは、さらにかれの議論を第三の危険、すなわち、「一般統計だけが満足のいくやり方で教えることができる点に研究を拡張しようという危険」に進めた。かれは、ここで多くの若手研究者がそのモノグラフの中でなした「幼児死亡率についての報告」や「国籍問題、母国語ごとの労働者の分布の問題」、各都市が「有名人」を排出する傾向に関する分析、「プロレタリア化の問題」、「軍務適性の問題」、

「大経営への移行の問題」「特定の年齢を越えた労働者の運命の問題」など多くの事例を引き合いにだした。結局、かれは、共同研究者がかれらのモノグラフの中で試みたこれらの問題にたいする分析は、学会の私的統計では満足な分析をなしえず、それらは、人口統計や母国語統計、職業統計や職業別賃金に関する統計を用いた「一般統計のやり方」だけがもっとうまく分析することができる課題であると主張したのである（ebd.：174-176）。

ベルナイス批判

ボルトケビッツは、かれの発言の後半で、とくに統計的方法を用いて「対比や対立関係を見つけだすこと、特定の発展傾向をとりだすこと」を誰よりも熱心に試みたベルナイスのモノグラフに立ち入って批判を展開した。たとえば、ベルナイスが記したある一節を、現在の労働者の集団から出発して、プロレタリア化の現象を「遡及的方法」（retrospektiv Methode）を用いて明らかにした箇所として読み込んだボルトケビッツは「世代から世代へのプロレタリア化が重要」であり、それを明らかにするには、過去の手工業者もしくは農民集団から出発する「前進的方法」（prospectiven Method）を用いる必要があると主張した（ebd.：175-176）。またかれは、労働者の移動傾向を発見しようとして彼女が試みた労働者の「定着性の程度に関する数的表現」や、労働者の平均滞在期間の計算、入社機会のチャンスを年齢集団ごとに比較するために彼女が試みた計算にもとづく推論を、計算にあやまりがある個所として具体的に指摘した。

統計学者との共同作業

ボルトケビッツは、学会の調査が統計学者との共同作業を欠いたことで生じている不都合さ、すなわちかれの統計学の見地からみた「規則」違反をくり返し指摘した。したがって、かれの発言は、この「調査の新たな経過に、ひょっとしたら役立ちうる」統計学者との共同作業を勧告する「若干の提案」で閉じられた。ボルトケビッツは、「一般に、国民経済学や社会科学の調査の専門分野では、統計的データを調べるために、ある特定の統計的基礎知識が益々必要とされるようになっている」（ebd.：178）と指摘し、統計学者を専門の「熟練」統計学者と学会の若手研究者を指す「半熟練」統計家に分類して、とくに後者の「地位」の確立と両者の共同作業が急務であると主張した。そして、最後に、かれは、学会の調査では「一般的な指示だけが付与されていたようにみえる」「形式主義」を「回避」しえていないことを批判した（ebd.：178-179)。ボルトケビッツは、社会政策学会のアンケートを組織した委員会の「形式的」な指導により大きな問題があると感じとっていたからである。

2　ヴェーバーの学会調査の擁護

発言にふみきった理由

ヴェーバーは、発言の冒頭で「教授フォン・ボルトケビッツ氏がなした……発言の大部分は事実（Sache）とかかわっており、われわれが専門的に促進すべきその批判も大部分は適切なものであった」（Weber, 1912：189, この箇所は、旧全集版では削除され、これを底本とする邦訳では訳出されていない）と述べた。そして、ヴェーバーは発言の後半で、さらに「フォン・ボルトケビッツ氏は、私の印象では、それらの研究は、それらが当然そのように読まれなければならないように読んだわずかな人々のうちに属している。それは、決して些細なことではない」（ebd.：196, 訳：三三四）と述べた。ヴェーバーのこのような言葉は、ボルトケビッツの発言が、ヴェーバーの発言を誘発したことを示唆している。モノグラフの中にみいだした箇所を具体的にとりだして率直な批判を展開したボルトケビッツの発言は、ひそかに事実問題にたいする学問的論議を期待していたヴェーバーに発言の動機を付与したのである。予定討論者のリストにはなかったヴェーバーが発言に踏み切ったもっとも大きな理由は、そこにあった。

若手研究者の擁護

ヴェーバーは、まず、学会の工業労働調査がいまだ「研究の途上」にあるというかれ自身の認識を次のように表明した。「学会が意図したその調査は、現在、終わりにではなく、その端緒に立ったところであり、したがって、学会はその事柄（Sache）に関する研究を、数十年かけて、落ち着いて拡大していかねばならない」（ebd.：190, 訳：三二八)。すでに紹介したように、基調講演の最後でヘルクナーは、この調査があたかも終盤にむかっているかのように表現したが、そのような現状認識をヴェーバーはきっぱりと拒否した。

続いてかれは、「博士論文」としては決して華やかではない研究テーマにとりくみ、苦労の多い現地調査に着手した若手研究者に敬意を表した。その上で、かれは、とくに共同研究者たちが率先して骨のおれる「計算仕事」に従事したことを高く評価した。なぜなら「自身の個人的な計算作業の間にだけ――そこに、そのような統計的研究と、一般に官庁統計がその場合であるような、製作の仕方との区別があるのだから、支払われる労働力に肩代わりさせないのである――私に言わせれば、数の算出を自分が個人的に持続的になしている間にだけ、その数字を解釈し、新しい問題設定を発見するのに必要な思いつきが、その共同研究者に現れてくる」(ebd.：191, 訳：三二八）からである。ヴェーバーは、調査の過程で研究者自身が試みる「計算仕事」を「問題」発見につながる、官庁統計の製作の仕方とは異なる重要な仕事と位置づけた。続けてかれは、ウィーンの機械工場でソレールがおこなった研究を引き合いにだして、「この研究の好ましい副産物」として経営が「企業内部で精密に計算するその可能性の範囲」を拡大したことを強調した（ebd.：191, 訳：三二九）。しかし、ヴェーバーの発言の大部分は、ボルトケビッツへの反論にむけられた。

ボルトケビッツの発言にたいするヴェーバーの反論は、おおむねかれの発言を順にたどる形で展開した。ボルトケビッツは、「部分的にその性質上、一般に、ひとつの表にして表現することに適さない、あらゆる可能な聞きだされた資料を、表にして再現するのを思いとどまるべきである」と主張したが、この点について、ヴェーバーは学会の共同研究者が「ある種の強制された状態にあったこと」、「かれが聞き出したすべてをできる限り再現する」ことがかれらの「控え目な役割」であり「義務」であったと指摘した。そして、ヴェーバーは、ここで表の作成に着手した共同研究者を「部分的に素材に過ぎないものを生産する半加工業者」になぞらえて、かれらがなした仕事には「見かけ上たくさんの小さな数字が、将来、若干の大きな数字を生み出すかも知れないという期待」が込められていたことを強調した（ebd.：192, 訳：三三〇）。

ベルナイス報告の擁護

ボルトケビッツは学会の調査では「大数の法則の知識とその正しい使用」が十分顧慮されていないと批判したが、ヴェーバーはモノグラフに挿入された表の相当部分について、率直に「厳密な統計的見地からすれば、そこに印刷された数字の四分の三から五分の四、あるいはそれ以上を削除することができるということを」認めた。しかし、大数法則にたいする認識不足というボルトケビッツの批判にたいして、ヴェーバーはベルナイスがこの討議の前半でなした週能率曲線に関する報告を引き合いにだして次のように反論した。「ベルナイス女史がそれを操作し、そこから労働能率の週曲線を算出したところの二六〇の労働週が、人が理論的に引き合いに出しうる数十万の労働週に対して、それ自体まったくわずかな小さな数字であることは明らかだ。しかし、どの段階で、その大数の法則が、それゆえ『偶然』の除去が始まるかを吟味するためには……その二六〇の労働週をさらに小さなグループに分解してみることも役に立つのである……ある程度の正確さをもって、二六〇週ではなくて一〇〇、〇〇〇労働週を計算することができたら（もちろんそれは人間の能力を超えるが）おそらく発見できるような趨勢を反映することは、ありうることです。この点については、おそらくフォン・ボルトケビッツ博士も原理的に同意されるでしょう」（ebd.: 193, 訳：三三一―三三二）。ヴェーバーは、ボルトケビッツが「確率論の原理」を支持する「統計学の理論家」であることをよく知っていた（Weber, 1905b: 269, 訳：二二二）。「小さな数字」から統計的に厳密な推論をなし得るとする主張は、他ならぬボルトケビッツが提唱する「小数の法則」の要諦であったが、ヴェーバーは、労働能率の測定に際してベルナイスがなした操作が原理的にはボルトケビッツの主張に抵触しない試みであったことを強調し、かれに同意を求めたのである。

新しい研究分野の出現

そして、「個別経営で生じたことから、大きな全ドイツに広がる産業について一般的な結論を引きだすこと」は不可能だというボルトケビッツの第三の批判にたいして、ヴェーバーはそれを「当然」のこととして受け入れた。しかしながら、ヴェーバーはかれ自身が織物工場の研究でみいだした週能率曲線が、さらにソレールやビエンコウスキの確認したものに「近似」していることを引き合いにだして、工業労働調査の領域で、個別経営だけでなしうる新しい研究分野が出現しつつあることを次のように力説した。「個別経営で――そして、個別経営だけで、すなわち、そこでわれわれが研究する事柄は、個別の経営以外のやり方では計算し得ないということ――、このやり方でさらに前進し、仮説的に発見された結果を新たに確認すること、しかし、さしあたり、その事柄は、なんらかのかたちで、ある特定種類の労働者の態度やその週のかれらの労働強度に接近するという仮説を使って計算することは価値があると、私は言いたい。それこそ、さらに続いて吟味すべきでありましょう」（Weber, 1912a : 194, 訳：三三四）。ヴェーバーは、ここで「一般統計」のやり方で官庁統計を操作する統計学的な研究では明らかにすることができない、現地調査の方法を用いて仮説索出を重ねていく個々の経営を単位としてのみ可能になる新しい研究分野が社会政策学会の工業労働調査に着手した若手研究者によって切り拓かれつつあることを力説したのである。

学会調査の目的

ボルトケビッツは、発言の中で学会の共同研究者が「一般統計のやり方」だけが「うまくなしとげることができる」課題に踏み込んだとかれがみなした多数の叙述を引き合いにだして、それらを「私的統計」に許されない越権行為として批判した。このようなボルトケビッツの批判を、ヴェーバーは調査の目的にたいするかれの「誤解」としてしりぞけた。ヴェーバーによれば、学会の調査の目的は「まず、その具体的な経営の労働者の、あるかもしれない人目を引く特別の個性を即座に際だたせしめること、次いで、もちろん、たとえば、織機の測定装置の助けを借りて、われわれが測定した労働能率の点で、その祖父が農民であった人々と、その父もしくは祖父がすでに織布工であった人々の能率とに区別があるのかどうか？、をさらに研究するという目的のために、その数字は集められたのである」（ebd. : 195, 訳：三三四）。また、国籍や信教の相違、地方的出自についても「事情は同じ」であり、それらの数字を「われわれが集めたその目的は、まず、その工場を構成する（労働者の）出自、信教、母国語、祖先の職業運命、自身の職業運命を知るためであり、さらに、実際、信教、出自、地方の大きさ等、祖先の職業の点でさまざまな（労働者の）能率が、その他等しい条件の下で、違いがあるかどうかを問うためであった」(ebd.：195, 訳：三三五)。要するに、ヴェーバーは、官庁統計との競争や「一般統計の結果」の「訂正」が学会の調査で「数字を確認する目的」ではないことを強調し、若手研究者が作成した表は、いずれも学会調査の目的や課題に即したものであると主張したのである。

ヴェーバーは、最後に、社会政策学会の工業労働調査を、クレペリンの作業能率に関する実験やアッペの工場実験を端緒とする研究途上にあるものとして位置づけ、研究の現状について、次のように要約した。「われわれは、このアンケートの折りに、とにかく、そのアンケートの目的に対して偶然とにかく役だった資料を、その後で、それが久しく他の人［アッベやクレペリンを指すと思われる―引用者］によって使用された方法の助けを借りて取り扱いうるものであるかどうかを吟味するところに連れ出されているのであり、われわれは、いまなお、そのような取り扱いだけで、どの程度、最終的な一般的説明を生み出すのかという問題に直面しているのである」(ebd.：197, 訳：三三五―三三六)。

3　ボルトケビッツの反論

自身の立場

この討議では、その後、ボルトケビッツに発言の機会が与えられた。ボルトケビッツは、その機会を、ヴェーバーの発言で出席者の間に生じていたであろうかれにたいする「印象をうち消すこと」、また自身の立場を鮮明にすることに費やした。ボルトケビッツは、まず、かれ自身がなした発言の意図について次のように述べた。「ここで提供され、なされたこと［若手研究者のモノグラフを指す――引用者］をけなすことは、まったくわたしの意図したことではありません。統計に関しても、わたしは、その成果のすべてがあまりにも小さい数字に基づいているというようなことを主張しませんでした。そうではなく、わたしが明確に主張したのは、確かにまれではない若干の事例の中には、このような事態を不十分にしか考慮していないということであります」(Bortkiewicz, 1912：197)。そして、それに続けて、そのような主張を展開したかれ自身の立場を次のように鮮明にした。「ちなみに、わたしは思うのですが、多数の統計家、すなわち、確率計算の方法の適用を厳禁する統計家は誰でも、観察領域の大きさについてあまりに高い要求をするものです。低すぎることはなく、高すぎるのです。また、わたしは、素人には小さすぎるようにみえる数字から、時として非常にたくさんの推論をなすことができるという立場を指示します」(ebd.：197)。ボルトケビッツは、かれ自身が、確率計算を厳禁し、観察領域の大きさにたいして高い要求をつきつけるマイヤー(Mayr, Georg von, 1841-1925)の社会統計学に明確に反対する立場に立つこと、そして「私的統計」の理解者であることを強調した。

ベルナイスにたいする再批判

だが、ベルナイスが父と祖父の職業の連続性に関してなした推論については、再度、該当する個所を読み上げて、そこで彼女が用いた素材操作の方法を「断固として否認」した。ベルナイスは、その箇所で「今、引き合いにだしたそのことは、簡単に次の言葉で要約されるだろう。二つ前の世代では、ある一定の成人男性数の二八・七%が農民であり、直前の世代では、まったく同じ大きさの数値にたいする農民は、もはや一三・七%だけになる。現在の世代では、同じ数のもとで、ただ一人の農民もいない」(Bernays, 1910：111-112)と書いた。彼女のこの叙述を「世代から世代へのプロレタリア化を統計的に明らかにすべき」箇所として読み込んだボルトケビッツは、問題のたて方をとりちがえて現在の労働者の集団から出発する不適切な遡及的方法を用いて試みた間違った推論とみなし、彼女の叙述を断固として否認したのである。ボルトケビッツがベルナイスの素材操作にむけた、このような厳しい批判にたいする反論をふくめて、次に発言すべきは、当然ヴェーバーの番であった。しかし、それはなされなかった。なぜなら、ヴェーバーが発言しないうちに、ヘルクナーは閉会の辞を述べだしたからである。

4　質問紙調査の課題

素材の加工や分析の方法をめぐる問題

工業労働調査の方法と成果に関して、社会政策学会が催した以上のような論議に明らかなように、この討議では、学会が採用した素材収集の方法をめぐって、調査の指導者や討論者が意見や疑問を提示し、若手研究者が素材に施した加工や分析の方法めぐって、統計学の規則違反を問題にするボルトケビッツと、調査の課題や目的の観点から、かれらの仕事を学問的な営みとして擁護するヴェーバーが激しい論争をくりひろげた。社会政策学会の討議は、大規模な質問紙調査の改善にむけて、同学会が慎重にとりくむべき数多くの方法的な問題が浮上した特筆すべき出来事だったのである。当時のドイツでは、もちろん、一九一二年にイギリスのボーレー（Bowley, Authuer Lyan, 1869–1957）が試みた先駆的な標本調査や、一九二八年にフィッシャー（Fisher, Ronald Aylmer, 1890–1962）が樹立する標本理論、そして一九三四年にネーマン（Neyman, Jerzy, 1894–1981）が確立することになる無作為抽出法は、まだ知られていなかった。しかし、社会政策学会の討議の席では、質問文の表現や構成、全体調査と一部調査の関係やデータの代表性の検定、量的な見地に基づく素材分類の方法や大数法則の適用、統計学の見地に基づく製表作業など、社会政策学会が、社会調査の学問的な彫琢をめざしてとりくまなければならない、素材の収集からその加工や分析にいたる数多くの方法的な問題が浮上した重要な出来事だったのである。

統計学者との共同作業

そして、ボルトケビッツが提案した、熟練した統計学者との共同作業は、素材の価値が回収された質問紙の数とともにたかまること、そして素材の加工や分析に高度な統計手法が不可欠だということを熟知していたヴェーバーにとって、当然、考慮すべき重要な論点であった。質問紙調査に着手する人々と熟練した統計学者との共同作業は、社会政策学会の討議の席で改めて考慮すべき重要な課題として浮上したのである。

三　学会活動をめぐる軋轢

軋轢の顕在化

しかしながら、社会政策学会が主催する工業労働調査の持続的な展開を期待するヴェーバーの学会活動は、同調査が直面する方法的な問題とは別に、同学会の周辺で渦巻いていた、かれの活動のゆく手を阻むさらに深刻な困難に遭遇する。このことはまず、ヴェーバーがボルトケビッツと交わした論議において顕在化した。ヴェーバーは、自身の発言の最後を、国民経済学の創設者を自称して「社会政策学会と対立」する人々にたいする、次のような痛烈な批判で締めくくった。ヴェーバーは、社会政策学会と対立して、国民経済学の「新しい」方法の創設を「自称」する人々の「自分を売り込もうとする、その愚かしい思い上がり」に「商売上の宣伝」(Geschaftsreklame) というう「烙印」を押したのである (Weber, 1912a：198, 訳：三三六)。ボルトケビッツは、発言の途中でエーレンベルクの研究をもちあげたが、そのようなかれの行為は、大学教員会議でこの人物の問題行動を厳しく批判したヴェーバーにとって、看過し得ない当然反論すべき事柄だったのである。

迎合教授批判

その当時、社会政策学会の周辺には、学会創設世代と若手の国民経済学者たちの間に、学問的な立場の相違や人事問題が複雑にからみつく深刻な軋轢があった。ザール地方の大工業家のあとおしでブレスラウ大学の教授になったヴォルフ (Wolf, Julius, 1862-1937)、かれが創刊した『社会科学雑誌』(Zeitschrift für Sozialwissenschaft) の編集を引き継いだポール (Pohle, Ludwig) は、「社会改良の英雄時代」を過去のものと規定し、「講壇社会主義者の大学独占」に反発した (Pohle, 1911：Vorwort)。また実業界からロストック大学の教授に転身したエーレンベルクは、事実に関する調査に着手はするが精密思考をとらない「講壇社会主義者」は事実を科学的にとりあつかうのにふさわしい能力を有しておらず、かれらの調査では経済的な現実の完全な把握は不可能であると激しく攻撃した (Ehrenberg, 1905：3)。エーレンベルクはまた、産業界の有力者による資金援助をちらつかせて大規模な研究所の設立と自身の教授招聘をライプチッヒ大学教授のビュッヒャーに嘆願した。このようなかれの行為は、当時大きなスキャンダルになり、ヴェーバーは、「迎合教授」（Tendenzprofessor）の地位を金で買うことをもくろんだ「問題の人物」とよんでかれを激しく攻撃したのである（ヴェーバー、一九七九：七六）。

このようなヴェーバーの発言に明らかなように、社会調査に関与した当時の国民経済学者たちは、ときに人格攻撃にまでエスカレートする容易に解消しがたい深刻な軋轢に直面した。そして、調査結果に基づくアルフレットの政策提言にむけた周囲の批判やヴェーバーの問題設定を拒否したヴァッテロートの異色モノグラフが示しているように、工業労働調査のプランや成果にたいする批判の矛先は、ヴェーバーとそのサークルにもむけられた。国民経済学者の間で顕在化した世代間の対立や人事問題が複雑にからみつく敵対的な人間関係が深刻化するなか、ヴェーバーは、社会政策学会の討議の席でおこなった発言を最後にして、同学会が主催する工業労働調査からみをひいたのである。

1　新聞調査をめぐる軋轢

訴訟問題

また翌年の一九一二年には、新聞調査が暗礁にのりあげた。ヴェーバーは、同年一〇月にベルリン商科大学で開催されたドイツ社会学会第二回大会でおこなった「決算報告」（Rechenschaftbericht）において、一九一一年初頭のある新聞記者の中傷記事を発端として「ある男を相手どって裁判沙汰にまで発展した」かれをまきこむトラブルについて説明した（Weber, 1912b：76-77）。「新聞訴訟の際の中心問題」は、ヴェーバーによれば、「筋の通ったジャーナリストなら決して漏らすことのない編集上の秘密に抗して、匿名の［わたしにたいする―引用者］攻撃の出所を探知すること」だった。この裁判における、かれの訴訟相手が、ジャーナリズム界にも顔のきく「ハイデルベルク大学の新聞学の員外教授アドルフ・コッホ（Adorf Koch）であった」こと、そして「大学がコッホの懲戒手続きに踏み切ったことで一連の事件は終結をみたこと」が、今日、知られている（米沢、一九九一：六九―七〇）。

不信感の増大

しかし、このような訴訟事件が何故に、会計幹事の辞任そして新聞調査から撤退することをヴェーバーに決意せしめる理由になったのだろうか。それは、「編集の秘密」をあばく「訴訟」に踏み切ったかれにたいして「ドイツの新聞の目」がむける「憎しみ」が、新聞調査の「企画」の実現に必要な「新聞の実務家の協力を困難にした」からにほかならない。調査の対象者すなわち問題の当事者や関係者が調査にむける「不信感」の克服は、新聞調査に限らず、ヴェーバーが、信頼できる正確な素材収集の観点から、自身が関与する社会調査においてくりかえし主張したきわめて重要な条件であった。かかる観点からみれば、新聞訴訟は、ヴェーバーにとって、新聞調査にたいする対象者や関係者の信頼に深刻な影響をおよぼす憂慮すべき出来事だったのである。そして、新聞調査の企画を実現するために、会計幹事として自身の責任において集めた「ハイデルベルク科学アカデミー、フランクフルト公共福祉研究所、あるいは個人から寄付された多額の資金——全部で三万マルク」を危険にさらすことを恐れたヴェーバーは、同調査の継続を願って、役職辞任のみちを選択したのである。そして、新聞訴訟で一時的に停滞を余儀なくされた新聞調査をさらに前進させるために、かれは、自分にかわる責任者を求めて奔走したが、誰も引き受け手がなく、新聞調査をさらに続行することは不可能になったのである。

2　社会学会からの辞去

プレーツとの論争

また、ドイツ社会学会を舞台にするヴェーバーの学会活動をさらに困難にする憂慮すべき事態があいついで顕在化する。というのも、ドイツ社会学会の討議の雰囲気は、社会調査の学問的彫琢をめざして、ヴェーバーが同学会に期待する「事実問題に限定した価値自由（Vertfreiheit）な論議」を妨げたからである。たとえば、ドイツ社会学会が一九一〇年にフランクフルト・アム・マインで開催した第一回大会の「人種と社会」部会で「民族生物学者」のプレーツ（Ploetz, Alfred. 1860-1914）がおこなった講演は、ヴェーバーの発言で何度もさえぎられた（Weber, 1910b）。その中で、ヴェーバーは、「特定の個別的な連関の精密な立証」を欠いた発言をくりかえすプレーツにたいして、「具体的な遺伝的素質が、社会生活の個別的事象にとって有する決定的重要性の立証」を強い口調で要求した（ebd.：462, 訳：二五六）。社会政策学会の工業労働調査のための「作業説明書」および織物労働調査のモノグラフを収録した『精神物理学』論文において、ヴェーバーは、遺伝学説にたいする慎重なとりあつかいをくりかえし主張したが、まったく同様の観点から、かれは、神秘的な種類の表現を伴う「人種」概念に依拠したプレーツの報告を、かれの問題設定が「科学の方法に抵触する」ものであること、そしてそれは「ユートピア的熱狂」に起因するみずからの研究の適用可能性の限界を誤認した結果であると批判したのである。

討議の雰囲気　同年、ヴェーバーは、かれがおこなった「事業報告」（Geschaftsbericht）で「この学会は、その内部で実践的な理念の宣伝のいかなるものであろうと、原則上きっぱりこれを拒否する」と強い口調で表明した（Weber, M. 1910a）。そして、学会が企画する新聞調査を例にあげて、学会での討議は、「新聞はいかなる状態にあるか、なぜいまのこの状態になったか、いかなる歴史的・社会的根拠からか」（ebd.：431, 訳：二一〇）をはっきりさせることに限定すべきであると主張した。しかしながら、経験的な検証が困難な「国民」や「人種」概念をめぐって、主観的な価値判断がとびかう論議は、一九一二年一〇月ベルリンで開催された第二回大会においてもくりかえされ、「事実問題に限定した価値自由（Vertfreiheit）な論議」を期待したヴェーバーは、そのような大会の討議の雰囲気に失望したのである。

学会退会の決意　そして、自己の関心が「急激に社会学から遠ざかってしまった」ことを理由に学会を退会したジンメルの後任として、この学会の理事会が「公衆の前で学会を代表しようとする野心のみを抱いている」ゴルトシャイト（Goldscheit, Rudolf, 1870-1931）を選出した時、ヴェーバーの怒りは頂点に達した。「誰一人として自分の主観的な価値判断を自制することができない、私にとってはまったくどうでもよいこれら紳士たち」の選択を目前にして、かれはベック宛書簡で「私は、学会とりわけ理事会とのいかなる共同作業をも拒否する」（Weber, Marianne, 1926 : 429-430, 訳：三二三）と書き送った。ヴェーバーは、ドイツ社会学会の創設に際して、社会調査を中心にすえた「価値自由な仕事と討論の場とをそこに見いだしたいと期待」して「かくも忙しく断固たる覚悟で参加した」が、以上のような理事会の態度に失望し、ついには学会をしりぞくことを決意するにいたったのである。

四　学会活動の障壁

学会調査の方法的な問題　本章で明らかにしたように、社会政策学会が一九一一年一一月にもよおした工業労働調査の成果をめぐる討議の前半で、調査の主催者や共同研究者がおこなった報告や、これをめぐる論議では、質問紙の問いの表現やそのとりあつかい、調査の指導者とこれに従事する若手研究者の関係など、素材収集の方法や調査の組織化をめぐる問題が、また討議の後半で、若手研究者の報告書をめぐっておこなわれたボルトケビッツとヴェーバーの論争では、若手研究者が試みた製表作業や数量的な素材分析の方法および統計学との共同作業をめぐる問題が討議の焦点になった。工業労働調査の成果をめぐる社会政策学会の討議は、同調査の持続的な展開にむけて、学会が考慮すべき社会調査の課題や方法的な問題が浮上した重要な会議だったのである。

工業労働調査の展開を阻む軋轢　しかし、同討議の席では、さらに、ヴェーバーが社会政策学会に期待する工業労働調査の持続的な展開を阻む深刻な事態が顕在化する。自然諸科学との学際的な共同作業を視野におく工業労働調査の持続的な展開にヴェーバーが重大な関心をもっていたことは、『精神物理学』論文の末尾にかれが記した次のような一節に明らかである。同所で、ヴェーバーは、ベルギーのソルベイ（Solvey, Ernest, 1838-1922）がブリユッセルに設立した、社会的事実を物理学と生物学にもとづいて研究する「社会学研究所」で、ヴァックスヴァイラー（Waxweiler, Emile, 1867-1916）が計画した労働者の資格選抜に関するアンケートをふくむ「工業労働調査」をもちだして次のように述べた。「ブリュッセルのソルベイ研究所がヴァックスヴァイラー教授の指導のもとに、［社会政策学会の工業労働調査と――引用者］同様の調査の実施を意図していることを聴いて喜んでいる。ただ次の二点については、いかなる幻想も許されるべきではない。1この分野では、実際に事態を前進させるような研究は、決してわずか二、三カ月のしごとではありえないということ、2最初の実際の研究成果は、何ダースもの、このような研究が現れた後に、初めて期待されるはずのものであるということです」（Weber, 1908-1909：253-255, 訳：三二一）。このように、社会政策学会の工業労働調査が「二、三か月の仕事ではありえない」ことを指摘したヴェーバーは、若手研究者の報告書をめぐる討議の席で、さらに遺伝問題の解明に要する期間を数十年とみつもるクレペリンの言葉をもちだして、同調査の継続をのぞむ自身の願望を表明したのである。しかし、この討議の席では、当時の社会政策学会で加熱する「価値自由」をめぐる論議や、当時の国民経済学者たちの周辺で渦巻いていた世代間の対立や人事問題が複雑にからみつく人間関係の軋轢が顕在化した。ヴェーバーの周辺で深刻化するこれらの事態は、かれが社会政策学会の工業労働調査に期待した、自然諸科学の代表者をふくむ同時代の人々との共同作業や調査の持続的な展開を阻む原因になり、若手研究者の成果をめぐる討議の席でおこなった発言を最後にして、かれは同調査からみをひいたのである。

調査研究機関の設立を阻む軋轢

また、一九一一年の春にヴェーバーが遭遇した新聞社をまきこむ訴訟事件は、ドイツ社会学会の最初の事業としてかれが企画立案した新聞調査の続行を阻む障壁となった。学会が主催する時宜にかなった大規模な社会調査の重要な条件は、ヴェーバーにとって、信頼できる正確な素材の収集を可能にする、調査の対象者や関係者および実務家や専門家との共同作業であった。新聞社をまきこむ訴訟事件は、この条件に抵触する憂慮すべき事態であり、かれは、新聞調査の続行を困難にする事態の深刻さを考慮して、同調査からみをひいたのである。そして、この「個人的な困難」にくわえて、事実問題に限定する価値自由な論議に抵触する遺伝学説をめぐるプレーツとの論争や「名士の集団」へと逆行していく理事会の学会運営は、永続的な調査研究機関の設立を企図するヴェーバーの新学会にたいする期待を阻害する。これら一連の出来事に失望したヴェーバーは、一九一三年に、ドイツ社会学会をしりぞくことを決意したのである。

暗礁にのりあげた学会活動

かくして、工業労働調査の持続的な展開を社会政策学会に期待したヴェーバーの学会活動や、経験的社会学の創出とその持続的な展開に従事する永続的な調査研究機関の設立を企図したドイツ社会学会を舞台とするかれの学会活動は、あいついで暗礁にのりあげる。大学に在籍しない退職教授のヴェーバーは、社会調査を受容した社会科学の持続的な展開あるいは経験社会学の創出に従事する調査研究機関の設立を、自身が所属する学会に求めたが、そのようなかれの大胆かつ画期的な学会活動は、新科学の創設熱にうかされた当時の社会科学の風潮、国民経済学者をとりまく世代間の対立や人間関係の確執、そして名士の集団へと逆行していく新学会の理事会の学会運営に翻弄されて中絶する。

社会政策学会やドイツ社会学会を舞台とするヴェーバーの学会活動が中絶したという事実は、社会調査を受容した社会科学あるいは経験的社会学の創造を企図するかれの学問的な営みが、同時に終焉したかのような印象をあたえる。しかし、二つの所属学会を舞台とするヴェーバーの学会活動があいついで暗礁にのりあげたという事実は、かれの社会調査活動の終息を意味するわけではない。なぜなら、次章で明らかにするように、学問的生涯の「後期」に入って、ヴェーバーは、さらに社会調査に関連する活動をくりひろげ、最後の著作となる『根本概念』に、それまでのかれの社会調査活動を想起させる叙述を残したからである。

第一五章　後期の社会調査活動

「経験的社会学の主たる仕事（empirisch-soziologische Arbeit）」は、この「共同社会」［社会主義経済──引用者］が成立し存続する方向へ個々の官僚や成員が行動するのには、いかなる動機（Motiv）が働いたのか、働いているのか、先ず、この問題から始まるのであるから」（Weber, 1921：558, 訳：三〇）。「現実の認識過程は、初めに経験的観察（Erfahrungsbeobachtung）がいろいろと行われ、その後で、解釈が作られるという過程であった」（Weber, 1921：549, 訳：一九）。

一　社会調査活動の持続

1　「後期」の学術活動

執筆や講演

学問的生涯の「後期」に入って、時代状況は一変する。第一次世界大戦の勃発、続くヴィルヘルム体制の崩壊からヴァイマール共和国へと政治情勢が急激に変化するなか、ヴェーバーは、『社会経済学綱要』の編纂や、『世界宗教の経済倫理』、『儒教と道教』、『ヒンドゥー教と仏教』、『古代ユダヤ教』などの宗教社会学の学術論文の執筆および『職業としての学問』、『職業としての政治』、『新秩序ドイツの議会と政府』などの学問論や政治論などの執筆や講演に専念する。ドイツ社会学会を辞去したあとのヴェーバーの学術活動は、あたかも社会調査とはまったく無関係なものへと変質したかのようにみえる。

調査関連活動

しかしながら、学術論文の執筆や時局講演に専念するかたわら、かれは、他方で、社会調査に関連する活動に着手し、最後となる著作において、経験的社会学および社会学と隣接諸科学との関係や社会学的大量観察について、これまでの調査活動を想起させる叙述を残した。そこで、本章では、ヴェーバーが学問的生涯の「後期」に入って着手した恤兵機関のモノグラフの執筆や質問紙を用いたマッテスの論文指導、および亡くなる直前の著作に記されたかれの調査活動を想起させる叙述をとりあげ、社会調査と社会学の密接不離な関係を所与とする学問的な営みが、亡くなる直前まで持続したことを明らかにする。

2　恤兵機関のモノグラフ

国内勤務の記録

ドイツ社会学会をしりぞいた翌年の一九一五年にヴェーバーが執筆した恤兵機関のモノグラフは、社会調査に関連するかれの活動が学問的生涯の「後期」において持続したことを示している。第一次世界大戦が勃発した一九一四年に、ヴェーバーは、軍役を志願し、大尉としてハイデルベルク予備陸軍病院委員会の武官委員に任用された。かれは一九一五年九月まで、そこで「志願補助員」と協力して「恤兵機関」(Liebesgabenverwaltung) の運営に従事し、そのときの「自分の軍関係の活動とその際に得た経験について報告書 (Manuskript) を書いた」。同報告書の現物は残されていないが、マリアンネ (Weber, Marianne, 1870–1954) は伝記のなかでその内容をかれの「国内勤務の記録 (Dokument)」として紹介している (Weber, Marianne, 1926 : 545–560, 訳：四〇九―四一一)。

恤兵機関の機能

ヴェーバーは、恤兵機関がはたしている役割について「一方では、負傷兵への個人的な激励や書籍類の供給、就労の便宜、個人的な職業紹介などによる純粋に人間的な面。この面に関してはその実際上の意義は、禁固刑を受けるものの数がこの種の恤兵機関の不備と誰の目にも明らかな相関関係にあり、このような機関がなく、兵士たちが陸軍病院の生活の味気なさと無聊にゆだねられているところでその数が一番多いことにあらわれている」と記した (ebd. : 549, 訳：四〇九)。

自身の経験

また、ヴェーバーは「職業看護婦」およびかれが「素人看護婦」と名づけるところの人たちに接した「経験」に基づいて、後者のなかでも「知的な訓練もしくは職業的な仕事の訓練を受けた未婚・既婚の女性」がとくに恤兵機関の仕事にたいして「平均して高度の適性を有していた」事実を次のように記述した。「考えるかぎり最も成功した例は、仕事の成績についても患者との接触における確実さの点でも、疑いもなくかなり年長の、つまり二五歳―三〇歳ぐらいの、立派な教養のある未婚女性たちであった。………このような人々が戦時の一年と四分の一のあいだになしえたことはまったく予期を超えたものであり………、すくなくとも特別優れた訓練を受けた職業看護婦の成績と同一水準にあったが、職業看護婦のいろいろの成績の平均にくらべれば、………個人的に患者に相対して、然るべき距離を失うことなく単にかれらの衛生的生理的な関心のみならず純粋に人間的な精神的な関心をも満足させてやるその流儀によって優っていた」(ebd.：553-564, 訳：四一一)。このような生き生きとした叙述をふくむ報告書を、マリアンネは「巨大な軍事機構」の「弊害を防止」する目的で、陸軍当局に宛てて意見を具申するために執筆したものと推測している(ebd.：545, 訳：四〇九)。しかしながら、この草稿はみずからも「当事者」として参加した自身の戦時体験にもとづいてヴェーバーが執筆した直接観察のモノグラフであるとみることができる。

直接観察の持続

ヴェーバーにとって、一定期間、調査者が現地に滞在して、問題の当事者や関係者に協力をあおいで、個人を単位としておこなう直接観察は、特定の社会現象の解明を課題とする経験科学に正確かつ信頼できる素材を提供する学問的に有益な方法である。このことは、学問的生涯の「前期」に企てたゲーレの直接観察の擁護、「中期」に入って、アメリカ旅行で試みた人間観察、織物労働調査でおこなった個人を単位とする工場内での観察、そして社会政策学会の工業労働調査において若手研究者に奨励した個別経営を単位とする現地調査に明らかである。恤兵機関に関するモノグラフは、学問的生涯の「前期」から「中期」にかけて、ヴェーバーがくりかえし着手した直接観察あるいは現地調査の方法を駆使する学問的な営みだったのである。

3　社会学ゼミナール

ミュンヘン大学からの招聘　社会調査に関連するヴェーバーの活動が学問的生涯の「後期」に引き継がれたことを示すいまひとつの出来事に、かれがミュンヘン大学に開設したゼミナールの指導がある。ヴェーバーは一九一九年にブレンターノの後任としてミュンヘン大学教授に招聘され、教職に復帰した。そのときの様子を妻のマリアンネは、次のように書いている。「六月末にヴェーバーはミュンヘンに引き移った。住居は快適だったし、大学ではルヨ・ブレンターノの立派な研究室をもらった。この室のドアに自分の名を見たときかれは静かな喜びを覚えた――自分がまたこの町で有名な教壇に登ることがあろうとは一体誰が予想し得たろう」(ebd.: 673. 訳：四九四)。同大学でヴェーバーは「社会学ゼミナール」を開設し、マッテス(Mattes, Wilhelm, 1892-1952)とグートマン(Gutomann F.)の二人の学位論文を指導した。

マッテス論文　そのうち『ミュンヘン国民経済学研究』(Münchner Volkswirtschaftliche Studien)に収録されたマッテスの論文「バイエルンの農民評議会――農民政策に関する社会学的ならびに歴史的研究」(Mattes, 1921)は、政治組織を対象とする質問紙調査をくみこんだ研究だった。マッテスの関心は、大戦直後のバイエルンで短期間の社会主義政権を樹立したクルト・アイスナー(Eisner, Kurt, 1867-1919)の政府や労働評議会の本質と、それにたいする住民の支持の程度にあった。マッテスは、労働者評議会や小農評議会の活動に関する質問紙を郵送し、その結果に基づいて、より豊かな小農や市長たちがこれらの団体を支持していることを明らかにしたのである。

質問紙調査の持続　マッテスの学位論文は、学問的生涯の「前期」にハイデルベルク大学に開設した「国民経済学」のゼミナールにおいて、ヴェーバーが企てた福音社会会議の私的アンケートで回収した質問紙を素材として用いる学生指導を彷彿させる出来事である。マッテスの学位論文は、質問紙調査にたいするヴェーバーの関心が、「後期」の学術活動においてなお持続したことを示している。またここで、ドイツ社会学会設立時のかれの学会活動を想起するなら、社会調査と結合した社会学の創出を企図する学問的な営みは、ミュンヘン大学に開設した社会学の名を冠するかれのゼミナールにおいて、形を変えて持続したとみることができる。

二　社会調査活動を想起させる叙述

1　社会調査と社会学の関係

過去の調査活動をふまえる叙述　社会調査と社会学の関係を意識したヴェーバーの学問的な営みが、「後期」の学術活動に引き継がれたことを示す出来事は、これにとどまらない。なぜなら、ヴェーバーは、最晩年の著作である『社会学の根本概念』（Weber, 1921, 以下『根本概念』と略記する）に、これまでのかれの社会調査活動を想起させる叙述を残したからである。同著は、もちろん、「社会学」が使用する概念の明確化を企てた理論的な著作である。しかし、かれは、そのなかで、「経験的社会学の仕事」（emplische-soziologishe Arbeit）に言及し、それまでの社会調査活動を想起させる、社会学と隣接諸科学の境界や「社会学的大量観察」に関する叙述を残したのである。

経験的社会学の仕事　ヴェーバーは、亡くなる直前に執筆した『根本概念』において、「社会学」を「社会的行為を解釈によって理解するという方法」を用いて、特定の社会現象の「経過と結果を説明する科学」と規定し、この科学の「方法的な基礎」とそれが使用する「概念」を明確に定義した（ebd.：542, 訳：八）。そして、そのなかで、かれは、「経験的社会学の仕事」に言及し、「社会主義経済」を例にして、次のよう述べた。ヴェーバーによれば、経験的社会学の仕事は、この「共同社会」が成立し存続するには、これに参加する「職員」や成員の「行動」に「いかなる動機が働いたのか、働いているのか、まずこの問題から始まるのである」（ebd.：558, 訳：三〇）。そして、ヴェーバーは、同著の別の箇所において「経験的観察」（Erfahrungsbeobachtung）に言及し、特定の社会現象の解明に着手する「現実の認識過程は、初めに経験的観察がいろいろとおこなわれ、その後で、解釈

（Deutung）がつくられるという過程であった」（ebd.：549, 訳：一九）と記した。ヴェーバーは、このように、経験的観察に基づく特定の社会現象に関与する諸個人の「動機」の解明から出発して、その現象の経過や結果の「説明」へといたる一連の作業を、経験的社会学の仕事と呼んだのである。

動機の解明　ヴェーバーによれば、「『動機』とは、行為者自身や観察者が或る行動の当然の理由と考えるような意味連関」のことである。行為者自身によるものであれ、観察者によるものであれ、このような意味での「動機」の解明は、ヴェーバーがくりかえし関与した社会調査の主要な関心事であった。ヴェーバーはまず、「前期」の農業労働調査において、農業労働制度の変容にたいする原因あるいは随伴現象として作用する「雇用主や労働者」の「心理学的モメント」あるいは「主観的傾向」を、かれらの見地に即して知るために、雇用主にのみ依拠した社会政策学会の調査とは別に、労働者を対象とする新たな「私的アンケート」を福音社会会議に提案し、これを指導した。また「中期」に入って、ヴェーバーは、レーフェンシュタインが回収した質問紙に労働者が自由に記入した「動機」を数量化の方法を駆使して分類するやり方を具体的に助言し、織物労働調査では、観察者の立場から、熟練労働者や緩怠する労働者の賃金曲線の変動に影響をおよぼす「動機づけの経過」を分析する事例研究に着手した。ヴェーバーは、社会調査が提供する信頼できる正確な素材を用いておこなう「動機分析」にくりかえし着手した、以上のような過去の自身の調査経験をふまえて、特定の社会現象に関与する諸個人の「動機」の解明から出発して、その経過や結果の説明へといたる学問的な営みを、経験的社会学の仕事と呼んだのである。

2　社会学と隣接諸科学の境界

生物遺伝学　またヴェーバーが『根本概念』に記した社会学と隣接諸科学の関係や両者の境界に関する叙述は、社会調査に関連する過去の自身の活動をふまえるものである。過去の自身の社会調査活動をふまえて、ヴェーバーが、社会学の隣接科学としてとりあげた学科目は、第一に、生物遺伝学である。『根本概念』において、ヴェーバーはまず、生物遺伝学を、将来、「行為を解釈によって理解するという社会学」が「与件として受け入れるようになるかもしれない」、「理解不可能な規則性を発見する」可能性を秘めた隣接科学として位置づけた。しかし、当時の人種生物学あるいは生物学の遺伝学説が社会学に役立つ「規則性を発見」する可能性についてのヴェーバーの認識はきわめて慎重なものである。なぜなら、「遺伝的素質」の「差異」が、社会学的に重要な行動の様式に、とりわけ、意味関係からみた社会的行為の様式に与える影響は、いまだ「確実に統計的に立証された」ことがないからである（ebd.：546, 訳：一四）。

生物遺伝学にたいする、このような、ヴェーバーの慎重な叙述は、かれの遺伝問題にたいする次のような発言や主張を想起させる。ヴェーバーは、一九〇四年の『客観性』論文において、すでに、文化事象の原因を、「環境」や「時代状況」と同様に、「人種」を引き合いにだしてこと足れりとする「人類学的なディレッタント」の思い込みを批判し、「人種生物学」に「近代の新科学創立熱の産物以上の資格」を付与する条件として、「方法的に訓練された研究」による「正確な観察素材の獲得」とこれに基づく因果関係の立証を掲げた（Webere, 1904：168, 訳：六七―六八）。次いで、遺伝の影響に関する因果関係の立証に疑いを抱いていたヴェーバーは、社会政策学会の工業労働調査のための「作業説明書」において、「労働適性の偏差」に影響をおよぼす要因として、最初に、労働者の「出自」や「教育」、「伝統」などの、社会調査の方法をもって立証可能な「経歴」を吟味することを勧告した。そして織物労働調査のモノグラフを収録した『精神物理学』論文において、ヴェーバーは、往時の遺伝学説に、なにが遺伝するかをめぐって生物学者の間に合意がないことを指摘し、社会科学の専門家をふくめて、門外漢が、その論争に口をはさむことを厳しくいましめた。さらにヴェーバーは、「第一回ドイツ社会学会大会」の討議の席で、正確な観察素材にもとづく「個別的な連関の精密な立証」を欠くプレーツの報告にたいして、同様の主張をくりかえし、科学の方法に抵触するかれの発言を厳しく批判した。また、ヴェーバーは、晩年の『宗教社会学論集』の「序言」において、「遺伝的素質（人種）」が西欧の合理化におよぼした影響については、その判断を留保したが、因果関係の立証を欠く素人的な主張については、これを厳しく批判したのである（Weber, 1920-1921：16, 訳：二八―二九）。ヴェーバーは、最晩年の『根本概念』において、「遺伝」の関与とその程度を厳密に測定する方法の発見を将来に負託しつつも、その影響に関する精密な立証手続きを欠く不確実な知識については、これをくりかえし批判し、明確にしりぞけたのである。

精神物理学

また『根本概念』において、ヴェーバーが社会学の隣接科学としてとりあげた第二の学科目は「精神物理学」である。ヴェーバーは、精神物理学が実験によって立証している「疲労、習熟、記憶」などに関する「理解不可能な経験的命題」と社会学の関係をとりあげ、先の生物遺伝学にたいする見解とは逆に、前者の命題を、行為を研究する経験科学の「考慮すべき与件として受け入れる」と述べた（ebd.：546, 訳：一四）。精神物理学の命題にたいするヴェーバーのこのような叙述は、この分野の実験に基づく命題の応用を課題として掲げたかれの織物労働調査を想起させる。ヴェーバーは、織物労働調査において、同調査の副次的な目的として、「精神物理学的装置」が織布工の能率曲線の不規則な変動におよぼす影響を分析し、実験室で立証されている「疲労」や「練習」などの「心理的あるいは心理生理的諸現象」に関する命題が、日常的な工場労働においても検証可能であることを明らかにした。そして、織物労働調査でおこなった事例分析は、精神物理学的な要因をふくむ複合的な要因が織布工の労働能率の変動におよぼす影響を測定することは不可能ではないという知識をヴェーバーにもたらした。さらに、社会政策学会の工業労働調査の成果をめぐる討議の席で、ヴェーバーは、ベルナイスやソレールやビエンコウスキが明らかにした「週能率曲線」が互いに「近似」していることを確認し、そのような経験的知識にもとづいて、かれは、最後の著作となる『根本概念』において、精神物理学が立証する「理解不可能な経験的命題」を、行為を研究する経験科学が今後考慮すべき与件として受け入れ、これを「理解可能な行為」の「条件、刺激、阻止、促進という領域に属する」(ebd.：552, 訳：二一)ものとして明確に位置づけたのである。

統計学

そして、『根本概念』において、ヴェーバーが社会学の隣接科学としてとりあげた第三の学科目は、統計学である。社会学と統計学の関係に関するヴェーバーの叙述は、後者の対象範囲を厳しく制限するものであった。ヴェーバーによれば、「社会学は、場合によっては、経験的統計的類型(empirisch-statistischen Typen)のような平均類型を用いることがある」が「社会学の領域で平均や平均類型を幾らか明白に構成することができるのは、同質の意味をもつ行動において程度の差だけが問題になるケースに限られる」(Weber, 1921：560, 訳：三三)。なぜなら、「社会学的に重要な行為は、質を異にする多くの動機に影響されているもので、これらの動機から本当の意味の平均を引き出すことは全く不可能」だからである。ヴェーバーは、このように、統計学の対象を「原因」の所在が明確でかつ「頻度」や「近似」で記述できるものに限定した。

統計学の対象を限定する、ヴェーバーのこのような叙述は、学問的生涯の「前期」にくりひろげた、社会調査に関連する次のようなかれの発言や活動を想起させる。ヴェーバーは、農業労働者の「私的アンケート」において、「出来事の同種の型を数的につきとめる問題」を「統計の問題」と規定し、工場内の直接観察で収集した記録に基づいて、「統計数字」では表現できない「心理学的モメント」を描写したゲーレの著書を、「不可量物」を探求する学問的な社会調査の営みとして評価した。続く「中期」に入って、ヴェーバーは、社会科学雑誌の編者として、官庁統計の二次分析を試みたブランクの投票研究に覚書を付与し、同論文を「社会民主主義の社会心理学」に「数字の材料」を提供する「暫定的」な研究として評価しつつも、既存の統計を操作する研究のみでは解決できない問題を解明する新たな社会調査を提案した。また「中期」の『教派』論文や「後期」の恤兵機関のモノグラフに明らかなように、ヴェーバーは、現地で試みた自由な観察や面接を通じて収集した「語り」や「言説」あるいは自身が体験した「事実」に関する「記録」などの、「文字」で記された質的な素材に基づくモノグラフの執筆に着手した。学問的生涯の当初から、既存の統計の操作のみでは解決できない問題や「不可量物」すなわち数字で把握することができない質的記述的な素材があることを熟知していたヴェーバーは、そのような素材の収集とその加工や分析にくりかえし着手した自身の質的社会調査の経験をふまえて、統計学の対象範囲を厳密に規定する叙述を『根本概念』に残したのである。

だからといって、ヴェーバーが、「数字」で記されたものあるいは数量化が可能な量的な素材の収集とその加工や分析を軽視したとみるのは早計である。なぜなら、ヴェーバーは、『根本概念』に、「平均的近似的に考えられている意味や意味連関」(ebd.：548, 訳：一六)を探求する、社会学が着手すべき学問的な営みとして「社会学的大量観察」(Soziologischer Massenbetrachtung)に言及し、これを、「社会学的規則」すなわち「理解可能な類型的行為」の「頻度」や「近似」に基づく「因果的解釈」を可能にする学問的な営みとして重視したからである。社会学的大量観察にたいするこのような叙述はまた、次のようなヴェーバーの過去の社会調査活動を想起させる。ヴェーバーは、「前期」の農業労働者の状態に関する「私的アンケート」のおりに、質的記述的な素材の数量的な加工を学問的な社会調査の課題として位置づけたが、この点に関するかれの認識は、レーフェンシュタインの質問紙調査をめぐるかれとの交流を契機にして前進した。ヴェーバーは、レーフェンシュタインが回収した自由回答をふくむ大量の質問紙の数量的な加工や分析を可能にする相関関係の確認や動機分析あるいは類型構成の方法を具体的に提案したのである。またヴェーバーは、織物労働調査において、賃金や織機能率などの織布工の労働能率の変動に関する数字で記された素材を手に入れ、平均値の利点を考慮する数量的な方法を駆使して、労働者の能率曲線や賃金曲線が示す「規則性」や「傾向」を探求し、これをふまえて、実験室の観察と工場内での観察のあいだで口をあけている「間隙」を架橋して「集団調査」あるいは「大量観察」へといたる「通路」があることを指摘した。そして、ヴェーバーは、社会政策学会の工業労働調査において、質問紙調査の価値が回収した質問紙の数と共に高くなることを指摘すると同時に、それを可能にする素材収集の方法を具体的に提案し、同調査の成果をめぐる討議の席

社会学的大量観察

で、質問紙の収集からその加工や分析に従事した若手研究者の計算作業を、新たな「問題」あるいは「仮説」の発見につながる学問的な営みとして擁護した。ヴェーバーは、レーフェンシュタインの大量の質問紙を加工し分析するための方法に関する提案、数字で記された素材の分析に着手した織物労働調査、そして質問紙調査をくみこんだ大規模な社会調査の企画立案に着手した経験をふまえて、「社会学的大量観察」を社会学の着手すべき学問的な営みとして位置づける、明確な叙述を『根本概念』に残したのである。

質的調査と量的調査

統計学の対象や社会学的大量観察にたいする叙述は、ヴェーバーが同時代の質的調査と量的調査の両方に精通していたことを示している。また、社会政策学会の工業労働調査のための「作業説明書」やドイツ社会学会に提出した「新聞の社会学のための覚書」に明らかなように、質的調査と量的調査の経験を保持していたヴェーバーは、自身が企画立案した大規模な調査において、現地調査すなわち観察者が工場や新聞社に滞在しておこなう観察や面接と、質問紙調査すなわち多数の労働者や職員を対象とするアンケートを補完的に併用する実現可能な素材収集の方法や、文字であれ、数字であれ、両者が混在するものであれ、調査で入手したそれぞれの材料の特質を考慮した適切かつ妥当な素材の加工や分析の方法を具体的に提案した。ヴェーバーが『根本概念』に記した、生物遺伝学や精神物理学と社会学の関係あるいは統計学の対象に関する厳密な規定や「社会学的大量観察」に関する叙述は、質的調査と量的調査の両方と深くかかわったかれ自身の過去の社会調査活動をふまえるものだったのである。

三　調査活動の持続と最晩年の著作

ひかえめな調査活動

一九二〇年六月一四日に、ヴェーバーは、五六年の短い生涯を閉じる。ヴェーバーの学問的生涯の「後期」は、第一次世界大戦、そしてヴァイマール共和国へと時代状況が急激に変化する激動期である。同時期に、かれは、自身の戦時体験にもとづく恤兵機関のモノグラフの執筆、当時のバイエルンに成立した革命政府を題材とするマッテスの学位論文の指導、そして、最晩年の著作である『根本概念』に過去の社会調査活動を彷彿させる叙述を残したのである。このようなヴェーバーの社会調査活動が、社会科学雑誌や所属学会を舞台にしてくりひろげたかれの「中期」の大胆な学術活動に比べて、ずっとひかえめなものであったことは否めない。しかし、恤兵機関のモノグラフやアンケートを駆使するマッテスの学位論文は、社会調査をもって同時代の社会的現実の解明にたちむかうヴェーバーの社会調査活動が、学問的生涯の「後期」において持続したことを示している。

経験的社会学を所与とする叙述

そして、最晩年の『根本概念』の執筆にむけて、ヴェーバーの念頭に経験的社会学があったことは、同著の「はしがき」にかれが記した次のような一節にも明らかなところである。同所でヴェーバーは、『根本概念』の執筆動機について、「すべての経験的社会学で現に言われていることを、せめて、もっと目的にかなった、もう少し正確な、当然、それだけペダンティックになりがちな言葉で言い現そうと考えているに過ぎない」(ebd.：547, 訳：七) と述べた。このような叙述に明らかなように、社会学が使用する概念の明確化に着手した『根本概念』は、ヴェーバーにとって、社会調査を受容した経験的社会学の創造を補完する重要な学問的営みだったのである。

第一六章　世紀転換期の社会調査の学術化

一　社会調査活動の軌跡

くりかえされた調査活動

ヴェーバーの学問的生涯に、かれがくりかえし熱心に着手した数多くの社会調査活動があることは、もはや明らかなところである。学問的生涯の「前期」に、ヴェーバーは、⑴社会政策学会の農業労働調査、⑵ゲーレの直接観察の擁護、⑶福音社会会議の私的アンケート、⑷同調査の資料を用いる学位論文指導に着手した。続く「中期」に、かれは、⑸アメリカ旅行で企てた人間観察に着手し、自身が編者をつとめた社会科学雑誌に、⑹ブランクの社会民主党投票者の社会的構成に関する統計の二次分析に付与した覚書や、⑺レーフェンシュタインの社会心理学的アンケートにたいする助言、⑻自然諸科学との学際的な共同研究の可能性を追求する織物労働調査のモグラフを寄稿した。そして、同時期、ヴェーバーは、自身が所属する⑼社会政策学会が主催する工業労働調査の「作業説明書」の執筆や、⑽ドイツ社会学会の最初の事業となる新聞調査の企画立案に着手したが、そのようなかれの学会活動は、⑾工業労働調査の成果をめぐるボルトケビッツとの論争、⑿新聞調査の進展を阻む新聞訴訟などに遭遇して中絶する。しかし、ヴェーバーの社会調査活動は、その後も持続し、学問的生涯の「後期」に入って、かれは、⒀恤兵機関のモノグラフの執筆、⒁質問紙調査をくみこんだ学位論文の指導に着手し、⒂最晩年の著作に、それまでの調査活動を彷彿させる叙述を残した。

社会調査家

以上のような、ヴェーバーの一五の社会調査活動は、かれが、大学や所属学会あるいは社会科学雑誌を舞台にして社会調査の学術化をめざした社会調査家だったことを示している。そこで、最後に、社会調査家としてヴェーバーを再発見するという観点から、これまでの叙述をふまえて、かれはどのような社会調査家だったのかを明らかにする。

二　社会調査の学問的彫琢

社会調査の方法をめぐる思索　ヴェーバーは、第一に、同時代の社会調査を「学問の軌道」にのせるという一貫した観点から、当時の調査が使用する素材の収集とその加工や分析の仕方についてくりかえし熱心に思索し、その改善に着手した。このことは、福音社会会議の「私的アンケート」で試みた伝統的な質問紙調査の改善、アメリカでの人間観察で企てた「言説」や「事実」の収集、動機分析や類型構成で使用すべき数量化の技法や相関関係の確認の仕方に関するレーフェンシュタインにたいする助言、織物労働調査で企てた織布工の織機能率や出来高賃金が示す「傾向」や「規則性」を探求する数量的な方法、社会政策学会の工業労働調査の「作業説明書」で試みた観察者が現地で保持すべき冷静な観察態度や実現可能な調査方法の解説、ドイツ社会学会の新聞調査で試みた当事者参加型の委員会づくりや内容分析の提案などに明らかである。質的であれ量的であれ、同時代のさまざまな社会調査の方法に精通していたヴェーバーは、個々の調査の問題設定や調査環境を考慮した実現可能な素材収集の方法や素材の特質を考慮した適切かつ具体的なデータの加工や分析の仕方についてくりかえし熱心に思索しその改善に着手したという意味で、社会調査の学術化をめざす社会調査家だったのである。

質的調査と量的調査の併用　第二に、ヴェーバーは、同時代の社会的現実にたちむかう学術的な社会調査の実現をめざして、質的調査と量的調査を併用する大規模な調査企画の立案にくりかえし着手した。このことは、改善された質問紙を用いて牧師が調査員として現地調査に着手するという企画を提示した福音社会会議の農業労働調査、経営を単位とする現地調査と労働者を対象とする質問紙調査を組み合わせる実現可能な調査の企画を提案した社会政策学会の工業労働調査、新聞事業を対象とする経営内での観察とジャーナリストや職員を対象とする質問紙調査に新聞の内容分析を組み合わせる調査を立案したドイツ社会学会の新聞調査の企画に明らかである。質的調査と量的調査は、ヴェーバーにとって、相互に対立するというよりも、調査の問題設定や調査環境に即して臨機応変に組み合わせて用いることができる互いに相補的なものである。かかる観点から、ヴェーバーは、複数の調査技法を複合的に組み合わせて同時代の社会的現実にたちむかう大規模な社会調査の企画立案者として熱心に活動したという意味で、社会調査の学術化をめざす社会調査家だったのである。

調査に着手する人々の地位

また第三に、ヴェーバーは、社会調査に着手する人々の「地位」や「専門性」の確立を重要な問題として位置づけた。このことは、社会政策学会の討議の席で、ヴェーバーが工業労働調査に着手した若手研究者の「地位」や「専門性」を「半加工業者」にたとえて問題にしたこと、あるいは大量の質問紙を回収したレーフェンシュタインや社会政策学会の工業労働調査に着手した若手研究者にたいして、「熟練した統計家」との共同作業を助言したことに明らかである。当時のドイツでは、社会政策学会の討議の席で、若手研究者を「半熟練」労働者にたとえて、かれらの地位を問題にしたボルトケビッツや、「社会誌学」(Soziographie)を主唱する社会学者テンニース(Tönnies, Ferdinand, 1855-1936)が、全数調査を主張する「官庁統計」の指導者マイヤーと激しい論争をくりひろげた(Tönnies, F., 1919)。これにたいして、質的調査と量的調査を互いに相補的とみなしたヴェーバーは、「事実問題」の解明にむけた社会学と統計学の共同作業を期待し、ドイツ社会学会設立時の「勧誘状」において「科学的研究」に従事する社会統計学や道徳統計学の分野の卓越した研究者にたいする「援助」について記し、一九一一年二月にミュンヘンの社会統計学の長老マイヤーが自宅で開催した「ドイツ統計学会」の設立準備会において、同学会の「規約」と設立大綱を提案した(米沢、一九九一：六〇)。ヴェーバーは、調査に従事する人々の「地位」や「専門性」の確立を、社会調査を受容した社会科学の創造とかかわる重要な問題として位置づけ、その実現にむけて奔走したという意味で、社会調査の学術化をめざす社会調査家だったのである。

永続的な調査研究機関の創設

そして第四に、ヴェーバーは、同時代の専門家が共同作業をくりひろげる大規模な学術調査に従事する永続的な調査研究機関の設立を主張した。このことは、工業労働調査の継続的な展開を主張した社会政策学会における活動、ドイツ社会学会設立時のヴェーバーの学会活動や同時期に大学教員会議に関連してかれがおこなった発言に明らかである。とくに後者で、ヴェーバーは「国家が管掌するドイツの高等教育を世俗化と貧困化の帰結」と規定し、「今日考慮すべき問題」として、すでに「アングロサクソン諸国」で「卓越した大学の基盤」になっている「私的財団設立」をあげた（村上、二〇〇四：一〇四）。大学に在籍しなかった「中期」のヴェーバーの、永続的な調査研究機関の設立構想は、勢い学会を基盤とする大胆なものであったが、同時にかれは私的財団設立によって大学に開設する研究所構想を抱いていた。ヴェーバーは、社会調査を受容した社会科学の創造に着手する永続的な調査研究機関の設立にむけて奔走したという意味で、社会調査の学術化をめざす社会調査家だったのである。

三　社会調査活動の先進性

未完の学問的営み

社会調査の学術化をめざして、ヴェーバーがくりひろげた多様な社会調査活動は、他方で、その進路を阻む軋轢や障壁にくりかえし遭遇した。「神経症疾患」は、福音社会会議の「私的アンケート」の編集作業を阻み、社会調査における目的や問題設定の共有あるいはデータの帰属問題は、レーフェンシュタインとの交流を妨げた。また、当時の国民経済学の世界で渦巻いていた「人事問題」をめぐる世代間の対立や産業界と癒着して大学教授の地位の獲得をもくろむ不誠実な「迎合教授」の出現は、社会政策学会の工業労働調査の持続的な展開を妨げた。そして、新科学の創設熱にうかされた人々との論争は、事実問題に限定した冷静な議論を妨げ、「新聞訴訟」や公衆の前で「名士」になる「野心」のみを抱いている人々の学会運営は、ドイツ社会学会を舞台とする社会調査を基軸にすえたヴェーバーの学会活動を阻害した。数多くの困難や障壁にくりかえし遭遇して暗礁にのりあげたヴェーバーの多様な社会調査活動は、社会調査を基盤とする社会科学が生成する道筋に、その促進にむけて克服すべきたくさんの課題があったことを示している。

先進的な学問的営み

けれども、最晩年の著作にヴェーバーが記した「経験的社会学」や「社会学的大量観察」に関する叙述に明らかなように、社会調査を受容した社会科学の創造を企図する学問的な営みは、かれが亡くなる直前まで持続した。学問的生涯の「前期」から「中期」そして「後期」にかけて、ヴェーバーがくりかえし熱心に着手した、同時代の社会調査の方法的な問題に関する思索や改善、質的調査と量的調査を併用する大規模な社会調査の企画立案、これに着手する人々の専門性や地位の確立にむけた活動、そして永続的な調査研究機関の創設を企図する学会活動は、社会調査を受容した現実科学としての社会科学――かれは晩年それを経験的社会学とよんだ――の創造へと通じている、相互に関連づけて理解すべき先進的な学問的営みだったのである。

また、未完のままに終息したヴェーバーの調査研究機関の設立構想は、ヴィルヘルム時代に入ってドイツの各大学に設立された「研究所」の活動へとひきつがれる。ヴェーバーの退会後、ドイツ社会学会の活動は、既存の大学に社会学講座の確立やポストの獲得を求める運動へと移行し、社会調査とは無関係なものへと変質する。しかし、ヴァイマール時代のドイツでは、複数の大学に開設される「新聞研究所」において新聞調査がおこなわれ、一九一九年にケルン大学が設立した「社会科学研究所」や、フランクフルト大学が一九二四年に開所した「社会学研究所」は、大規模な学術調査に着手した。ヴェーバーの永続的な調査研究機関の設立構想は、ヴァイマール時代のドイツの各大学に誕生する「研究所」の社会調査活動に先鞭をつける先駆的な学問的営みだったのである。

結語　社会調査を基盤とする社会科学の創造

同時代の社会的現実が提起する新しい問題にたちむかう社会調査は、今日、広範囲に受容され、社会の隅々へと浸透している。一例をあげれば、行政が計画策定や事業評価のためにおこなう統計調査、企業が経済的利益の追求を企図しておこなう市場調査、新聞社やテレビ局などのマスメディアがおこなう世論調査、そして特定の問題にたいする学問的な認識それ自体を目的とする研究機関の調査などがある。本書で明らかにしたように、今日、社会の隅々へと広範囲に浸透するこのような社会調査の隆盛は、一九世紀中葉から二〇世紀初頭の大陸ヨーロッパにおいて生成した、フランスのル・プレーやドイツのエンゲル、そしてヴェーバーの多様な社会調査活動に発露する。

一九世紀の中葉、ル・プレーとその学派は、フランスで最初の民間学術団体を組織して、直接観察の標準化やモノグラフの叙述スタイルの統一、調査の対象範囲の拡大に着手した。またエンゲルは、近代的な「統計中央委員会」の開設や国勢調査の確立といった統計官庁の整備、またル・プレーやベルギー政府が収集した家計データにもとづく家計研究の集大成に着手し、「統計ゼミナール」を開設して専門的な統計家の育成をおし進める熱心な活動をくりひろげた。社会改良を掲げる民間学術団体や官庁統計の世界を主要な活動舞台として、ル・プレーやエンゲルがくりひろげた多様な社会調査活動に萌芽する質的調査や統計調査は、世紀転換期のヨーロッパに広範囲に伝播し、同時代のドイツで、社会調査の学術化をめざしたヴェーバーは、数多くの軋轢や障壁に遭遇しつつも、大学や所属学会あるいは社会科学雑誌を舞台として、同時代のさまざまな調査を学問的に洗練されたものへと彫琢する多様な社会調査活動を精力的にくりひろげた。社会調査を受容した社会科学が生成していく道筋は、決して平坦なものではなかったが、三者の社会調査活動は、これに通じている特筆すべき出来事だったのである。

フランスのデロジエールによれば、当時の大陸ヨーロッパにおいては、全体と部分の関係という観点から、データの代表性や典型性に関する論議は開始されていたが、量的調査の隆盛に大きな影響をおよぼすことになる無作為抽出をふくむ標本調査の理論や技法は知られていなかった（Desrosières, 1991）。また質的研究の多くが量的研究の批判から発展したとみるドイツのフリックは、質的調査を体系化する試みや質的データに根ざした理論構築をめざすグランデッド・セオリーなどの質的研究を標準化する試みが、標本抽出の技法や統計の検定理論が確立した第二次世界大戦後のことだと指摘する（Flick, 2007）。社会調査の方法や技法に関する三者の思索や論議が初期の素朴かつ萌芽的な段階にあったことは否めない。しかし、社会調査に着手する人材の育成およびかれらの地位や専門性の確立をめざした三者の活動や量的調査と質的調査を併用するヴェーバーの学術的な社会調査の企画に、社会調査を受容する社会科学の創造にむけた現代人の活動や論議へと通じている一面があることも指摘できる。

たとえば、「社会調査士」および「専門社会調査士」を認定する社会調査士資格認定協会（現、一般社団法人社会調査協会）の設立や整備、資格認定基準の明確化をめぐる論議は、社会調査に従事する人々の地位や専門性をめぐって、ル・プレーやエンゲルならびにヴェーバーが開始した活動や論議に萌芽する。また、社会調査の評価基準の明確化は、資格認定とかかわる重要な問題であるが、「事実」それ自体の「認識価値」を重視するヴェーバーの考えは、「方法」や「技術」にのみ傾斜しがちな基準に再考を促す論点をふくんでいる。また、社会調査の実現可能性の観点から、調査の問題設定や調査環境を考慮して、ヴェーバーが立案した質的調査と統計調査を併用する学術的な調査の企画は、近年うけ入れられつつある「トライアンギュレーション」や「混合研究法」（Mixed Methods Research）をめぐる論議に通じるものがある。とくに、「定性的な研究」と「定量的な研究」を「実用的」に組み合わせる新たな技法の開発を志向する「混合研究法」（Bergman, 2008, 2013）は、両方法間の「パラダイム論争」を終わらせる「第三の方法論運動」として期待されている。フリックが指摘するように、問題の明確化、データの収集と分析、最終的な結論の提示にいたる研究の全段階において、両方法の混合をどのようにおし進めるかは今後の課題である（フリック、二〇一一：四〇）。このような観点からみれば、質的アプローチと量的アプローチを相補的とみなしたヴェーバーが、調査の問題設定や調査環境を考慮して立案した社会調査の企画は、研究デザインの段階で両方法の混合を模索した先進的な事例のひとつであるといえる。

社会調査を受容した社会科学が生成していく道筋に、その進路にたちはだかる数多くの困難があることは、ル・プレー学派の分裂や統計業務を官吏の下働きとみくだす議員とエンゲルの確執あるいはヴェーバーの社会調査活動を阻んだ軋轢や障壁に明らかである。幾多の困難に遭遇しつつ、三者がくりひろげた多様な社会調査活動は、社会調査を基盤とする社会科学の創造にむけて、今日なお考慮すべき問題あるいは受け継ぐべき思索やアイデアを内包する看過すべきでない出来事だといわなければならない。

あとがき

本書は、筆者にとって、社会調査の歴史に関する二冊目の単著である。筆者は、二〇〇五年に、一八四八年前後から一九三三年にいたる八五年間のドイツにおける社会調査のダイナミックな展開とそこから生成する同国の経験的社会学の軌跡を叙述する『近代ドイツ社会調査史研究――経験的社会学の生成と脈動』(ミネルヴァ書房)を上梓した。本書は、前著のあとに筆者が、一九世紀中葉から世紀転換期の大陸ヨーロッパに視野を広げて、同時代のフランスのル・プレーとドイツのエンゲル、そしてヴェーバーの社会調査活動についておこなった、次のような研究が下地になっている。筆者は、前著の刊行と並行して、二〇〇三年から二〇〇六年にかけて、故阿部實(元日本社会事業大学教授)が代表をつとめる『現代的貧困・社会的排除と公的扶助政策の国際比較に関する総合的研究』(平成15～17年度科学研究費補助金B研究成果報告書)の研究分担者としてエンゲルの社会調査活動に関する社会調査史的研究に着手し、二〇〇六年の報告書に「エルンスト・エンゲル――官庁統計の革新と家計調査の展開」と題する論考を執筆した。また筆者は、二〇〇四年から、後藤隆(日本社会事業大学教授)が代表をつとめる『物語状質的データ分析の歴史的展開をふまえたフォーマライズのための基礎的研究』(平成16～18年科学研究費補助金B研究成果報告書)の研究分担者として、ル・プレーの社会調査活動に関する社会調査史的研究に着手し、二〇〇七年の報告書に「ル・プレーの家族モノグラフ――質的社会調査フォーマライズの源流」と題する論考を執筆した。その後、筆者は、社会調査家としてのル・プレーとエンゲルの生涯や家計調査をめぐる両者の交流に関する研究を続行し、これらの人々の社会調査活動に、質的調査と統計的調査の重要な萌芽があること、そして世紀転換期に社会改良家や政府の官吏、そして大学の若手研究者の間にひろがる社会調査の隆盛は、一九世紀中葉のかれらの活動に負うところが大きいことを明らかにした。本書の

第一部および第二部は、前著の刊行と前後して筆者がおこなった、フランスの社会改良家ル・プレーやドイツの官庁統計の実務家エンゲルの社会調査活動に関する以上のような研究が下地になっているのである。

また、筆者は、二〇一〇年の夏、『ヴェーバー研究会二一』から「マックス・ヴェーバーと社会調査」と題する報告を依頼され、前著でとりあげたヴェーバーの社会調査活動をかれの学問的生涯に即して再構成した報告原稿を執筆した（二〇一二「マックス・ヴェーバーと社会調査」釧路公立大学紀要『人文自然科学研究』第二四号一―一四頁）。だが、二〇一一年三月に予定されていた研究会は、その直前の三月一一日に発生した未曾有の東日本大震災によって延期になった。研究会は、翌二〇一二年三月一二日に、当初の計画どおりに東洋大学で開催された。したがって、同研究会からの報告依頼とその延期は、筆者にとって、ヴェーバーの社会調査活動と再度、徹底的にむかい合う貴重な機会となった。この間に、筆者は、先の報告原稿に大幅な改定を加え、ヴェーバーが関心をよせたブランクの投票研究やレーフェンシュタインの社会心理学的アンケートおよびかれが単独で着手した織物労働調査については、調査のなりたちに加えて、その分析結果にもふみこんで整除し、前著には収録されていないアメリカ旅行のおりにかれが企てた「人間観察」、かれが最晩年の『社会学の根本概念』に残した社会調査活動を彷彿させる叙述を新たに追加した。そして、研究会の当日、筆者は、ヴェーバーの社会調査活動が現実科学としての社会科学の成立をめざす学問的営みだったことを、改訂した原稿に基づいて報告した。筆者は、「ヴェーバーと社会調査」という、いわゆるヴェーバー研究者の間では人気のないこのテーマで報告する貴重な機会を与えてくださった同研究会の共同発起人の中野敏男さん、荒川敏彦さん、宇都宮京子さん、鈴木宗徳さん、そして当日、コメントを引き受けてくださった城西大学の塚本成美さんをはじめ、全国から研究会に参加してくださった方々に深く感謝している。

また、同研究会の報告をふまえて、本書の執筆を開始した直後に、筆者は、北海道社会学会から会員の研究動向を紹介する「往来」欄の原稿を依頼され、ヴェーバーの学問的生涯の時期区分と、第三部でとりあげる社会調査に関連する活動を網羅した「マックス・ヴェーバーの学問的生涯と社会調査」と題する論考（二〇一二『現代社会学研究』北海道社会学会第二五巻七三―八〇頁）を寄稿した。この論考は、第三部全体の骨格を構想するよい機会となった。したがって、本書は、前著の刊行と相前後して、筆者が科学研究費の研究分担者として、大陸ヨーロッパに視野をひろげておこなった、ル・プレーおよびエンゲルの社会調査活動に関する研究ならびに『ヴェーバー研究会二一』からの報告依頼を契機としておこなったヴェーバーの社会調査活動に関する新たな研究に基づくものである。

本書を構成する各章のなかには既発表の論文をもとにしたものもあるが、筆者は、一冊の書物としての体裁を整える観点から、新たな資料の追加や構成の組み換え、大幅な加筆修正と内容のみなおしをおこなった。

本書は、一九世紀中葉のフランスのル・プレーやドイツのエンゲル、世紀転換期のヴェーバーの社会調査活動をとりあげて、社会調査を受容する社会科学が生成していく道筋を叙述した社会調査史研究の成果である。昨年は、わが国の社会調査士の資格認定機関が発足して一〇年、本年は、ヴェーバー生誕一五〇年の節目の年をむかえる。社会調査の方法や技術の生成に加えて、調査を基盤とする社会科学の推進を阻害する軋轢や障壁について丁寧に叙述した本書が、新たな社会的現実に挑戦する調査の学術化をめざす人々やヴェーバーを核にした新たな社会科学の発展に関心をよせる人々、そして、調査と社会科学の関係やその歴史に関心をよせる人々の道標となるなら、筆者にとって、これにまさる幸せはない。一冊の書物ができあがるまでには、たくさんの方々の援助や励ましがある。本書の刊行に際しては、お茶の水女子大学の杉野勇さんに、出版社との仲介の労をとっていただいた。法律文化社の掛川直之さんには、荒削りの草稿の段階から丁寧に読んでいただき、本書のタイトルや部の章題について貴重なご意見をたまわり、編集段階では、本書の読みやすさを考慮した丁寧な作業をしていただいた。また校正段階での大幅な加筆や訂正で印刷所の方々に多大なご苦労をおかけした。記して感謝するしだいである。

二〇一四年九月一日　ゆく夏に

村上　文司

引用参照文献

第一部　質的調査の生成　フレデリック・ル・プレー

ル・プレーとその学派の調査関連文献

Le Play, 1834, "Observations sur l'histoire naturelle et la richesse minéral de l'Espagne", *Annales des Mines,* 5 et 6.

———, 1836, "Descriptions de l'affinage des plombs argentifères par cristallisation, suivant la méthode due à l'ingénieur anglais Pattinson," *Annales des Mine,* 10.

———, 1840, *Vues générales sur la statistique.* Paris. Reprint from *L'Encyclopédie nuvelle.*

———, 1848, *Descriptions des procédés métallurgiques employés dans le pays de Galles pour la fabrication de cuivre et recherches sur l'état actuel et sur l'avenir probable de la production et du commerce de ce métal* . Paris: Carilian-Goeury.

———, 1853, "Mèthode nouvelle employée pour la fabrication du fer dans les forêts de la Corinthie, et des principes que doivent suivre les propriétaires des forêts et d'usines au bois pour soutenir la lutte engagée, dans l'Occident de l'Europe, entre le bois et le charbon de terre," *Annales des Mine*, 23.

———, 1855, *Les Ouvriers européens : Etudes sur les travaux, la vie domestique et la condition morale des populations ouvrières de l'Europe, et leur relations avec les autres classes, précédé d'un exposé de la méthode d'observation.* Paris: Imprimerie Impériale.

———, 1858, *Question de la boulangerie du départment de la Seine. Rapport aux sections reunites du commerce et de l'intérieur,* Paris: L'Imprimerie Impériale.

———, 1859, *Question de la boulangerie du départment de la Seine. Deuxième rapport aux sections réunies du commece et de l'intériecur sur les commerces du ble, de la farine et du pain,* Paris: L'Imprimerie Imperiale.

———, 1862, *Instruction sur la méthode d'observation dite des monograhies de famille.* Paris.

———, 1864, *La Réforme social en France, déduite de l'obsevation comparée des peuples européens.* 2 volumes. Tours: Mame.

———, 1871, *L, Organisation de la famille, selon le vrai modéle signaléf par l'histoire de toutes les races et de tous les temps.* Tours: Mame.

———, 1874, *L, Organisation de la famille, selon le vrai modéle signaléf par l'histoire de toutes les races et de tous les temps.* 3 édition, Tours: Mame.

———, 1875, *La Constitution d Angleterre considerée dans ses rapports avec la loi de Dieu et les coûtumes de la paix social, precede d apercus sommaires sur la nature duşol et l histire de la race.* Tours: Mame.

———, 1877-1879, *Les Ouvriers européens : Etudes sur les travaux, la vie domestique et la condition morale des populations ouvrières de l'Europe, et leur relations avec les autres classes, précédé d'un exposé de la méthode d'observation.* 2 edition, 6 volumes. Toura: Mame.（本書は、全部で六巻からなる、一八五五年の同タイトルの著作に大幅な改定と増補を加えた第二版である。なお同書から引用・参照指示する場合の巻数は、Ⅰ～Ⅵのローマ数字で表記する。）

———, 1881, *La Constitution essentielle de l'humanité : Exposé des principes et des coûtumes quiecréent la prosperité ou la souffrance des nations.* Tours: Mame.

———, 1884, *L, Organisation de la famille, selon le vrai modéle single par l'histoire de toutes les races et de tous les temps.* Tours: Mame, 3 édition.

Cheysson, Emile, 1887, "La monographie d'atelier et les Sociétés d'économie sociale", *La Réforme sociale,* 15 mai.

———, 1885, "L'enseignement de la Science social", *La Réforme sociale,* 1er novembre, 418.

———, 1890, *Les Budgets comparés des cent monographies de famillies,* Réimpression de l'édition de Rome.

———, 1896, "La monographie de commune", *La Réforme sociale,* 16 décembre, 852-864.

Demolines, Edmond., 1881, "L'enquête permanante", *La Réforme sociale,* 1er janvie, 6.

———, 1885, "L'enseinement de la Science sociale", *La Réforme sociale,* 1er novembre, 418.

———, 1904, "Comment on analyse et comment on classe les types sociaux", *La Science sociale,* no. 1, 65-92.

Tourville, Henri, 1886, "La Science social est-elle une science ?." *La Science sociale* 1 : 9-21, 97-109, 289-304 ; 2 : 493-516.

その他の調査関連文献

Parent-Duchâtelet, Alexander Jean Baptist, 1857, *De la prositution dans la ville de Paris.* 2 vols, 3d ed, Paris: Baillière et fils.

Ribbe, Charles de, 1884, *Le Play, d'après sa correspondance.* Paris: Firmin Didot.

Sainte-Beuve, Chares Augustin, 1867, "La Réforme sociale en France". *Les Nouverux Lundis,* 9, Paris: 161-201.

Villermé, LR., 1840, *Tableau de l'état physique et moral des ouvriers employés dans les manufactures de coton, de laine, et de soie,*

2 vol. Paris: Renouard.
ケトレー（平貞蔵・山村喬訳）、一九三九『人間について』岩波文庫。原著、一八三六年。

コント（霧生和夫訳）、一九七〇「社会再組織に必要な科学的作業のプラン」『コント／スペンサー』世界の名著36、四七―一三九。原著、一八二二年。

サン・シモン（森博訳）、二〇〇一「新キリスト教」『産業者の教理問答』岩波文庫、二三五―三一三。原著、一八二五年。

――、（森博訳）、二〇〇一「産業者の教理問答」『産業者の教理問答』岩波文庫、九―二三三。原著、一八二三―一八二四年。

トクヴィル（井伊玄太郎訳）、一九八七『アメリカの民主主義』全3巻、講談社学術文庫。原著、一八三五―一八四〇年。

研究書（欧語文献）

Deniel, Raymond., 1965, *Une Image de la famille et de la société sous la Restauration*, Paris: Les Editions Ouvriéres.
Elesh, David, 1972, "The Manchester Statistical Society: A Case Study of Discontinuity in the History of Empirical Social Research", *The Establishment of Empirical Sociology*, edited by Anthony Oberschall, New Yorok: Harper & Row.
Erwitt, Sanford, 1986, *The Third Republic Defended, Bourgeois Reform in France 1880-1914*, Loujiana State University.
Goldfrank, Walter, L., 1972, "Reappraising Le Play." *The Establishment of Empirical Sociology*, edited by Anthony Oberschall. New York: Harper & Row, 130-151.
Kalaora, E., et Savoye, A., 1989, *Les Inventeures oubliés. Le Play et ses continuateurs aux origins des sciences sociales*, Seyssel: Champ Vallon.
Silver, Catherin Bodard, 1982, *Frédéric Le Play on Family, Work, and Social Change*. Chicago: The University of Chicago Press.
Weiss-Rigaudias, Hilda, 1936, *Les Enquêtes ouvrières en France entre 1830 et 1848*, Paris: Alacan.

研究書（邦語文献）

福井憲彦、二〇〇一『世界各国史12フランス史』山川出版社。

古川安、一九八九『科学の社会史－ルネッサンスから20世紀まで』南窓社。

廣田明、一九九二「フランス・レジョナリスムの成立－ル・プレェ学派における家族、労働、地域」、遠藤輝明編『地域と国家－フランス・レジョナリスムの研究』日本評論社、四九―一〇一。

鹿島茂、二〇〇四『怪帝ナポレオンⅢ世：第二帝政全史』講談社。

木下賢一、二〇〇〇『第二帝政とパリ民衆の世界――「進歩」と「伝統」のはざまで』山川出版社。

村上文司、二〇〇七「ル・プレーの家族モノグラフ‐質的社会調査フォーマライズの源流」後藤隆編『物語状質的データ分析の歴史的展開をフォーマライズのための基礎的研究』（平成16～18年科学研究費補助金（基盤研究B）研究成果報告書）、六五―九八。

――、二〇〇八「フレデリック・ル・プレーの生涯」釧路公立大学紀要『社会科学研究』第20号、三―二三。

――、二〇一〇「家族モノグラフの生成‐社会調査家ル・プレーの再発見(1)」釧路公立大学紀要『人文自然科学研究』第22号、一―一四。

――、二〇一四「家族モノグラフ法のフォルミュラシオン――社会調査家ル・プレーの再発見（2完）」釧路公立大学紀要『人文自然科学研究』第26号、五―二四。

中野隆生、二〇〇六「知識人と社会改良団体」綾部恒雄監修・福井憲彦編『アソシアシオンで読み解くフランス史』（結社の世界史3）山川出版社、二四六―二五八。

高木勇夫、一九九三「ル・プレェ学派の系譜」『研究紀要』（日本福祉大学）88号、二四一―二七一。

谷川稔・渡辺和行編著、二〇〇六『近代フランス史‐国民国家形成の彼方に』ミネルヴァ書房。

第二部　統計調査の革新　エルンスト・エンゲル

論文掲載紙の略号。

ZdSBdksMI.: *Zeitschrift des Statistischen Bureaus des königlich sächsischen Ministerriums des Innern, Dresden.*
ZdkpsB: *Zeitschrift des* königlich preussischen statistischen Bureaus. Berlin
ZfdgS..: Zeitschrift für *die gesammte Staatswissenschaft, Jahrg,* Tübingen
BdIIdS.,: *Bulletin de l'institut internat. de statist., Roma.*
BdISK.,: *Brichte der international statistischen Kongress.*

エンゲルの調査関連文献

Engel, E., 1847, *Einige Betrachtung über die Glasfabrikation in Sachsen*, Dresden.
――, 1853b, "Die amtliche Statistik und das statistische Bureau im Königreich Sachsen mit einem Blick auf die statistische Centralkommission in Brüssel", ZfdgS., 274ff.
――, 1855a, "Über die Bedeutung der Bevölkerungsstatistik mit besonderer Beziehung auf die 1855er Volkszählung im Königreichs Sachsen und die Produktions-und Konsumtionsstatistik", *ZdSBdksMI*, 141ff

———, 1855b, "Die Getreidepreise und Getreidezufuhren auf den konzessionierten Getreidemärkten des Königreichs Sachsen", *ZdSBdksMI,* 14ff.

———, 1855c, "Die Städts des Königreichs Sachsen", *ZdSBdksMI,*, 1ff.

———, 1856, "Der Wohlthätigkeitskongress in Brüssel im September 1856 und die Bekämpfung des Pauperismus", *ZdSBdksMI,* 153ff.

———, 1857, "Der Viehstand auf dem grossen und kleinen Grundbesitz im Königreiche Sachsen, ein Beitrag zur Beantwortung der Frage: Ist die Grosskulutur order die Kleinkultur dem Staate nützlicher ?", *ZdSBdksMI.*, 1ff.

———, 1857b, "Das Gesetz der Dichtigkeit". *ZdkpsB.,* 153-182. 森戸辰男訳「ザクセン王国における生産及び消費事情」大原社会問題研究所編『統計学古典選集』第12巻、第一法規出版、一九六八、一八一—二六四。

———, 1860a, "Das Anwachsen der Bevölkerung im preußischen Staate seit 1816", *ZdkpsB.,* 9-33.

———, 1860b, "Uber die Organisation der amtlichen Statistik mit besonderer Beziehung auf Preußen". *ZdkpsB.,* 53-56.

———, 1861a, "Die Sparkassen in Preußen als Glieder in Kette der auf das Prinzip der Selbsthülfe aufgebauten Anstalten", *ZdkpsB.* 85-118.

———, 1861b, "Die Methoden der Volkszählung mit besonderer Berücksichtigung der im preußischen Staate angewandten", *ZdkpsB.* 149-212.

———, 1861c, "Die Getreidepreis, die Ernteerträge und der Getreidehandel im preußischen Staate", *ZdkpsB.,* 249-289.

———, 1861d, "Die Sterblichkeit und die Lebenserwartung im preußischen Staate und besonders in Berlin", *ZdkpsB.,* 321-353.

———, 1862, "Kritische Beiträge zur vergleichenden Finanzstatistik der Groß-und Mittelstaaten Europa, s mit besonderer Berücksicktigung ihrer Militärbudgets", *ZdkpsB.,* 145-161.

———, 1864, "Das statistische Seminar des königlich preußischen statistischen Bureaus", *ZdkpsB.,* 197-205.

———, 1865, "Beitrage zur Statistik des Unterrichts, insbesondere des Elementar-Unterrichts in volksreichsten Ländern Europa, s und Nordamerika, s", *ZdkpsB.,* 134-155.

———, 1869a, "Die Cholera-Epidemie des Jahres 1866, mit einem Rückblick auf die früheren Epidemie. Nach den Berichten der Königlichen Regierungen und anderen Quellen bearbeitet", *ZdkpsB.*, 70-98.

———, 1869b, "Beiträge zur Geschichte und Statistik des Unterrichts, insbesondere des Volksschul-Unterrichts im preußischen Staate", *ZdkpsB.,* I. 99-116. II. 153-211.

———, 1869c, "Die wahren Verluste der königlich preußischen Armee im Kride des Jahres 1866", *ZdkpsB.,* 157-167.

———, 1869d, "Aufruf und Statutenentwurf Begründung eines statistischen Vereinsnetzes für die Länder deutscher Zunge, Beilage", *ZdkpsB.,* 1-8.

———, 1870, "Die Kosten der Volkszählungen mit besonderer Rücksicht auf die im Dezember 1870 im preußischen Staate bevorstehende Zählung. Der Königl. statistischen Centralkommission und dem Bundesrathe des Zollvereins vorgelegt. Mit einer Nachschrift", *ZdkpsB.,* 33-58.

———, 1871, "Das statistische Seminar (IX. Kursus) und das Studium der Statistik überhaupt. Mit 1 graphischen Beilage", *ZdkpsB.,* 181-210.

———, 1872a, "Beiträge zur Statistik des Krieges von 1870/71. Mit einer bibliographischen Beilage, enthaltend die Journal-, Bücher-und Broschürenlitteratur des Krieges, soweit solche in der Bibliothek des Königlich preußischen statistischen Bureaus vertreten ist, und mit 7 Tafeln graphischer Darstellungen,", *ZdkpsB.,* 1-320.

———, 1872b, "Die Wohnungsnoth. Ein Vortrag, gehalten auf der Eisenacher Konferenz am 6. Oktober 1872", *ZdkpsB.,* 379-402.

———, 1873, "Die Statistik im Civilpress; eine Reminiscenz aus den Leben der Presse im Jahre 1848", *ZdkpsB.,* 43-62.

———, 1874a, "Der Preis der Arbeit bei den deutschen Eisenbahnen in den Jahren 1850, 1859 und 1869", *ZdkpsB.*, 93-128.

———, 1874b, "Zur Statistik der Dampfkessel und Dampfmaschinen in allen Ländern der Erde. Nachweis der Mängel und Lücken dieser Statistik und die Mittel und Wege, sie in kürzester Zeit zu beseitigen. Ein Gutachten, der permanenten Kommission des internationalen statistische Kongresses unterbreitet", *ZdkpsB.,* 265-280.

———, 1876a, "Der Preis der Arbeit im preußischen Staatedienste im Jahre 1875", *ZdkpsB.,* 417-491.

———, 1876b, "Statistik der Morbidität, Invalidität und Mortalität sowie der Unfall-und Invaliditätsversicherung der Erwerbsthätigen", *BdISK*. IX, Budapest.

———, 1878, *Die industrielle Enquete und die Gewerbez*ählung im Deutschen Reich und im preussischen Staate, Berlin.

———, 1879, "Das Zeitalter des Dampfes in technische-statistischer Beleuchtung. Mit 4 Figurentafeln, I. Theil", *ZdkpsB.,* 251-314.

———, 1881, "Deutschlands Getreideproduktion, Brotbedarf und Brotbeschaffung", unter dem Pseudonym Ch. Lorenz, *Volkswirtschaftlich Zeitfragen,* Heft 22, Berlin.

———, 1882, "Das Rechnungsbuch der Hausfrau und seine Bedeutung im Wirtschaftsleben der Nation", *Volkswirtschaftlich Zeitfragen,* Heft 24, Berlin.

———, 1895, Die Lebenskosten belgischer Arbeiterfamilien früher und jetzt. Dresden. 森戸辰男訳「ベルギー労働者家族の生活費」大原社会問題研究所編『統計学古典選集』、第12巻、第一法規出版、一九六八、五一一七九。

エンゲル（森戸辰男訳）、一九四二a「統計学は独立の科学であるか、はたまた単なる方法にすぎぬのか、問題にたいする私の立場」大原社会問題研究所編『統計学古典選集』第11巻、栗田書店、、三八三―四五一。原著、一八五三年。

———,（森戸辰男訳）、一九四二b「労働の価格」大原社会問題研究所編『統計学古典選集』第11巻、栗田書店、一〇八―一八三。原著、一八六六年。

———,（森戸辰男訳）、一九四二c「人間の価値」大原社会問題研究所編『統計学古典選集』第11巻、栗田書店、一九九―三四六。原著、一八八三年。

———,（足利末男訳）、一九六六、「建白書」足利末男著『社会統計学史』三一書房、一四五―一四七。原著、一八六二年。

その他の調査関連文献

Ducpétiaux, E., 1855, *Budgets économiques des classes ouvrières en Belgique : Subsistances, salaires, population,* Brussels: M, Hayez, imp. de la Commission centrale de statistique.

Fallati, J., 1847, "Einrichtung der belgischen Volkszählung vom 15. Oct. 1846 und der mit ihr verbunden landwirtschaftlich-und gewerlblich-statistischen Aufnehmen", *Zeitschrift für die gesammte Staatswissenschaft,* Bd. 4, 381-446.

Herkner, H., 1887, "Die oberelsässische Baumwollindustrie und ihre Arbeiter", *Verhandlungen aus dem staatswissenschaftlichen Seminar zu Straßburg.* 4.

Mayr, G. v., 1895, *Statistik und Gesellschaftslehre.* Bd. 1. Theoretische Statistik, Freiburg und Leipzig: J. C. B. Mohr. 大橋隆憲訳『統計学の本質と方法』（抄訳）小島書院、一九四三。

Schnapper-Arndt, G., 1883, *Fünf Dorfgemeinden auf dem Hohen Taunus. eine socialstatistische Untersuchung über Kleinbauernthum, Hausindustrie und Volksleben* (*Staats-und Sozialwissenschatliche Forschungen*). Bd. IV, Heft 2, Lipzig: Dunker & Humblot.

———, 1888, *Zur Methodologie Sozial Enqueten. Mit besonderen Hinblick auf neuerlichen Erhebungen über den Wucher auf dem Land,* Frankfurt am Main: Franz Bejamin Auffarth.

Thiel, H., 1887, "Wucher auf dem Lande", *Schriften des Vereins für Sozialpolitik,* Bd. 35, Leipzig.

Thun, A., 1879, "Die Iudutrie am Niederrhein und ihre Arbeiter", *Staats-und Sozialwissenschaftliche Forschunggen*, II, Heft 2, 3.

ハイト/ヤグノウ（足利末男訳）、一九六六、「布告」（統計ゼミナールの開設にむけて政府が各州知事にあてた布告）、同氏著『社会統計学史』三一書房、一四八。（原著、1862b,（ankündigen), "Über die neuesten Fortschritte in der Organisation der amtlichen Statistik in Preußen", *ZdkpsB.*, 175-176.)

研究書（欧語文献）

Földes, Béla, 1918/19, "Elnst Engel", *Allgemeines Statistisches Archiv*, 11. Bd., 229.

ハッキング（近昭夫訳）、一九九一「プロイセンの数」近夫・木村和範・長屋正勝・伊藤陽一・杉森晃一訳『確立革命‐社会認識と確率』梓出版社、三一九―三四七。原著、一九八七年。

研究書（邦語文献）

足利末男、一九六六「官庁統計の整備者エルンスト・エンゲル」同氏著『社会統計学史』三一書房、一二〇―一七五。

村上文司、二〇〇六「エルンスト・エンゲル官庁統計の革新と家計調査の展開」阿部實編『現代的貧困・社会的排除と公的扶助政策の国際比較に関する総合的研究』（平成15～17年度科学研究費補助金B研究成果報告書）。

――、二〇一一「エルンスト・エンゲルの生涯」釧路公立大学紀要『人文自然科学研究』第23号、一―一二三。

――、二〇一三「家計調査をめぐる国際交流の起源――19世紀大陸ヨーロッパの社会調査」釧路公立大学紀要『社会科学研究』第25号、五―二五。

森戸辰男、一九四二「エンゲルの生涯と業績」大原社会問題研究所編『統計学古典選集』第11巻、栗田書店、一―九〇。

重川順子、二〇〇七「第三章世界の政府機関による家計調査」御船美智子・財団法人家計経済研究所編『家計研究へのアプローチ』ミネルヴァ書房、四九―八〇。

第三部　社会調査の学術化　マックス・ヴェーバー

ヴェーバー全集の略号。

RS: *Gesammelte Aufsätzs zur Religionssoziologie*, Tübingen: J. C. B. Mohr.

WL: *Gesammelte Aufsätzs zur Wissenschaftslehre*, Tübingen: J. C. B. Mohr.

SSp : *Gesammelte Aufsätzs zur Soziologie und Sozialpolitik*, Tübingen: J. C. B. Mohr.

MWG : *Max Weber Gesamtausgabe*, Tübingen: J. C. B. Mohr.

その他頻出雑誌の略号。

SdVfSP : *Schriftn des Verein für Sozialpolitik.*

Archiv : *Archiv für Sozialwissenschaft und Sozialpolitik.*

ヴェーバーの調査関連文献

Weber M., 1892a, "Die Verhältnisse der Landarbeiter im ostelbischen Deutschland", *SdVfSP* . Bd., 55. 肥前栄一訳『東エルベ・ドイツにおける農業労働者の状態』(抄訳) 未来社、二〇〇三。

———, 1892b, "Privatenqueten über die Lage der Landarbeiter" *MWG,* 1/4, 1. Halbband, 74-105., (*Mitteilingen des Evangelisch-sozialen Kongresses,* hg. vom Aktionskomitee des Evangelisch-sozialen Kongresses, Berlin, Nr. 4 vom 1. April, Nr. 5 vom 1. Juni und Nr. 6 vom 1. Juli).

———, 1892c, "Zur Rechtfertigung Göhres", *MWG,* 1/4, 1. Halbband 108-119. (*Die christriche Welt,* Evangelischh-Lutherisches Gmeindeblatt für Gebildeter aller Stände, Leipzig, Nr. 48 vom 24. November, 1104-1109).

———, 1893a, "Die Erhebung des evangelisch-sozialen Kongresses über die Verhältnisse der Landarbeiter Deutschlands," *MWG,* 4/1, 209-219. (*Christliche Welt,* "Evangelisch-LutherischesGemeindeblatt für Gebildete aller Stande", Leipzig, Nr. 23 vom 1. Juni).

———, 1893b, "Die Erhebung des Vereins für Sozialpolitik über die Lage der Landarbeiter", *Das Land,* hg. von Heinrich Sohnery, Berlin, Nr. 1 vom 1. Januar, Nr. 2 vom 15. Jauar, Nr. 3 vom 1. Februar,, Nr. 4 vom 15. Februar, Nr. 8 vom 15. April, Nr. 9 vom 1. Mai.

———, 1893c, "Wie werden einwandfreie Erhebungen über die Lage der Landarbeiter angestellt ?", *Das Land,* hg. von Heinrich Sohnery, Nr. 4 vom 15. Feb.

———, 1899, (hg) *Die Landarbeiter in den evangelischen Geieten Norddeutschland : Einzeldarstellungen nach dem Erhebungen des Evangelisch-Sozialen Kongresses,* Tübingen: H. Laupp.

———, 1904, ""Objektivitat" sozialwissenschaftlicher und sozialpolitischer Erkenntnis", *WL,* 146-214. 折原浩訳『社会科学と社会政策にかかわる認識の「客観性」』岩波書店、一九九八。

———, 1904-1905, "Die Protestantische Etik und der Geist des Kapitalismus", *RS,* I, 17-206. 梶山力・大塚久雄訳『プロテスタンティズムの倫理と資本主義の精神』(上・下)、岩波文庫、一九五五。

———, 1905a, "Reduktionelle Bemerkungen in Auschus an den Aufsatz von R. Blank", *Archiv* 20, 550-553.

———, 1905b, Kritische Studien auf dem Gebiet der kulturwissenschaftlichen Logik, *WL,* 215-290. 森岡弘通訳『歴史は科学か』みすず書房、九九—二二七。

———, 1908a, "Die Grenznutzlehre und das "psychophysische Grundgesetz"", *WL,* 384-399, 546-558. 鬼頭仁三郎訳「限界効用学説と精神物理学的基礎法則」『商学研究』第5巻第1号、一九二五、二一五—二三六。

———, 1908b, "Methodologische Einleitung für die Erhebungen des Vereins für Sozialpolitik über Auslese und Anpassung（Berufswahlen und Berufsschicksal）der Arbeiterschaft der geschlossenen Großindustrie", *SSp,* 1-60. 鼓肇雄訳「封鎖的大工業労働者の淘汰と適応（職業選択と職業運命）に関する社会政策学会の調査のための方法的序説（一九〇八年）」『工業労働調査論』日本労働協会、一九七五、一—六八。

———, 1908-1909, "Zur Psychophysik der indusutriellen Arbeit", *SSp,* 61-255. 鼓肇雄訳（一九七五）「工業労働の精神物理学について（一九〇八—一九〇九年）」『工業労働調査論』日本労働協会、一九七五、七七—三二四。

———, 1909a, "Zur Methodik Sozialpsychologischer Enquêten und ihrer Bearbeitung", *Archiv* 29. 鼓肇雄訳「社会心理学的調査の方法とその加工について」『工業労働調査論』日本労働協会、一九七五、三三七—三五一。

———, 1910a, "Geschaftsberichit", *SSP,* 431-449. 中村貞二訳「ドイツ社会学会の立場と課題」出口勇蔵・松井秀親・中村貞二訳『ウェーバー社会科学論集』河出書房新社、一九八二、二〇九—二三四。

———, 1910b, Diskussionsrede zu dem Vortrag von A. Ploetz über «Die Begriffe Rasse und Gesellschaft», *SSP,* f456-462. 中村貞二訳「人種概念と社会概念によせて」出口勇蔵・松井秀親・中村貞二訳『ウェーバー社会科学論集』河出書房新社、一九八二、二五〇—二五九。

———, 1912a, "Probleme der Arbeiterpsychologie unter besonderer Rücksichtnahme auf Methode und Ergebnisse der Vereinserhebungen", *SdVfSP,* Bd. 138, 189-197. 鼓肇雄訳「労働心理学の諸問題、とくに学会による調査の方法と成果について—一九一一年社会政策学会ニュールンベルグ大会での討議」『工業労働調査論』日本労働協会、一九七五、三二五—三三六。

———, 1912b, "Rechenschaftsbericht für die abgelaufenen beiden Jahre", *Schriften der Deutschen Gesellschaft für Soziologie,* Bd. 2 [Verhandlungen des Zweiten Deutschen Soziologentages], Tubingen. 75-79.

———, 1920, "Die Protestantische Sekten und der Geist des Kapitalismus", RS, I,. 207-236. 中村貞二訳「プロテスタンティズムの教派と資本主義の精神」『宗教・社会論集　世界の大思想Ⅱ 7』河出書房、一九六八。

———, 1920-1921, Vorbemerkung, *RS*, 3 Bd. I, 1-16, 大塚久雄・生松敬三訳「序文」『宗教社会学論集』みすず書房、一九七二、三―二九。

———, 1921, Soziologische Grundbegriffe, *WL*, 541-581, 清水幾太郎訳『社会学の根本概念』岩波書店、一九七二。

ヴェーバー（上山安敏・三吉敏博・西村稔編訳）、一九七九「大学教員会議について」『ウェーバーの大学論』木鐸社、七四―七八。原著、一九〇九年。

———,（大鐘武訳）、一九八九「ドイツ社会学会の会員になりうる方々への勧誘状」梶谷素久編訳『国際社会学会論集』学文社、七三―七六。原著、一九〇九年。

———,（米沢和彦訳）、一九九一「新聞の社会学に関する調査のための『覚書』」同氏著『ドイツ社会学史研究』恒星社厚生閣、二七一―二八二。原著、一九一〇年。

その他の調査関連文献

Abbe, E., 1906, "Die volkswirtschaftliche Bedeutung der Verkürzung des industriellen Arbeitstages", *Sozialpolitische Schriften* (Gesammelte Abhandlungen Bd. III), Jena: Gustav Fischer, 203-249.

Arzt（姓名不詳）, 1893, "eine Frabebogen für Landärzte anzufertigen und zu versenden", *Das Land*. Nr. 3 von 1. Febr., 45.

Bernays, M., 1910, "Dargestellt an den Verhältnissen der" Gladbacher Spinnerei und Weberei "A. · G. zu Münchengladbach im Rheinland", *SdVfSP*, Bd. 133.

———, 1911, "Zur Psychophysik der Textilarbeit" *Arciv* 32, 99-123.

———, 1912a, "Untersuchungen über die Schwankungen der Arbeitsintensität während der Arbeitwoche und während des Arbeitstages", *SdVfSP*, Bd. 133 III.

———, 1912b,. [Diskussionsbeitrag, in Verhandlungen der Generalversammlungin Nürunberg 9. und Oktober 1911], *SdVfSP*, Bd. 138, 139-146.

Bienkowski, S. v., 1910, "Untersuchungen über Arbeitseingnung und Leistungsfähigkeit der Arbeiterschaft einer Kabelfabrik", *SdVfSP*, Bd. 134, 1-45.

Blank, R., 1904/05, "Die soziale Zusammensetzung der sozialdemokratischen Wählerschaft Deutschlands", *Archiv* 20, 507-553.

Bortkiewicz, Lv., 1912, .[Diskussionsbeitrag, in: Verhandlungen der Generalversammlung in Nürunberg, 9. und 10. Oktober 1911], *SdVfSP*, Bd. 138, 168-179, 197-199.

——, 1898, *Das Gesetz der kleinen Zahlen,* Leipzig: Druck und Verlag von B. G. Teubner.

Braun, A., 1903, "Die Reichstagwahlen von 1898 und 1930", *Archiv für Soziale Gesetzgebung und Statitik,* 18, 534-563.

Breinlinger, K. B., 1903, *Die Landarbeiter in pommern und Mecklenburung : Dargestellt nach den Erhebungen des Evangerishe-Sozialen Kongresses,* Heidelberg: E, Geisendörfer.

Brentano, L., 1908, "Die Entwicklung der Wertlehre", *Konkrete Grundbedingungen der Volks Wirtschaft,* Leipzig.

Cremer, H., 1892a, *Die Aufgabe und Bedeutung der Predigt in der gegenwärtigen Krisis,* Berlin: Wiegandt und Grieben.

——, 1892b, "Die Predigtaufgabe unsrer Kirche gegenüber der Sozialdemokratie", *Die christliche Welt,* Nr. 45 vom 3. Nov., 1035-1040.

Deutsch, J., 1910, "Auslese und Anpassung der Arbeiter in den Österreichischen Siemens-Schuckert-Werken in Wien", *SdVfSP,* Bd. 134, 239-301.

Deutsche Soziologische Gesellschat, 1910, [Satzung], *Schriften der Deutschen Gesellschaft für Soziologie.* Bd. 1, v-ix. 大鐘武訳「ドイツ社会学会規約」梶谷素久編訳『国際社会学会論集』学文社、一九八九、六七—七二。

Ehrenberg, R., 1905, "Die Zieele des Tünen-Archivs", *Tühnen-Archivs, Orugan für exact Wirschaftsforshung,* Bd. 1, Heft 1, 1-33.

Ehrenberg, R., und Racine, H., 1912, "Kruppsche Arbeiterfamilien", *Archiv für Exakt Wirtschaftforschung,* hg. von Richard Ehrenberg, Ergånzungsheft 6.

Embden, G., 1877, "Wie sind Enquêten zu organisieren ?.", *SdVfSP,* Bd. 13, 1-15.

Gerhardt, F., 1902, *Die Landarbeiter in Provinz Ostpreßen,* Lucka: Druk von Reihard Berger.

Goldschmidt, S., 1899, *Die Landarbeiter in Provinz Sachsen, sowie den Herzogtümern Braunschweig und Anhalt,* Tübingen: H. Laupp.

Göhre, P., 1891, *Drei Monate Fabrikarbeiter und Handwerksbursche : Eine praktische Studie,* Leipzig: Fr. W. Grunow.

Goltz, T. v. d., 1875, *Die Lage der ländlichen Arbeiter im Deutschen Reich,* Berlin: Wiegant, Henpel & Parey.

Grunenberg, A., 1899, *Die Landarbeiter inden provinzen Schleswig-Holstein und Hannover östlich der Weser, sowie in dem Gebiete des Fürstentums Lübeck und der freien Städt Lübeck, Hamburg und Bremen,* Tübingen: H. Laupp.

Hartmann, G., 1912b, . [Diskussionsbeitrag, Verhandlungen der Generalversammlungin Nürunberg 9. und Oktober 1911], *SdVfSP,* Bd. 138, 164-168.

Heiss, CL., 1910, "Auslese und Anpassung der Arbeiter in der Berliner Feinmechanik", *SdVfSP,* Bd. 134, 111-235.

Herkner, H., Schmoller, G. und Weber, A., 1910, "Vorwort". [in Auslese und Anpassung der Arbeiterschaft der Gesclossenn Großindustrie] Schriften des Vereins für Sozialpolitik, *SdVfSP,* Bd. 133, vii-xv.

Herkner, H., 1912, [Diskussionsbeitrag, Verhandlungen der Generalversammlung in Nürunberg, 9. und 10. Oktober 1911], *SdVfSP,* Bd. 138, 117-138, 199-203.

Hermann, E., 1912, "Dargestellt an den Verhältnissen einer Luckenwalder Wollhutfabrik", *SdVfSP,* (III) Bd. 135, 1-63.

Hinke, H., 1910, "Auslese und Anpassung der Arbeiter im Buchdruckgewerke mit besonderer Rücksichtsnahme auf die Setmaschine", *SdVfSP,* Bd. 134, 50-107.

Karski, I., 1911, "Neuen Untersuhungen über die sozial Lage der Berliner Metallarbeiter", *Die Neue Zeit,* 29. Jg., Nr. 36 vom 9. Juni 1911, SS. 328-338.

Keck, K., 1911, "Das Berufsschicksal der Arbeiterschaft in einer badischen Steinzeugwaren-fabrik", *SdVfSP,* Bd. 135 (III), 81-181.

Kemp, R., 1911, "Das Leben der jungen Fabrikmädchen in München", *SdVfSP,* Bd. 135 (III), 1-243.

Knapp G. F., 1893, (社会政策学会大会での発言) *SdVfSP,* Bd. 58, 7.

Klee, A., 1902, *Die Landarbeiter in Nieder-und Mittelschlesien und der Südhälft der Mark Brandenburg,* Tübingen: H. Laupp.

Kraepelin, E., 1895, "Der psychologische Versuch in der Psychiatrie", *Psychologische Arbeiten* Bd. 1, Heft 1, 1-91.

———, 1902, "Die Arbeitscurbe", *Philosophische Studien,* Bd. 19 (Festschrift für Willhelm Wund, Teil 1), 459-507.

———, 1903,"Über Ermüdungsmessungen", *Archv für die gesamte Psychologie* Bd. 1, Heft 1, 9-30.

Landé, D., 1910, "Arbeits-und Lohnverhältnisse in der Maschinenindustrie zu Beginn des 20 Jahrhunderts", *SdVfSP,* Bd. 134, 303-498.

Lengerke, A. v., 1849, *Die ländliche Arbeiterfrage,* Berlin: E. H. Schroeder.

Levenstein, A., 1909a, *Aus der Tiefe, Arbeiterbriefe,* Berlin: Morgen.

———, 1909b, *Arbeiter-Philosophen und-Dichter,* Berlin: Frowein.

———, 1909c, *Lebens-Tageslöhners,* Berlin: Morgen.

———, 1912, *Arbeiterfrage : mit besonderer Berucksichtung der sozialpsychologischen Seite des modernen Großbetriebes und der psycho-physischen Einwiwirkungen auf Arbeiter,* München: Rheinhardt.

Lexis, W., 1877, *Zur Theorie der Massenerscheinungen in der menschlichen Gesellschaft.* Freiburg: Fr. Wagner.

Löbl, E., 1903, *Kultur und Presse,* Leipzig: Duncker & Humblot.

Mattes, W., 1921, "Die bayerischen Bauernrate", *Münchner Volkswirtschaftliche Studien* 144.

Morgenstein, M., 1911, "Auslese und Ampassung der industriellen Arbeiterschaft, betrachtet bei den Offenbacher Lederwaren-arbeitern", *SdVfSP,* Bd. 135 III, 1-79.

Pohle, L., 1911, Die gegenwärtige Krisis in der Deutschen Volkswirtschaftslehre, Leipzig: A. Deichert.

Quark, M., 1892, "Ein Aufname der landlichen Arbeiterverhältnisse", *Sozialpolitisches Centralblatt,* Nr. 6. vom 8. Feb, 78-79.

Schmoller, G., 1892, "Ein Aufname der ländlichen Arbeiterverhältnisse", *Sozialpolitische Centralblatt,* Nr. 8 vom 22. Feb.

Schumann, F., 1911, "Die Arbeiter der Daimler-Motoren Gesellschaft Stuttgart Untertürkheim" *SdVfSP*:, (III) Bd. 135, 1-152.

Sorer, R., 1911, "Auslese und Anpassung in einer Wiener Maschinenfabrik", *SdVfSP*:, Bd. 135 (III), 153-257.

Stoklossa, P., 1910, "Der Inhalt der Zeitunggen", *Zeitschrift für die Gesamte Staatswisenschaft,* 66, 555-565.

Tönnies. F., 1919, "Die Statistik als Wissenschaft". Weltwirtschaftliches Archiv, Bd. 15.

Watteroth, R., 1915, "Die Erfürter Schuharbeiterschaft", *SdVfSP, SdVfSP*:, Bd. 153, 1-130.

Weber, A., 1912a,. [Diskussionsbeitrag, Verhandlungen der Generalversammlungin Nürunberg 9. und Oktober 1911], *SdVfSP,* Bd. 138, 147-156.

———, 1912b, "Das Berufssichksal der Industriearbeiter", *Archv* 34, 377-405.

Weber, Marianne, 1926, *Max Weber : Ein Lebensbild,* Tübingen, J. C. B. Mohr (Paul Siebeck). 大久保和郎訳『マックス・ウェーバー』みすず書房，一九六五。

Wettstein-Adelt, M., 1893, *Drei und einhalb Monate Fabrikarbeiterin.* Berlin: J. Leiser.

研究書（欧語文献）

Bergamn, M. M., (ed) 2008, *Advances in Mixed Methods Research*: Theories and Applications. (Sage) GB.

Bergamn, M. M., 2013, *Mixed Methods Research.* (Sage) GB.

Desrosières, A., 1991, "The Part in relation to the whole: how to genelarise? The prehistory of representatives sampling", Bulmer, M., Bales, K., and Sklar, K. K., (ed), *The Social Survey in Historical Perspective 1880-1940,* Cambridege University Press, 217-244.

Flick, Uwe, 2007, Qualitative Sozialforschung, Reinbek bei Hamburg. 小田博志監訳『新版質的研究入門』春秋社、二〇一一。

Gorges, I., 1986a, *Sozialforschung in Deutschland 1872-1914*, Frankfurt an Main: A. Hain.

――, 1986b, *Sozialforschung in Weimare Repablik 1918-1933*, Frankfurt an Main: A. Hain.

Heckmann, F., 1979, "Max Weber als empirischer Sozialforscher", *Zeitschrift für Soziologie*, Jg. 8Heft 1.

Lazarsfeld, P. F.,& Oberschall, A. R., 1965, "Max Weber and empilical social research", in:*American Sociological Revue*, vol. 1 30, No. 2. (1), 186-199. 村上文司訳「マックス・ヴェーバーと経験的社会調査」立命館大学産業社会論集20、一九七八、九六―一二九。

Oberschall, A. R., 1965, *Empilical Social Research in Germany : 1848-1914*, Paris, Mouton & Co. The Hague Mcmlxv.

Schad. S. P., 1972, *Empirical Social Research in Weimar-Germany*, Moton & Ecole Pratique des Hautes Etudes. 川合隆夫・大淵英雄監訳『ドイツワイマール期の社会調査』慶應義塾大学出版会、一九八七。

研究書（邦語文献）

村上文司、一九八一「ドイツにおける初期の社会踏査の展開とその特質-M. Weber の農業労働調査の独自性をめぐって」『立命館産業社会論集』第29号、六五―九四。

――、一九八六「M. Weber の工業労働調査論 - 労働社会学の遺産」『立命館産業社会論集』第22巻第2号、八一―一一二。

――、一九九二「M. Weber の織物労働調査 - 労働社会学への出立」釧路公立大学紀要『社会科学研究』第4号、四九―六八。

――、一九九五「マックス・ウェーバーの織物労働調査農業労働調査」『社会調査―歴史と視点』石川淳志・橋本和孝・浜谷正晴編著、二四―四五。

――、二〇〇五『近代ドイツ社会調査史研究』ミネルヴァ書房。

――、二〇一二a「マックス・ヴェーバーと社会調査」釧路公立大学紀要『人文自然科学研究』第24号、一―一四。

――、二〇一二b「マックス・ヴェーバーの学問的生涯と社会調査」『現代社会学研究』（北海道社会学会）第25巻、七三―八〇。

長屋政勝、一九九二『ドイツ社会統計方法論史研究』梓書房。

塚本成美、二〇〇六「労働生活と職業運命 - ドイツ社会政策学会調査（一九〇七―一一年）の経営社会学的意義」『城西経済学会誌』第33巻、五九―一〇七。

鼓肇雄、一九七一『マックス・ヴェーバーと労働問題』御茶ノ水書房。

山口和男、一九七四『ドイツ社会思想史研究』ミネルヴァ書房。

米沢和彦、一九九一『ドイツ社会学会史研究』恒星社厚生閣。

年表一　ル・プレーおよびエンゲルの生涯と社会調査活動

西暦	ル・プレーの生涯と社会調査活動	エンゲルの生涯と社会調査活動
一八〇六	ル・プレーがノルマンディー地方セーヌ河口のリビエール・サン・ヨーブルに生まれる。	
一八二一		エンゲルがドレスデンに生まれる。
一八二五	エコール・ポリテクニーク入学。	
一八二七	鉱山学校入学。	
一八二九	鉱山学校卒業。友人レノーと長期の現地旅行。	
一八三〇	七月王政。鉱山学校助手。化学実験室の爆発による火傷で一八カ月間の闘病生活。	
一八三二	『鉱山年報』創刊。	
一八三四	商務省統計事務所所長に就任。イギリスおよび大陸の国々を歴訪。	
一八四〇	鉱山大学教授・冶金学会会長に就任。「統計学の一般的考察」。	
一八四二		フライブルグ鉱業専門学校入学。
一八四五		フライブルグ鉱業専門学校卒業。
一八四六		見学・遊学旅行でケトレーおよびルプレーと交流。
一八四七	冶金学会会長を辞任。「ウェールズの銅工場で使用されてきた冶金学的諸手続きとこの金属の生産と販売の現在の状態と将来の可能性に関する諸発見の記述」。「フランスの統計概観」。	
一八四八	二月革命。全鉱山学校名誉監督官。リュクサンブール委員会（三月二四日）で上ハルツの鉱夫家族モノグラフをもとに講演。	三月革命。「工業および労働者事情調査委員会」委員（ザクセン政府による任命）。
一八五〇		「全ドイツ工業博覧会」指導。ザクセン王国統計局長に就任（八月一日）。

一八五一		『ザクセン王国統計報告』刊行（同誌の刊行で、一八五三年テュービンゲン大学から国家学博士の学位を授与される）。
一八五二	第二帝政。	
一八五三	「鉄製造従業員のコリンの森林にむけた報道方法、西欧における木炭と地上の石炭との契約競争を支持するために、森林の所有者と木炭工場が従わなければならない諸原理」。	統計に対する自信の立場を『ドレスデン新聞』に連載（三月）。「ブリュッセルの統計中央委員会からみたザクセン王国の官庁統計および統計局」（『一般国家学雑誌』）。『ザクセン王国統計および国家経済年鑑』発行。家計調査案が提案された第一回国際統計会議に出席。
一八五四	鉱山大学校の教授職を辞任。「帝国の刃物製造および鋼鉄道具、印刷物（一八五一年ロンドン万国博覧会にあわせてイギリスの刃物・鋼鉄製造業を紹介）」。	
一八五五	『ヨーロッパの労働者―ヨーロッパの労働者階級の労働、家族生活と道徳状態およびかれらと他の諸階級との関係』（初版）。パリ万博実行委員長に就任。	『ザクセン王国内務省統計局雑誌』を刊行。「人口統計の意義、とくにザクセン王国の人口数、生産・消費統計の関係について」。
一八五六	国務院評定官（国家のコンサルタント）に就任。モンティオン統計賞受賞。社会経済学協会を設立。	「一八五六年九月ブリュッセル社会事業大会と社会的貧困の撲滅」。
一八五七	『両世界の労働者』創刊。	「人口密度の法則」（後に「ザクセン王国の生産及び消費事情」と題して『ベルギー労働者家族の生活費』に再録）。
一八五八	セーヌ県のパン製造制度に関する大規模な調査（ロンドンとブリュセルに赴き両地の制度と比較）。	ザクセン王国統計局長辞任（四月一日）。ザクセン抵当保険会社設立に参画。『土地信用状態を改善する手段としての抵当保障』。『抵当保障ならびに抵当保険会社設立に対する疑念の解明』。
一八六〇	小麦、小麦粉、パンの学校を勧告する報告。	プロイセン王国統計局長に就任。『プロイセン王国統計局雑誌』創刊。「統計中央委員会」の設置。
一八六一		「プロイセン王国統計中央委員会と一八六一年一二月の国勢調査の方策にたいする所見」。「統計ゼミナール」の設立「建白書」を提出。

一八六二	『家族モノグラフの観察方法入門』。ロンドン万博にイギリスおよびフランスの労働者団体を招待。	「プロイセン官庁統計の組織化における新たな進展について」。「統計ゼミナール」の開設にむけた大臣「布告」。第一回統計ゼミナール開催。
一八六四	『フランスにおける社会改良』（二巻）。国際社会経済研究実践協会雑誌（一八六四―一八八三）。	「プロイセン王国統計局の統計ゼミナール」。
一八六五	「遺言による財産処分」への復帰を要求する法案を立法院に上程。	
一八六七	パリ万博実行委員長に就任（「社会経済学部門」を新設）。元老院議員に就任。	プロイセン議会議員（国民自由党～一八七〇）。「労働の価格、ふたつの講義」（『素人にもわかる科学協定選集』二〇、二一巻）。
一八六九		「ドイツ語圏統計協会網設立のための布告と規約草稿」。
一八七〇	「仕事場の習慣と十戒の法則にしたがった労働組織、社会的に良好な状態、現在の病の原因とその改良手段、難点と答え、問題と解決とともに」（『労働の組織化』）。	ドイツ関税同盟統計改善委員会の委員に就任。「とくに一八七〇年一二月プロイセン国家でおこなわれる国勢調査の費用、王立統計中央委員会と関税同盟連邦参議院へ提出。一補論付き」。
一八七一	パリコンミューン。普仏戦争勃発。「諸人種および諸時代の歴史によって指し示された真のモデルにしたがう家族組織」（『家族の組織化』）。「破綻のあとの社会平和」。国家生活から引退。	「ドイツ帝国」成立。統計ゼミナールの「規定草案」。「統計ゼミナール（一〇期）とくに統計学研究。一グラフ付録」。
一八七二		「社会改良会議」（ハレ）および「社会問題討議会」（アイゼナッハ）に参加（「社会政策学会」創設者の一人になる）。「住宅欠乏」（一八七二年一〇月六日アイゼナッハ会議でおこなった講演）。
一八七三	「道徳秩序」期	「市民新聞の統計、生存する新聞社の類似性」。
一八七四	「社会経済学協会」地方支部の組織化。「社会平和連盟」創設。	「一八五〇年、一八五九年および一八六九年のドイツ鉄道における労働の価格」。
一八七五	「第三共和政」成立（～一九四〇）。『イギリスの社会構成』。社会平和組合年報（一八七五―八〇）。	「一八五二年から一八七五年までのプロイセン国家における階級別および階級等級別所得税と所得分配。二つの補記を伴う」。

一八七六	『ヨーロッパの改良とフランスの救済』。フォッションとシェイソンによる「平和講演会」発足。	「ケトレー追悼講演」。「一八七五年プロイセン国家公務員の労働の価格」。「勤労者の罹病率、廃疾、死亡率並びに傷害・廃疾保険の統計」。
一八七七	『ヨーロッパの労働者』(〜一八七九、第二版六巻)。「専門講義」(ドゥモラン)発足。「旅行学校」(トゥルビル)開設。	
一八七八	「異なったヨーロッパ諸国の比較観察から跡付けたフランスの社会改良」。	「第九回国際統計会議報告書に最後に現れたドイツ統計学の大長老の傑出せる仕事の総数」。
一八七九	「社会科学の方法」。	ビスマルクが保護貿易へと政策転換。「社会主義者鎮圧法」が議会通過。「消費者とは何か、誰が生産者か。二つの国際統計的な問いにたいする回答の試み」。「蒸気の時代の技術的・統計学的解明。四つの図表を含むI部」。
一八八一	『社会改良』創刊。シェイソンが「パリ統計協会」会長に就任。「永続的な調査」(ドゥモラン)。	「ドイツの穀物生産、パンの需要と調達」(『国民経済学・時事問題』二二)。「家計簿とその経済生活における意義」。
一八八二	ル・プレー没。	プロイセン統計局長を辞任。ドレスデン近郊で隠棲。
一八八五	『社会改良』編集主幹ドゥモランを解任。トゥルビルとともに学派を除名。「社会分類表」(トゥルビル)。	
一八八六	新機関誌『社会科学』(ドゥモラン、トゥルビル、ピノ)を創刊。	
一八九〇	『一〇〇家族モノグラフィーの家計比較』(シェイソン)。	
一八九一	シェイソンがモンティオン統計賞を受賞。社会科学派が「社会科学協会」を設立。	
一八九二	『社会運動』創刊(一八九六年に『社会科学』と合併)。	
一八九五		『ベルギー労働者家族の生活費』刊行。
一八九六		エンゲル没。
一九〇四	「社会科学協会」が「国際社会科学協会」に名称変更。	

年表二　ヴェーバーの生涯と社会調査活動

西暦	ヴェーバーの生涯と調査関連文献	社会調査に関連する出来事および文献
一八六四	四月二一日エルフルトに生まれる。	
一八七三		社会政策学会結成。
一八七五		『ドイツ帝国の農業労働者の状態』（ゴルツ）。
一八八二	ギムナジュウムを終え、ハイデルベルグ大学入学。	
一八八六	五月、司法官試補となる。	
一八八七		『農村の高利貸し』（社会政策学会、ティール）。
一八八八		『社会的アンケートの方法：とくに農村の高利貸しに関する最近の調査についての考察』（シュナッパ-アルント）。
一八八九	論文「中世商事会社の歴史」で学位取得。	第一回福音社会会議開催。
一八九〇		六月一八日P・ゲーレが「直接観察」。九月「社会政策学会」が農業労働者調査を開始。
一八九一	ベルリン大学私講師となり、ローマ法、ドイツ法、商法担当。	六月三日農業中央連合会宛廻状（ティール）。一二月社会政策学会が「質問紙Ⅰ」を農業雇用主に送付。クレペリンが精神作業の疲労と回復に関する実験心理学的研究を開始。『三ヶ月の工場労働者と手工業青年―実践的研究』（ゲーレ）。
一八九二	二月一三日社会政策学会からの調査報告書の執筆を受諾。四月一六日「農業労働者状態に関する『私的アンケート』」一一月二四日「ゲーレの弁護のために」。「エルベ河以東ドイツの農業労働者の状態」（社会政策学会誌五五巻）。	二月社会政策学会が「質問紙Ⅱ」を農業雇用主に送付。二月四日「農業労働者状態への対応」（クワルク）。二月二二日「農業労働者状態への対応」（シュモラー）。六月「福音社会会議活動委員会」が農業労働者状態に関するアンケートの実施を決議。一〇月「農業労働者状態に関する『社会政策学会』のアンケート」（クワルク）。『現代危機下の説教の課題と意義』（クレマー）。一一月三日「社会民主主義に対するわが教会の説教使命」（クレマー）・一二月「福音社会会議」牧師を含む帝国全土一五〇〇〇人に質問紙送付。

一八九三	ベルリン大学員外教授に抜擢。一月一五日「農業労働者の状態に関する社会政策学会の調査」。二月「農業労働者の状態に関する欠点のない調査はどのようにしておこなうか」。六月「ドイツ農業労働者の状態に関する福音社会会議の調査」。妻マリアンネの故郷エルリングハウゼンで結婚式。	二月「福音社会会議」の農業労働者調査に対する軍医官提案。三月二一—二二日社会政策学会が農業労働者アンケートに関する討議を開催。五月一日福音社会会議アンケートの締め切り・『三ヶ月半の工場婦人労働者』（ヴェットシュタインアーデルト）。
一八九四	五月一六日「ドイツの農業労働者」（第五回福音社会会議で報告）。秋、フライブルグ大学正教授、経済学講座担当。「東エルベ農業労働者の状態の発展諸傾向」。	
一八九七	春、ハイデルベルク大学へ転勤。旅行先での父の急死。	
一八九八	春頃より神経疾患。	
一八九九	『北部ドイツ福音派地域の農業労働者：福音社会会議の調査によるモノグラフ』。夏、病状悪化のため講義を中止、クリスマスに辞表を提出（却下）。	
一九〇一		ソルベイ「社会学研究所」を設立（ブリュッセル）。アッベが労働時間の短縮に関する工場実験を実施。
一九〇二	初春、ローマにおいて恢復の兆し。仕事を再開。	「作業曲線」（クレペリン）。
一九〇三	一〇月、健康に自信なく、教職を去る。	「一八九八年と一九〇三年の帝国議会選挙」（ブラウン）。レーフェンシュタインが自宅で「労働者の夕べ」を開催（毎週水曜日）。『文化と新聞』（レーブル）。
一九〇四	エドガー・ヤッフェ『社会科学および社会政策アルヒーフ』をハインリッヒ・ブラウンから買収しヴェーバーおよびゾムバルトに編集を依頼。「ブランク論文に対する編集委員会の簡単な注釈」。盛夏セントルイスの「世界科学者会議」に招かれ渡米。	「ドイツの社会民主主義的選挙民の社会的構成」（ブランク）。
一九〇六	「教会と教派」（フランクフルト新聞六月一四日）。北アメリカにおける『教会』と『教派』—教会政策的・社会政策的スケッチ」（キリスト教世界六月二一日）。	『労働時間の短縮に関する一工場の経験』（フロモン）。「工業労働の時間短縮に関する国民経済学上の意義」（アッベ）。

一九〇七	九月三〇日―一〇月一日社会政策学会マグデブルク大会「常任委員会」で弟アルフレットが「大工業労働者の職業運命に関する調査」を、ウェーバーが「大工業の精神労働」に関する調査を提案。	四月二四日「ウィーン社会学会」設立総会。八月二四日レーフェンシュタインが大規模な社会心理学的アンケートを開始。九月二七日社会政策学会が工業労働調査のための「小委員会」（委員長ビュッヒャー）を設置。
一九〇八	「限界効用学説と精神物理学的基礎法則」。一一月―一九〇九年九月「工業労働の精神物理学について」。九月織物工場で現地調査。八月『閉鎖的大工業労働者の淘汰と適応に関する社会政策学会の調査のための方法的序説』（「覚書」）。	六月一三日社会政策学会第一回「小委員会」開催（アイゼナッハ）。九月ベルナイスが現地調査を開始。一〇月一一日社会政策学会第二回「小委員会」開催（ベルリン、アルフレット起草の「質問紙」と「作業計画」を確定し、調査を指導するヘルクナー、シュモラー、アルフレットの三者で構成する「専門委員会」を設置）。
一九〇九	一月織物工場で現地調査、社会経済学綱要編集受諾。三月七日ドイツ社会学会「設立総会」で運営委員長に就任。五月「新聞の社会学に関する調査のための『覚書』」。六月「ドイツ社会学会の会員になりうる方々への勧誘状」。「社会心理学的調査の方法とその加工について」。	一月三日ドイツ社会学会「設立準備会」。三月七日同学会「設立総会」を開催。七月社会政策学会「常任委員会」でヘルクナーが工業労働調査の進捗を報告。
一九一〇	春、祖父ファレンシュタインの住居に転宅。ドイツ社会学会第一回大会の開催に向けて奔走。一〇月一九日ドイツ社会学会「第一回大会」で「事業報告」およびプレーツの報告「人種と社会」にたいして「発言」。	社会政策学会が『閉鎖的大工業労働者の淘汰と適応』（一三三巻）、『閉鎖的大工業労働者の淘汰と適応：電気業、印刷業、精密機械工業における労働者の淘汰と適応』（一三四巻）を公表。一〇月ドイツ社会学会第一回大会（フランクフルト・アン・マイン）。
一九一一	ドイツ社会学会の新聞調査のための当事者参加型委員会の設置および資金集めに奔走。秋、ドレスデンで開催された大学教官会議に出席。社会政策学会ニュールンベルク大会（一一月九―一〇日）で開催された工業労働調査の成果に関する討議「労働者心理学の諸問題、とくに学会による調査の方法と成果について」でボルトケビッツと論争。	社会政策学会が『閉鎖的大工業労働者の淘汰と適応・自動車工業とウィーン機械工業労働者の淘汰と適応』（一三五巻第一分冊）および『閉鎖的大工業労働者の淘汰と適応』（一三五巻第二分冊）を公表。レーフェンシュタインはアンケートに対する反対キャンペインに遭遇し、五二〇〇にのぼる膨大なアンケートを回収して調査を終結。

一九一二	一〇月ドイツ社会学会第二回大会で「決算報告」し、会計幹事を辞任。	ドイツ社会学会が第二回大会を開催（一〇月二〇日ベルリン）。「工業労働者の職業運命」（アルフレット・ヴェーバー）。「クルップの労働者家族」（エーレンベク&ラシーネ）。『労働者問題』（レーフェンシュタイン）。
一九一四	一月一七日ドイツ社会学会を退会。七月、第一次世界大戦勃発。軍役を志願しハイデルベルグ予備野戦病院に勤務。	ゴルトシャイトがジンメルの後任としてドイツ社会学会理事に就任（一月三日）。「社会学確立運動」開始。フランクフルト大学が開学。
一九一五	「恤兵機関」に関するモノグラフを執筆。	社会政策学会が『閉鎖的大工業労働者の淘汰と適応：靴製造業と上シュレジェン圧延工場労働者の淘汰と適応』（第一五三巻新シリーズ）を公表。
一九一六		ライプチッヒ大学「新聞学研究所」設立。「労働生理学研究所」設立。
一九一九	六月ミュンヘン大学教授に就任、「社会学ゼミナール」を開設。	ケルン大学「社会科学研究所」設立。
一九二〇	感冒のため発熱、肺炎となり六月一四日逝く。	
一九二一	『社会学の根本概念』。	「バイエルンの農民評議会―農民政策に関する社会学的ならびに歴史的研究」（マッテス）。

事項索引

た行

な行，は行，ま行

や行，ら行

人名索引

（頻出するル・プレー，エンゲル，ヴェーバーおよび研究書の著者については省略する）

あ 行

アウハーゲン（Auhagen, O.） 139
アッベ（Abbe, E.） 190, 191, 192, 210, 212, 255
アマリー（Holleufer, Amalie） 75, 85
アラゴ（Arago, D.） 12
アルフレット（Weber, Alfred） 214, 215, 229, 241, 243, 259
アルベルト（Albert, M.） 9
イーデン Eden, F. M） 103
ヴァックスヴァイラー（Waxweiler, E.） 262
ヴァッテロート（Watteroth, R.） 228, 229, 230, 259
ヴィーガント（Weygand, W.） 191
ヴィレルメ（Villermé, L. R.） 15, 29, 30
ウェスターゴード 249
ヴェットシュタイン－アーデルト（Wettstein-Adelt, M） 147
ヴォーバン（Vauban, S.） 25
ヴォルフ（Julius W.） 258
ヴォロウスキ（Wolowski） 11, 12, 52
エッケルト（Eckerdt, J. v.） 82
エルスター（Elster, L.） 100
エーレンベルク（Ehrenberg, R.） 248, 258
オゼルツコウスキ（Oseretzkowski, A.） 191
オッフェンバッハ（Offenbacher, M.） 164, 164, 169
オンケン（Oncken, A.） 100

か 行

キエール（Kiaer, A. N.） 248
ギャスパラン（Gasparin, A.） 15
クナップ（Knapp, G. F.） 100, 142, 246
クニース（Knies, K.） 130
クリー（Kree, A.） 157
グートマン（Gutomann, F.） 268
グリューネンベルグ（Grunenberg, A.） 157
クレペリン（Kraepelin, E.） 190, 191, 192, 193, 210, 212, 242, 255, 263
クレマー（Cremer, H.） 147
グロースマン（Großman, F.） 139
クワルク（Quark, M.） 143
ゲアハルト（Gerhard, F.） 157
ケトレー（Quetelet, A.） 28, 29, 31, 74, 80, 84, 92, 103, 106, 115
ケック（Keck, K.） 226
ゲーレ（Göhre, P.） 130, 145, 146, 147, 148, 149, 151, 152, 163, 273
ケルガー（Kaerger, K.） 138
ケンプ（Kemp, R.） 225, 228
ゴルツ（Goltz, T. v. d.） 137, 140
ゴールドシュミット（Goldschmid, S.） 157
コッホ 259
コーン（Cohn, G.） 100
コント（Comte, A.） 23, 24, 31, 193
コンラード（Conrad, J.） 137
コンリング（Conring, H.） 25
ゴルトシャイト（Goldscheit, R.） 261

さ 行

サン・シモン（Saint-Simon） 7, 8, 23, 24, 31
サン・ティレール（Saint-Hilaire, G.） 15
シェイソン（Cheisson, E.） 15, 17, 18, 67
シェーンベルク（Schönberg, G. v.） 100
ジャネ（Jannet, C.） 17
シュナパー－アルント（Schnapper-Arndt, G.） 124, 125, 126, 143
シュバリエ（Chevalier, M.） 13, 14, 15
シュテッカー（Stoecker, A.） 145

シューマン（Schumann, F.） *227, 245, 249*
シュモラー（Schmoller, G.） *82, 124, 137, 143, 214, 215, 216*
ジンメル（Simmel, G.） *230*
ゼーリング（Sering, M.） *137*
ソレール（Sorer, R.） *225, 245, 252, 254, 272*
ソルベイ（Solvey, E.） *262*
ゾンバルト（Sombart, W.） *130*
ゾンレイ（Sochnry, H.） *153*

た行，な行

ディーテリッチ（Dieterici, K.） *76*
ティール（Thiel, H.） *137, 138*
デミドフ（Demidov, A.） *10*
デュクペティオ（Ducpétiaux, E.） *94, 102, 103, 104, 105, 107, 108, 109, 122, 123*
デュパン（Dupin, C.） *15*
デュヒャテル（Duchâtelet, P.） *29*
デュマ（Dumas, J. B.） *15*
テンニース（Tönnies, F.） *230*
ドイッチ（Deutsch, J.） *228, 245*
ドゥモラン（Demolins, E.） *17, 18, 66, 67*
トゥルヴィル（Tourville, H. d.） *17, 18, 23, 24, 67*
トゥーン（Thun, A.） *124*
トクヴィル（Tocqeville, A. d.） *17, 23, 31*
ネーマン（Neyman, J.） *257*
ナポレオン公（Napoléon, J.） *15, 16*

は　行

ハイス（Heiss, C.） *227, 244*
ハルトマン（Hartmann, G.） *245*
ビエンコウスキ（Biénkowski, S. v.） *248, 254, 272*
ピノ（Pinot, R.） *67*
ビュッヒャー（Bücher, K.） *214, 229, 230*
ヒルデブラント（Hirdebrand, B.） *82*
ヒンケ（Hinke, H.） *248*
ファラティ（Fallati, J.） *92, 93*
フィアカント（Vierkant, A. F.） *230*
フィッシャー（Fisher, R. A.） *257*
フィッシャス（Visschers） *103, 106, 114, 123*
フォークト（Vogt, R.） *191*
フォッション（Focillon, A.） *15, 17, 18*
ブラウン（Braun, A.） *164*
ブラインリンガー（Breinlinger, K. B.） *157*
ブランク（Blank, R.） *131, 160, 164, 165, 168, 169, 273*
フランケンシュタイン（Frankenstein, K.） *139*
ブラント（Brants, V.） *15*
プレーツ（Ploetz, A.） *261, 271*
フレッチャー（Fletcher, M.） *103, 106*
ブレンク（Blenck, E.） *100*
ブレンターノ（Brentano, L.） *82, 100, 124, 131, 193, 268*
ペティー（Petty, W.） *25*
ベック（Beck, H.） *230*
ベートマン（Bettmann, S.） *191*
ヘルクナー（Herkner, H.） *214, 216, 223, 229, 230, 241, 242, 244, 245, 246, 251, 256*
ベルナイス（Bernays, M.） *223, 224, 225, 241, 245, 249, 253, 256, 272*
ヘルマン（Hermann, E.） *226*
ホス（Voss, G.） *191*
ボディオ（Bodio, L.） *84*
ホフマン（Hoffmann, J. G.） *96*
ポール（Pohle, L.） *258*
ボルトケビッツ（Bortkiewicz, L. v.） *131, 241, 245, 246, 247, 248, 249, 250, 251, 252, 253, 254, 255, 256, 257, 258*
ボールトン（Bolton, T. L.） *190*
ボーレー（Bowley, L.） *257*

ま　行

マイヤー（Mayr, G. v.） *121, 246, 256*
マッテス（Mattes, W.） *131, 266, 268, 276*
マリアンネ（Weber, Marianne） *266, 267*
マルゥサン（Maroussem, P. D.） *17*

ミシェル（Michel, J.） *15*
ミヤスコヴスキー（Miaskowski, A.） *100*
ミュンスターベルク（Münsterberg, H.） *161*
ムラン（Mulun, A.） *15*
モルゲンシュタイン（Morgenstein, M.） *225, 246*
モンターレンベール（Montalenbert） *16*

や行，ら行，わ行

ヤッフェ（Jaffé, E.） *130, 171, 173, 174, 177*
ヨリ（Jolly, J.） *100*
ラーデ（Rade, M.） *147*
ランデ（Landé, D.） *248*
リブ（Ribbe, C. d.） *17*
ルイ・ブラン（Loui Blanc, J. J.） *12, 52*
レキシス（Lexis, W.） *246*
レーフェンシュタイン（Levenstein, A.） *131, 161, 170, 171, 173, 173, 174, 175, 176, 177, 178, 179, 180, 181, 182, 183, 184, 185, 270, 274, 276*
レノー（Reynaud, J.） *7, 8*
レンゲルケ（Lengerke, A. v.） *137, 140*
ロッシャー（Roscher, W. G. F.） *82*
ロッシュ（Losch, H.） *139*

■著者紹介

村上文司（むらかみ・ぶんじ）

1949年生．立命館大学大学院社会学研究科博士後期課程修了
博士（社会学／一橋大学）
現在、釧路公立大学経済学部教授．専門社会調査士

〔主要業績〕
『近代ドイツ社会調査史研究』（ミネルヴァ書房、2005年）
『現代日本社会の変貌』（慶應義塾大学出版会、1995年／共著）
『社会調査――歴史と視点』（ミネルヴァ書房、1994年／共著）
『企業社会と人間』（法律文化社、1994年／共著）
『巨大企業体制と労働者――トヨタの事例』（御茶ノ水書房、1985年／共著）

Horitsu Bunka Sha

社会調査の源流
――ル・プレー、エンゲル、ヴェーバー

2014年11月5日　初版第1刷発行

著　者　村　上　文　司
発行者　田　靡　純　子
発行所　株式会社 法律文化社
〒603-8053
京都市北区上賀茂岩ヶ垣内町71
電話 075(791)7131　FAX 075(721)8400
http://www.hou-bun.com/

＊乱丁など不良本がありましたら、ご連絡ください。
お取り替えいたします。

印刷：共同印刷工業㈱／製本：㈱藤沢製本
装幀：谷本天志

ISBN978-4-589-03633-9

轟　亮・杉野　勇編

入門・社会調査法〔第2版〕

―2ステップで基礎から学ぶ―

Ａ５判・二七二頁・二五〇〇円

量的調査に焦点をあわせた定評書が最新情報を盛り込んでさらにわかりやすくヴァージョンアップ。社会調査を実施する前提としての基礎編と実践的な発展編とにわけて解説。社会調査士資格取得カリキュラムＡ・Ｂ・Ｇ対応。

津島昌寛・山口　洋・田邊　浩編

数学嫌いのための社会統計学〔第２版〕

Ａ５判・二三〇頁・二七〇〇円

社会統計学の基本的な考え方を丁寧に解説した定評書がさらにわかりやすくヴァージョンアップ。関連する社会学の研究事例を紹介することで、嫌いな数学を学ぶ意義を示す。社会調査士資格取得カリキュラムＣ・Ｄに対応。

近森高明・工藤保則編

無印都市の社会学

―どこにでもある日常空間をフィールドワークする―

Ａ５判・二八八頁・二六〇〇円

どこにでもありそうな無印都市からフィールドワークを用いて、豊かな様相を描く。日常の「あるある」を記述しながら、その条件を分析することで、都市空間とその経験様式に対する社会学的反省の手がかりをえる。

金　尚均編

ヘイト・スピーチの法的研究

Ａ５判・一九六頁・二八〇〇円

従来から問題とされてきた「差別的表現」と「ヘイト・スピーチ」とを同列に扱ってよいのか。ジャーナリズム、社会学の知見を前提に、憲法学と刑法学の双方からその法的規制の是非を問う。有害性の内容を読み解く試み。

斉藤豊治編

大災害と犯罪

Ａ５判・二四六頁・二九〇〇円

3・11を含む大震災や海外の大災害と犯罪、原発や企業犯罪等について、学際的な知見から体系的に整理。災害の類型×時間的変化×犯罪の類型という定式から、大災害後の犯罪現象について考察し、その特徴をあきらかにする。